8 La 34 43 (1)

Paris
1884

Forneron, Henri

Histoire générale des émigrés

Tome 1

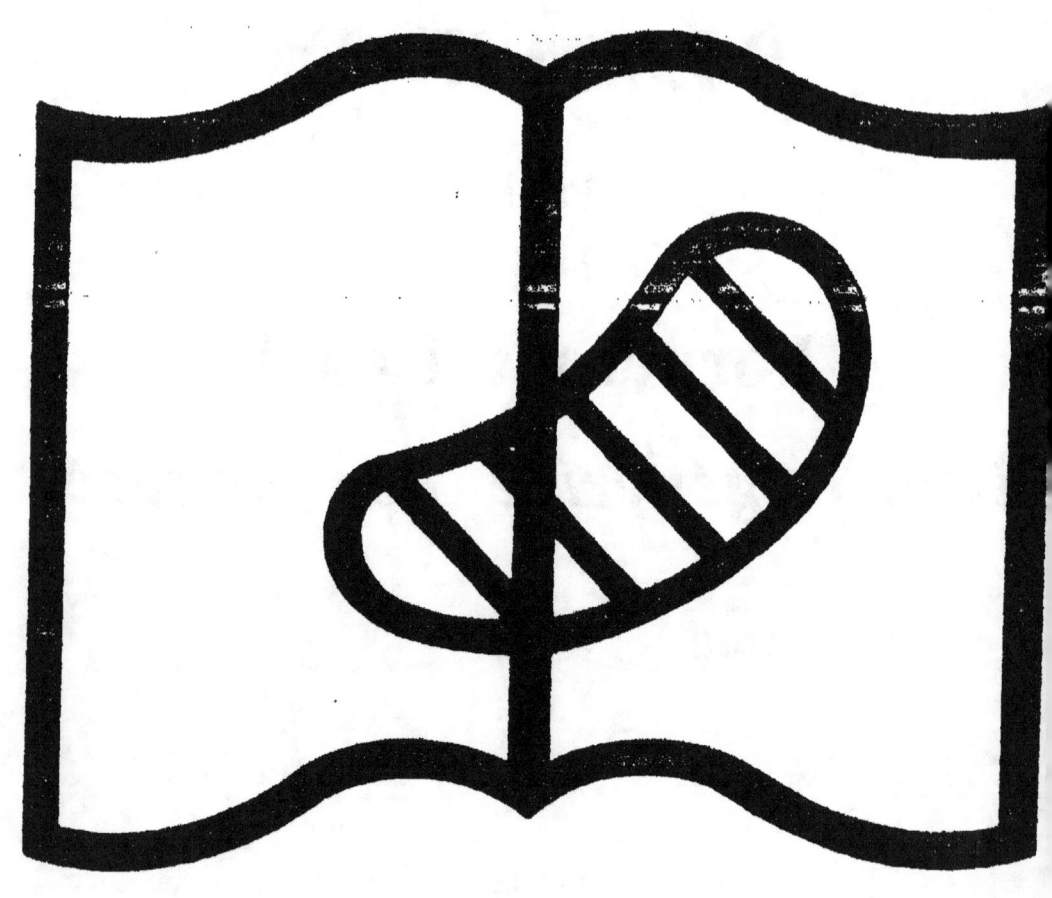

Symbole applicable
pour tout, ou partie
des documents microfilmés

Original illisible

NF Z 43-120-10

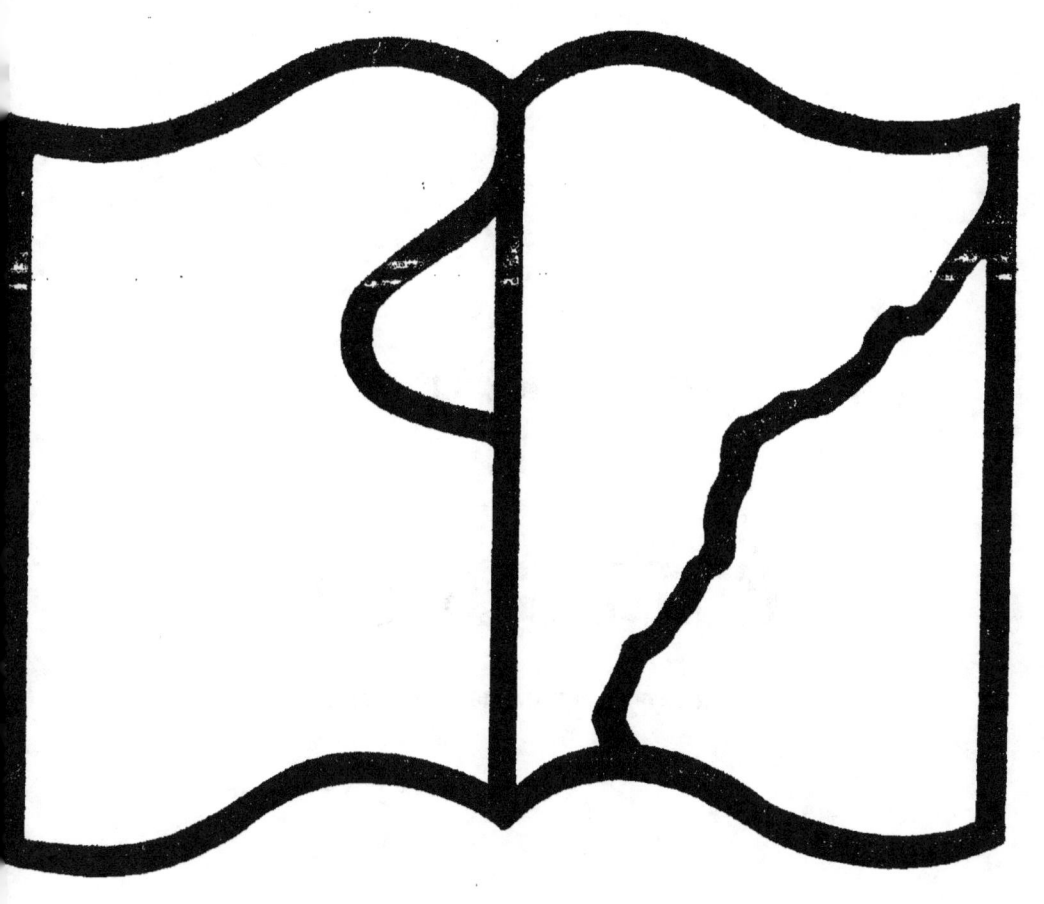

Symbole applicable
pour tout, ou partie
des documents microfilmés

Texte détérioré — reliure défectueuse
NF Z 43-120-11

HISTOIRE GÉNÉRALE

DES

ÉMIGRÉS

PENDANT LA RÉVOLUTION FRANÇAISE

L'auteur et les éditeurs déclarent réserver leurs droits de traduction et de reproduction à l'étranger.

Ce volume a été déposé au ministère de l'intérieur (section de la librairie) en février 1884.

DU MÊME AUTEUR, A LA MÊME LIBRAIRIE :

Histoire des débats politiques du Parlement anglais, depuis la révolution de 1688. 1 vol.

Les Ducs de Guise et leur époque, ouvrage couronné par l'Académie française (prix Thérouanne, 1878). 2 vol.

Histoire de Philippe II, avec portrait. Ouvrage couronné par l'Académie française (prix Thérouanne, 1882). 4 vol.

HISTOIRE GÉNÉRALE
DES
ÉMIGRÉS
PENDANT LA RÉVOLUTION FRANÇAISE

PAR
H. FORNERON

TOME PREMIER

PARIS
LIBRAIRIE PLON
E. PLON, NOURRIT et Cie, IMPRIMEURS-ÉDITEURS
10, RUE GARANCIÈRE
—
1884
Tous droits réservés

PRÉFACE

Les grands fleuves de l'Amérique rencontrent quelquefois des bancs de rochers au travers de leur cours ; la nappe majestueuse est déchirée en une première secousse, se couvre d'écume, se cache sous une nuée de vapeurs irisées ; la masse d'eau tourbillonne sur elle-même, comme incertaine de sa route, rebondit dans une seconde chute, retrouve une vallée, et s'écoule calmée entre des rives nouvelles. Nous traversons, à notre époque, ces brisants du courant de la civilisation : nous ne pouvons plus remonter vers les régions parcourues, celles où nous sommes poussés sont inconnues, les nuages sont lourds, les rives sont noires, les eaux sont troubles, à l'écume se mêlent des choses sans forme.

Les sociétés qui sont englouties dans ces gouffres meurent sans bruit. Les regards se fixent vers l'avenir et se détournent des victimes. Ainsi les fines princesses de Constantinople, les poètes raffinés et les derniers capitaines de la Grèce ont disparu après la conquête turque sans qu'on ait gardé souvenir de leurs misères. De même les filles des Incas et les Mexicains bardés d'or ont été écrasés au milieu de souffrances qui restent ignorées, sous la main des conquérants. Dans une catastrophe semblable vient de succomber un monde de gens aimables et élégants : ceux que la Révolution française a détruits étaient les représentants d'une forme de civilisation qui est perdue. Ils se sont éteints dans la vie silencieuse de l'émigré sans comprendre les lois inflexibles qui transportent et transforment la force des nations.

Ceux qui sont rentrés en France avaient du mépris pour le monde nouveau, ils étaient un objet d'étonnement avec leur costume suranné[1]. Nous avons pu rencontrer quelques-unes de ces figures au fond d'une ville de province : un vieillard grand, sec, aux cheveux noués sur la nuque, qui épouse une nièce jeune et pauvre ; elle est vertueuse, joueuse, pieuse. Nous aurions pu voir aussi quelque survivant des régicides, un paralytique pâle, taciturne, hautain. Le dernier des émigrés et le dernier des régicides sont morts assis l'un à côté de l'autre sur les bancs du Sénat de Napoléon III.

Avant qu'ils s'évanouissent, les souvenirs des

---

[1] Le portrait des émigrés rentrés est plein de vie dans les romans de Balzac, *la Vieille Fille*, *la Bourse*, *le Cabinet des antiques*.

malheurs de l'émigration peuvent nous servir de leçon. On a oublié jusqu'ici de peindre « cette grande colonie d'exilés variant ses peines de la diversité des climats [1] ». Les documents se perdent, la tradition s'efface, d'autres maux peut-être vont faire oublier ceux qu'a produits cette catastrophe. Le vieux monde a disparu pour jamais, on ne connaît pas son agonie, les cris de douleur ont été étouffés.

Rien de plus malaisé, du reste, que la recherche des détails exacts durant la Révolution française. La légende et la fourberie faussent les récits; les Mémoires sont beaucoup plus nombreux, mais ils sont moins sincères que pour aucune époque de l'histoire. Les uns ont été rendus fameux par leurs mensonges, comme ceux de Barère; d'autres parlent, comme ceux de Rouget de Lisle [2], de la cour d'Hartwell en 1795. D'autres sont de simples romans : un certain Lamotte-Langon a composé des Mémoires sur la Révolution autant que Sandras-Courtilz sur le règne de Louis XIV ; c'est de lui que sont les Mémoires de Louis XVIII et ceux de la vicomtesse de Fars-Fausselandry ; Causen, qui se disait comte de Courchamps et se

---

[1] CHATEAUBRIAND, *Mémoires d'outre-tombe*, t. II, p. 81.
[2] Il a vu aussi des paysannes qui « s'arrachaient les cheveux »; voir sur la méthode de Rouget de Lisle CHASLE DE LA TOUCHE, *Relation du désastre de Quiberon*, p. 86. On sait que le Prétendant n'est venu à Hartwell qu'en 1808.

costumait en femme, a fait les Mémoires de la marquise de Créquy; ceux de la princesse de Lamballe sont, au dire de la marquise de Lâge, l'amie qui lui a survécu, « une cochonnerie abominable » due à la Guénard, ancienne femme de chambre; les Mémoires de Fouché ont été écrits par Alphonse de Beauchamp sur des récits de l'agent de police Jullian; les lettres de Louis XVI publiées par Helena Williams sont presque toutes inventées [1]; les Mémoires de Weber, de Billaud-Varennes, de la comtesse du Barry, de l'impératrice Joséphine, de la duchesse d'Abrantès, et quantité d'autres, sont également apocryphes.

Quelquefois le rédacteur des Mémoires a eu réellement à sa disposition des documents authentiques; c'est ainsi qu'Alphonse de Beauchamp et le comte d'Allonville ont publié les *Mémoires tirés du portefeuille d'un homme d'État*; Achille Roche a rédigé quatre gros volumes sur quelques notes du conventionnel Levasseur, et les a intitulés *Mémoires de Levasseur*; les papiers du conventionnel Monnel ont été arrangés sous une forme romanesque avec le titre de *Mémoires d'un prêtre régicide*. Les Mémoires de Bouillé ont été écrits sous ses yeux par Deslon; ceux de Valori et ceux de Fauche-Borel sont également d'une

---

[1] Marquis DE BEAUCOURT, *Une supercherie littéraire*, Paris, 1865.

main étrangère. C'est l'académicien Tissot qui a rédigé les Mémoires du général Foy. Quelques Mémoires sont écrits par des fous; tels sont ceux de Senard et ceux de madame de Campestre.

Ces documents ne sont pas à dédaigner; mais celui qui a vu et agi est plus utile, même quand il ment, que celui qui pare des phrases dans une pensée industrielle ou politique. Le menteur reste entouré des menus détails et des parfums du moment, il donne malgré lui l'impression juste à qui sait le lire sans naïveté. Ce n'est pas que l'homme d'action ne puisse induire en erreur, même quand il est de bonne foi : ainsi Napoléon raconte qu'il a repoussé Beaumarchais lors de son Consulat; or Beaumarchais était mort six mois avant le Consulat. Mais le plus souvent l'erreur est volontaire. La fraude officielle est plus dangereuse que celle des romanciers faméliques. C'est elle qui a frelaté le *Moniteur*, publié de faux décrets, improvisé un dogme et des saints, dicté des anathèmes contre les incrédules. Des procès-verbaux de séance sont falsifiés [1]. On a même des pièces historiques qui sont apocryphes : en ensevelissant Guzman qui a été guillotiné avec Danton, on trouve contre son cœur une lettre écrite par Marat après qu'il avait reçu le coup de couteau

---

[1] Schmidt, *Tableaux de la Révolution*, t. I, p. 145 et 161; Mortimer-Ternaux, *Histoire de la Terreur*, t. I, p. 5.

de Charlotte Corday; cette lettre était fausse, Marat avait succombé sans écrire [1]. Les documents de ce temps, dit un Anglais qui essaye de résumer les événements [2], « possèdent des propriétés peu favorables à la formation de l'histoire; ils sont rédigés avec l'intention de tromper ».

Les récits destinés simplement à rester dans les familles, et les correspondances privées, peuvent le plus souvent inspirer confiance. La quantité en est innombrable. On en imprime plusieurs tous les ans depuis 1814. D'autres documents de cette catégorie ont pu être consultés, bien qu'ils ne soient pas publics; tels sont les Mémoires ou Souvenirs de mesdames de Gontaud, de Sainte-Aulaire, de Castellane, de Noailles, du comte de Mérode, de l'abbé de Lubersac, de Néel de Lavigne, de Verneilh-Puiraseau, de Laporte, de Larevellière, de Paillot, de Thellier de Poncheville, de Gauthier de Brécy, du président Boyer [3]. Quelques-uns sont dans les dépôts de l'État; tels sont les lettres des émigrés du Périgord, les rapports de police, les dossiers d'inscriptions et de radiations, les Mémoires de Langeron, ceux de

---

[1] Collection Benjamin Fillon, n° 556, 14. Louis Blanc a été dupe comme Guzman et a publié la lettre.

[2] *Annual Register* de 1790, rédigé en 1793.

[3] D'autres qui ont été dans le commerce sont devenus très-rares: tels sont ceux de la marquise de Lâge, du comte de Marcillac, de l'avocat Lavaux, d'Aymar, de Fabre (de l'Aude).

l'organiste de Saint-Denis. On a pu consulter en outre tous les dossiers recueillis par le roi Louis XVIII, et sept mémoires manuscrits communiqués sans qu'il y ait à les citer, comme en ont utilisé de Thou, Voltaire, Thiers.

La tradition orale peut offrir des ressources. Macaulay a su ne pas la négliger [1]. Mais, même avec les scrupules, les égards, les informations inquiètes, l'historien ne peut guère s'avancer dans cette époque sans exaspérer les passions de tous les coins. Les Français n'ont jamais été fanatiques, et ils se sont toujours plu à haïr ceux qui n'étaient point fanatiques. On est sûr de leur déplaire quand on ose, comme dans ce livre, se montrer opposé également aux idées de l'ancien régime et à celles de la Révolution. Nos contemporains nomment principes leurs opinions, et repoussent les modérés comme les pires adversaires. Hors d'un parti, pas de paix. Tout modéré doit s'attendre à devoir dire comme Montaigne : « Je fus pelaudé à toutes mains; au Gibelin j'estois Guelfe; au Guelfe, Gibelin. »

[1] *History of England*, chap. v : « I learned these things from persons living close to Sedgemoor. »

HISTOIRE GÉNÉRALE
DES ÉMIGRÉS

PENDANT LA RÉVOLUTION FRANÇAISE

LIVRE PREMIER
AVANT L'ÉMIGRATION.

CHAPITRE PREMIER
LA SOCIÉTÉ FRANÇAISE SOUS LOUIS XVI.

La bonne compagnie. — La sensibilité. — L'insouciance. — Extinction des anciennes familles. — Progrès de la civilisation.

I

LA BONNE COMPAGNIE.

Le terme *Ancien Régime* enferme par une confusion malheureuse deux sociétés absolument distinctes. Le monde des romans de Crébillon fils, de la querelle entre Jésuites et jansénistes, des orgies dans les petites maisons, s'était transformé vers l'avénement de

Louis XVI en une société de gens au goût délicat, à l'esprit raffiné, aux mœurs refrénées par le sentiment des devoirs envers les inférieurs, de la tendresse pour les enfants, du respect de l'opinion. « A cette époque, dit Ségur [1], c'était la bonne compagnie qui faisait les réputations et distribuait les grandes places. » Pour cette bonne compagnie que Voltaire [2] appelait « la fleur du genre humain », travaillaient les artistes et les savants; de la sorte, les gens affranchis des soucis de la vie matérielle transformaient leurs loisirs en jouissances et n'usaient de leur esprit que pour les plaisirs de la conversation et le charme de la vie en commun. Les mêmes personnes aimaient à se retrouver tous les jours, à vieillir ensemble [3]. On ne sait pas « ce qu'est le plaisir de vivre », quand on n'a pas vécu durant ces fugitives années, Talleyrand l'affirme [4], tous ceux qui sont rentrés en France après la Révolution le répètent. « Il est fort difficile, déclare madame Le Brun aux gens vulgaires qu'elle retrouve en revenant de l'émigration [5], de donner une idée de l'urbanité qui faisait le charme de la société. » Le don de la conversation est une qualité bien nationale : chacun aimait à parler et se plaisait à écouter; lorsque le cardinal de

---

[1] *Mémoires*, t. III, p. 284.
[2] *Dialogues*; voir aussi la *Correspondance*, 10 octobre 1775 : « Vos détracteurs n'approchent pas de la bonne compagnie. »
[3] NEUILLY, *Souvenirs*, p. 330.
[4] GUIZOT, *Mémoires*, t. 1er, p. 6.
[5] *Mémoires*, t. 1er, p. 106.

Brienne veut empêcher la réunion à Givet d'une armée qui semblerait une menace contre la Prusse, il a soin de provoquer Malesherbes en conseil des ministres sur quelque anecdote de la cour de Louis XV, et comme personne ne raconte avec plus de grâce, le Roi et ses ministres écoutent longuement Malesherbes et sortent charmés de cette fête; on perd ainsi quatre séances de suite, et l'armée prussienne peut envahir la Hollande [1].

Les propos sont gais avec décence; on n'attriste point ses amis par le récit de ses infirmités; on ne les dégoûte pas de la vie en leur laissant voir des souffrances; on leur cache le spectacle de la décrépitude. « Les gens du monde vivent jusqu'au dernier instant. Madame D... est morte ces jours derniers au retour de la promenade; elle languissait depuis longtemps, et chaque moment pouvait être celui de sa mort; n'importe, elle sortait toujours [2]. » On cherche à se faire pardonner ses années [3], et les vieilles femmes restent assez aimables pour garder leur empire sur le monde nouveau, comme la maréchale de Luxembourg, qui oblige les jeunes gens à conserver ce que l'on appelait « les manières nobles et aisées [4] », et dont les reparties sont redoutées; ou comme la maréchale de Mirepoix, qui règne, non par la terreur, mais par « une humeur

---

[1] Ségur, *Mémoires*, t. III, p. 285.

[2] Portalis à sa femme, lettre citée par Lavollée, *Portalis*, p. 24.

[3] Baronne d'Oberkirch, *Mémoires*, t. II, p. 124. Ces Mémoires sont en partie apocryphes.

[4] Duc de Lévis, *Souvenirs et portraits*, p. 54 et 62.

égale; elle est aimable dans toute l'étendue qu'on peut donner à ce mot ». Là on est accrédité par un seul propos heureux, comme l'abbé de Talleyrand, qui s'écrie à la mort de Maurepas : « Nous avons perdu plus qu'il ne valait! » ou comme l'avocat général Séguier, à qui le prince Henri de Prusse, attaqué dans un pamphlet, dit : « C'est de la boue. — Elle ne tache pas », réplique le Français.

La fortune des mots heureux fait la joie de ces délicats : on se répète plusieurs jours la réponse au vieux duc d'Orléans, qui était fort gras et qui racontait comment il avait failli tomber dans un fossé : — Il en eût été comblé, monseigneur!

Et celle du marquis de Conflans [1] à l'archevêque de Paris qui se vantait d'avoir un aïeul dont un Conflans avait porté le pan du manteau : « Je le crois, il y en a eu qui ont tiré le diable par la queue. »

L'indulgence pour les traits d'esprit est poussée parfois assez loin. M. de Créquy s'était astreint, afin d'obtenir une faveur du premier ministre, à faire chaque soir la partie de cartes de la vieille madame de Maurepas; le jour où elle lui a fait obtenir ce qu'il souhaitait, il se présente encore chez elle, et quand elle lui offre une carte, il s'incline et répond froidement : « Je vous fais excuse, je ne joue jamais! »

Il n'est pas défendu de formuler la pensée en jolis

---

[1] Vatblanc, *Souvenirs*, p. 131.

vers; le marquis de Pezai, partant pour l'armée, demande une dernière entrevue à la femme qu'il aime par un quatrain dont la chute est :

> Le devoir me rappelle auprès du Dieu des armes,
> Je voudrais lui porter les ordres de Vénus.

Et sur de semblables adieux madame d'Houdetot dit :

> Félicité vaine,
> Qu'on ne peut saisir,
> Trop près de la peine
> Pour être un plaisir.

Mais on se perd sans retour dès qu'on est jugé incapable de contribuer au charme de la conversation ou dès qu'on laisse échapper un propos étranger aux usages. Un héros digne de l'Arioste, le prince de Nassau-Siegen, qui avait un corps d'athlète et une âme de paladin, est mal accueilli à la cour de France parce que « son abord est froid, ses manières communes et sa conversation plate [1] ». Madame de Vildeuil cause un véritable scandale à Versailles en disant *du champagne* [2]. Le langage est, comme l'esprit, une distinction que se réserve la bonne compagnie. Les étrangers sont tenus de reconnaître ces lois. « Un Français, dit Voltaire [3], croit toujours qu'il doit donner le ton aux autres nations. » La séduction transforme en Français les gens d'esprit de tous les pays; le prince de Ligne et l'abbé

---

[1] Lévis, *Souvenirs*, p. 184.
[2] D'Allonville, *Mémoires*, t. Ier, p. 373. Son mari fut contrôleur général.
[3] Dans le pamphlet *A B C*.

Galiani sont des écrivains français [1]; nous pourrions revendiquer également Horace Walpole à cause de ses propos de bon goût, le marquis de Caraccioli à cause de sa page sur Necker et de sa réponse à Louis XVI qui le félicitait de la place de premier ministre pour laquelle il quittait Paris : — Aucune place, Sire, ne vaut la place Vendôme.

Tous les ambassadeurs sont inconsolables de quitter Paris : le comte Schouvalow, le marquis d'Aranda et jusqu'à ce Turc qui, raillé par une femme sur la loi qui permet plusieurs épouses, répond : « C'est pour avoir dans plusieurs les perfections réunies en vous seule. »

A notre bonne compagnie, non à nos armes ni à nos vers, nous devons notre influence sur l'Europe; le fils de la grande Catherine et le fils de Marie-Thérèse viennent chercher, aussi bien que les petits princes, cette consécration nécessaire ; ils n'obtiennent du prestige chez eux qu'après s'être signalés par un trait spirituel ou aimable devant les femmes de la cour de France. Ceux que leurs vices privaient de cette fortune, comme le grand Frédéric, cherchaient à se rabattre sur les philosophes.

A soutenir cette autorité sur l'étranger le Français place son point d'honneur. Au moment où éclate la guerre d'Amérique, l'amiral Rodney est enfermé pour dettes à Paris, et un journal anglais déclare que nous

---

[1] Voir sa correspondance publiée par Lucien Perrey et Gaston Maugras.

n'oserons pas le laisser partir¹; aussitôt le maréchal de Biron obtient de Louis XVI la permission de payer les dettes de Rodney, court ensuite près de lui : « Vous êtes libre, monsieur, Suffren vous attend. »

Aussi l'on observe avec curiosité nos gentilshommes qui servent comme volontaires dans les armées étrangères : « Je vois un phénomène de Paris et un joli phénomène, écrit le prince de Ligne² à propos du comte Roger de Damas; il est étourdi comme un hanneton au milieu des canonnades les plus vives : les coups de fusil ne l'enivrent pas, mais il est chaud et d'une jolie ardeur, comme on l'est à la fin d'un souper, ce qui s'appelle un joli Français, un seigneur de bon goût de la cour de France. » Les Français savaient manier l'épée avec autant d'élégance que la langue; leurs femmes n'auraient pas voulu de nos oisifs, elles n'aimaient dans leurs salons que ceux qui avaient su prouver leur valeur par des campagnes, des croisières, des blessures. « Viens dans mes bras, disaient-elles ensuite³, retrouver la paix et le repos après tant de dangers et de fatigues; que ma main essuie la sueur de ton front, et que mon souffle rafraîchisse tes joues brûlées. » Ainsi Boufflers abandonne les petits vers et les bons mots pour coloniser le Sénégal. Ainsi Bezenval, à l'assaut d'une redoute, glissant sur un parapet éboulé,

¹ Duchesse DE GONTACT, p. 65. Voir aussi Grimm à Catherine, du 8 février 1785.
² *Mémoires de Langeron*, second mémoire, p. 67, année 1787.
³ Madame de Sabran à Boufflers, p. 160.

dit à ses soldats : « On serait mal ici, si l'on n'y recevait pas des coups de fusil. »

Ainsi encore La Motte-Piquet, déchiré par un paquet de mitraille, reste sur sa dunette d'amiral, et pâle, muet, le sang à la bouche, saisit ses matelots de son œil dominateur et les cloue à leur poste de bataille [1]. Sur les combattants comme sur les étrangers, on n'abdiquait jamais la puissance que donne la culture de l'esprit.

Cette force factice que procure l'éducation raffinée, on la gardait non-seulement à la guerre, mais aussi dans la galanterie. Le scandale était en horreur, le manque de foi en mépris. Une femme ne négligeait pas la science de retarder les espérances d'un amant, —autrement ce serait abdiquer,—disait l'une d'elles [2]; mais elle eût regardé comme une honte de tromper celui qui était accepté. Les anciens conquérants de la vieille cour, comme le maréchal de Richelieu, n'étaient plus le modèle envié. On cherchait surtout la tendresse, l'émotion vraie, « un certain je ne sais quoi qui met nos âmes à l'unisson, une certaine sympathie qui me fait penser et sentir comme toi [3] ». La complaisante indulgence du monde se conquiert soit par une invocation au sourire : « Un homme désœuvré est si ennuyeux ! » dit la princesse d'Hénin pour justifier son mari

---

[1] Il a survécu à sa blessure.
[2] Prince DE LIGNE, t. Ier, p. 44.
[3] Madame de Sabran à Boufflers, p. 60.

qui s'occupe de Sophie Arnoult; soit par la constance, comme celle de M. de Guéméné, qui vit douze ans pour madame Dillon, sans la quitter, sans se démentir un instant : « la mort seule a mis un terme à ses soins[1] »; soit par un acte chevaleresque comme celui du marquis de Jaucourt, qui, en fuyant de la chambre de madame de la Chastre, a deux doigts pris dans la porte qu'on referme brusquement sur lui ; il se les coupe de la main libre[2].

II

LA SENSIBILITÉ.

Chacun veut plaire aux autres, chacun veut paraître attaché à ses amis : aimable et sensible sont les deux mots de ce vieux monde, ce sont les qualités que dans un portrait on met en relief : « La sensibilité d'Adèla, écrit madame de Castellane qui se peint elle-même sous ce nom[3], n'anime pas seulement tous ses traits, mais elle embellit encore son esprit; entendez-la parler sur les questions de sensibilité, vous admirerez la grâce, la fraîcheur de ses idées; elle agit toujours par sensibilité. » Pour manifester sa tendresse, on est ingénieux,

---

[1] Besenval, *Mémoires*, t. II, p. 273.
[2] Il l'épousa plus tard.
[3] Société des Bibliophiles du Béarn.

on accompagne les cadeaux de mots jolis ou de soins gracieux ; quand madame de Boisgelin envoie une boucle de ceinture à madame de Sabran, elle y joint ces vers :

> J'aime les présents superflus
> Et vous adresse une ceinture.
> Vaut-elle celle de Vénus
> Que vous tenez de la nature?

Lorsque madame de Lâge se fait meubler un appartement à Versailles et y arrive avec son jeune fils, elle y voit une pendule d'albâtre, *Vénus apprenant à lire à l'Amour,* qu'une de ses amies y a portée ; un lilas blanc avec ces mots : *Portrait de la maîtresse de la maison;* puis, dans un coin, « une seule rose dans un bocal de cristal uni, une de ces roses mousseuses si rares ; elle était là modestement ; je ne devine pas : ce serait bien romanesque pour Bernardin (de Sérent), il n'avait pas l'air coupable ; je serais bien fâchée que ce fût M. de Lévis, je ne lui passe plus ses soins depuis qu'il a si mal tourné. Enfin elle est bien jolie. Je viens de me la faire apporter[1]. »

La mère enseigne elle-même à lire à ses enfants. L'enfant n'est plus relégué avec les gouvernantes, il commence à envahir le salon, à encombrer la vie des parents. La jeune mère a la prétention d'allaiter le nouveau-né. Elle y met un tel zèle qu'elle ne sèvre son fils parfois que la troisième année, comme madame

---

[1] Marquise de Lâge, *Souvenirs,* Préface, p. 57.

de Neuilly[1]. La comtesse de Laurencin gagne la médaille d'or à l'Académie de Rouen dans le concours[2] *sur l'obligation et les avantages qui doivent déterminer les mères à allaiter leurs enfants conformément au vœu de la nature,* pour ces vers :

> Ces fruits d'un chaste hymen par nos maux achetés,
> Quoi ! nous les confions à des mains mercenaires,
> Tandis que des forêts les hôtes sanguinaires
> Allaitent les petits que leurs flancs ont portés !
> ...Ses yeux à peine ouverts sur mes yeux se fixèrent,
> Ses bras vers moi tendus m'exprimaient son dessein ;
> J'embrassai mon enfant, et ses lèvres sucèrent
> Le lait qu'avec transport lui prodiguait mon sein.

La jeune mère se fait peindre, comme madame de Salaberry[3], allaitant ses enfants.

Dans la tendresse maternelle comme dans l'amitié, il y avait le luxe et presque l'affectation. Voilà que pour aguerrir les enfants, on les plonge tous les matins dans un bain d'eau glacée[4], c'est la mode ; ou bien on les fait conduire demi-nus aux Tuileries pour qu'ils se réchauffent par un vif exercice[5]. On les fait manger à table ; on les fait jouer au salon[6] ; on les mène à la cour ; la Reine caresse les enfants de ses amies[7], elle leur fait représenter des comédies devant le Roi, qui

---

[1] Comte DE NEUILLY, *Souvenirs*, p. 8.
[2] En 1774, *Almanach des Muses de 1776*.
[3] VERNEILH-PUIRASEAU, *Souvenirs*, p. 210.
[4] Comte DE NEUILLY, *Souvenirs*, p. 8.
[5] JULLIAN, *Souvenirs de ma vie*.
[6] Marquise DE LA FAYETTE, *Vie de la duchesse d'Ayen*, p. 19.
[7] Comte D'HAUSSONVILLE, *Souvenirs*, p. 19.

témoigne sa joie par le gros rire si nuisible à son prestige[1].

Même exaltation dans la tendresse factice qu'on excite chez les enfants. Madame de Genlis, qui sert de mère à ceux du duc d'Orléans, leur inspire un tel désir de lui plaire que « je les ai vus, dit la duchesse de Gontaut élevée par elle avec eux, je les ai vus baiser les pas où elle avait marché; un jour, voulant me distinguer en sentiment, je me précipitai sur le fauteuil qu'elle venait de quitter, et l'ayant baisé avec ardeur, je me remplis la bouche de poussière ». Parfois au contraire ce besoin d'amour inspirait à l'enfant de jolis propos, comme quand la marquise de L'Âge écrit à sa mère[2] : « Voyez-moi à genoux à côté de votre fauteuil, vous tenant les deux mains et les serrant, les baisant de tout mon cœur, et puis je me figure que vous me relevez, passant sur mon visage votre bonne main que je baise encore en dedans. Si vous saviez comme je vous aime, si au-dessus de tout, si différemment de tout, maman! » C'est le moment où Greuze peint l'*Heureuse Mère*, la marquise de Laborde dans le groupe de ses enfants, et la *Mère charitable*, qui enseigne à son fils comment on secourt « l'indigence » représentée par un vieillard qui a « sa compagne » à ses côtés. Dans cet attendrissement on arrive vite à la niaiserie :

[1] Madame DE SABRAN, p. 106.
[2] Marquise DE L'ÂGE, *Souvenirs*, Préface, p. 6.

> Qu'il me soit toujours inconnu
> Le mortel qui sans être ému
> Prononce le nom de sa mère,
> Embrasse un ami d'un œil sec
> Et ne sourit point à l'aspect
> De la cabane de son père [1].

Mais on acquiert dès la naissance ce qu'ignorent les parvenus, la notion du devoir envers les inférieurs, du respect de ceux qu'on tient sous son patronage, des égards envers les obligés : « Nos âmes étaient alors presque enivrées d'une douce philanthropie qui nous portait à chercher avec passion les moyens d'être utiles à l'humanité [2]. »

Utile, on l'est souvent, comme le duc de Larochefoucauld, qui, à Romainville, distribue quarante mille livres aux cultivateurs ruinés par la grêle [3]; mais on est tenté de l'être par des procédés plus ingénieux que raisonnables : ainsi M. de Montyon [4] envoie aux pauvres de son village deux cents livres de riz avec une instruction pour qu'ils en fassent à grands frais une nourriture exquise. — « Ces secours ne peuvent être employés », répond le régisseur. On témoigne de l'intérêt à ses domestiques : « Ma bonne fait ses compliments à la vôtre », écrit une jeune fille à son amie [5]; on les mêle à la vie intime au point de donner un rôle

---

[1] Bonnard, 1776.
[2] Ségur, *Mémoires*, t. II, p. 63.
[3] Madame Le Brun, *Mémoires*, t. 1er, p. 116.
[4] Labour, Montyon, p. 77.
[5] Marquise de Lagrange, *Laurette de Malboissière*, p. 4.

aux femmes de chambre dans les comédies de château[1].
Le seigneur vit sur sa terre au milieu de ses paysans,
la châtelaine s'occupe de ses confitures et de sa basse-
cour, recueille des recettes contre les maladies. La
duchesse d'Ursel[2] se rend dans sa cuisine pour com-
poser « des crèmes excellentes et le meilleur gâteau
d'amandes », et ne hait pas que les invités l'y accompagnent pour admirer comment elle relève ses manches
et montre « les plus beaux bras du monde ». La charité
plaît même avec un peu d'exagération théâtrale : une
jeune fille se fait apporter une mendiante à son couvent, pour lui laver les pieds[3]; la vie des champs
prend des apparences romanesques :

> On y danse au son du pipeau,
> Où l'on partage sous l'ormeau
> Les dons de la bonne Cybèle[4].

Sous prétexte d'hommage à la nature, les fantaisies
bucoliques prennent leur cours. Cependant, l'impression est quelquefois sincère, comme dans cette lettre
de Madame Victoire[5], tante de Louis XVI : « J'ai passé
la nuit dans le jardin, je me suis couchée après avoir
déjeuné avec une soupe à l'oignon excellente et une
tasse de café à la crème, je me suis réellement amusée
de la belle lune, de l'aurore et du beau soleil, ensuite

---

[1] Madame DE GENLIS, *Mémoires*, t. Ier, p. 34.
[2] *Ibid.*, t. Ier, p. 301.
[3] *Ibid.*, t. Ier, p. 358.
[4] La marquise DE LA FÉRANDIÈRE, 1781.
[5] Lettre citée par Ed. DE BARTHÉLEMY, *Mesdames de France*, p. 471.

de mes vaches, moutons et volailles, et du mouvement de tous les ouvriers qui commençaient leur ouvrage gaiement. » Mais ce n'est le plus souvent que la fantaisie d'une poésie en décadence : tels sont ces vers de la marquise d'Antremont, qui venait d'être élue à l'Académie de Nimes :

> Quoi! parmi vous une bergère
> Qui n'a pour luth qu'un chalumeau,
> Pour chanter qu'une voix légère,
> Pour fauteuil qu'un gazon à l'ombre d'un ormeau!
> Vous l'arrachez à sa fougère!

Les académies de province, les petits vers assiègent les salons. Les grands vicaires composent des chansons sur l'air : *Dans le fond d'une écurie*, des comédies, de petits ballets pour les fêtes du cardinal de Brienne [1]. Chez les Visitandines, les novices demandent des vers aux vieux chanoines pour accompagner le bouquet qu'elles offrent à leur maîtresse de noviciat le jour de sainte Madeleine [2]. L'évêque de Mirepoix refuse un bénéfice à un solliciteur en lui chantant ces vers du *Devin de village* :

> Quand on sait aimer et plaire,
> A-t-on besoin d'autre bien?

Enfin, il n'est pas jusqu'au médecin qui ne rédige en vers badins ses consultations, comme celui qui dit à La Condamine menacé d'apoplexie :

---

[1] Morellet, *Mémoires*, t. 1ᵉʳ, p. 264.
[2] Ms. Bibl nat., fonds Périgord, vol. 102, f. 2.

> Aucun talent ne baisse en vous,
> Pas même celui du bel âge
> Qui se perd le premier de tous,
> Et dont on vous défend l'usage.
> Toujours aimer, voir qui vous aime,
> N'est-ce pas un sort assez doux?
> Moi qui suis plus jeune que vous,
> J'en ferais mon bonheur suprême!

On croirait, à voir l'emportement de ces gens vers les plus extrêmes recherches de la tendresse, qu'ils prévoient la séparation prochaine, les rigoles de sang entre les pavés, la faim sur les routes boueuses, la solitude dans les villes inconnues. On concentre les derniers parfums de la vie aimante; on cherche des mots nouveaux pour savourer sa joie [1]; on tombe en convulsion en écoutant la musique; on a de l'enthousiasme pour les aventures sentimentales telles que celles de « milord Asgill[2] », l'officier anglais qui devait être pendu par les Américains en représailles d'exécutions de militaires fédéraux : après six mois d'attente, il est mis en liberté sur la demande de Marie-Antoinette, il arrive en France : « Il aura beaucoup de succès, il a vingt ans, une figure pâle et intéressante; sa malheureuse mère est ici avec lui. »

Les arts se transforment avec les sentiments de la société nouvelle, la panse du meuble Louis XV se redresse, les pendules s'encadrent dans des colonnes, la ligne s'effile.

---

[1] Le mot *énergie* est de cette époque. *Émigrant* en est aussi.
[2] Madame de Sabran à Boufflers, p. 86.

Cette transformation spontanée des mœurs et du goût rendait les esprits aptes à recevoir l'impression des idées anglaises. Les deux nations commençaient à se connaître : la guerre d'Amérique qui les met aux prises enseigne aux Français de Louis XVI la puissance de la race anglaise et la supériorité de sa civilisation. La mode vient aussitôt d'imiter les Anglais. On cesse de porter l'épée, les insignes des ordres, les manchettes et la poudre; on boutonne son frac et l'on se fait couper les cheveux [1]. On prend l'habitude des paris. Le duc de Chartres, Lauzun et Conflans organisent une course de chevaux dans la plaine des Sablons; la *poule* est de vingt-cinq louis par jockey; elle est gagnée par le cheval normand du duc de Lauzun, qui fait trois fois le tour de la piste en six minutes [2]. Le marquis de Conflans [3] gagne le pari de faire deux lieues sur son cheval au trot avec un verre plein à la main, sans renverser une goutte.

Mais on continue à chercher le plaisir dans la conversation : le charme de l'amitié reste intact. A Paris, tous les jours « la bonne compagnie en fort grande parure » se réunit dans la grande allée du Palais-Royal; les femmes portent des bouquets, les cheveux sont parfumés, Garat et Azevedo chantent, Saint-George

---

[1] *Mémoires* de Montbarrey, de la baronne d'Oberkirch, de Vaublanc.

[2] *Correspondance secrète*, 1775.

[3] Vaublanc, *Souvenirs*, p. 130.

apporte son violon, d'autres des harpes ou des guitares [1]; ou bien on se rend en voiture au boulevard du Temple, on s'arrête dans les allées bordées de cafetiers et de baladins, les jeunes gens caracolent à cheval, les bourgeoises du Marais garnissent les chaises avec leurs toilettes surannées, leurs joues éclatantes de carmin; elles attendent l'heure de leur loto. Le soir, on se rend au Colisée dans les Champs-Élysées, ou au Vauxhall près du Temple, sous des portiques illuminés, devant des concerts ou des feux d'artifice. Puis on rentre pour le souper. Le luxe n'est que pour la vie extérieure; mépris profond pour les satisfactions du bien-être et les exigences de la vie matérielle : un paravent suffit si les vitres de la fenêtre sont mal jointes. Une chaise de bois ne déplaît pas : « Nous avons dîné chez madame de Boufflers, et nous sommes morts de faim, de froid et de rire », dit la princesse de Poix [2]. Chez la princesse de Rohan-Rochefort, une dizaine d'intimes arrivent pour souper à dix heures et demie, « c'était à qui serait le plus aimable [3] »; un souper comprend une volaille, un poisson et des légumes. La dinde truffée ne se mange que chez les femmes entretenues, les truffes sont rares à Paris, elles ne se vendent qu'à l'*hôtel des Américains* et à l'*hôtel de Provence* [4].

Le soir, les femmes chantent en s'accompagnant sur

---

[1] Madame LE BRUN, *Mémoires*, t. I*er*, p. 18 à 22.
[2] Vicomtesse DE NOAILLES, *Vie de la princesse de Poix*.
[3] Madame LE BRUN, *Mémoires*, t. I*er*, p. 30 et 64.
[4] BRILLAT-SAVARIN, *Physiologie du goût*, méditation VI.

la guitare, d'autres composent, en découpant des cartons, de petites vignettes qui représentent par exemple une famille tendrement unie ou un enfant qui plante un arbre [1]. On renonce à la fastueuse robe à traîne, les jupes courtes sont adoptées par la mode, et les jarretières deviennent un objet d'art [2]. Les boutons des gilets acquièrent une égale importance, ils sont ornés de miniatures avec des sujets de chasse, des combats de cavalerie, des portraits. L'art devient plus mesquin, les habitudes plus étroites, à mesure que les idées prennent plus de hardiesse.

III

L'INSOUCIANCE.

« La société, dit la vicomtesse de Noailles [3], était alors la combinaison la plus exquise de tous les perfectionnements de l'esprit ; les hardiesses de la philosophie n'étaient que des stimulants pour la pensée ; la philosophie n'avait pas d'apôtres plus fervents que les grands seigneurs ; la vie était délicieuse. » Toutefois

---

[1] Baronne d'Oberkirch, *Mémoires*, t. II, p. 372.
[2] Abbé Galiani, *Correspondance* publiée par Lucien Perret et Gaston Maugras, t. II, p. 281. Voir aussi Casanova, *Mémoires*, et la devise : *Vous qui voyez toujours.*
[3] *La Princesse de Poix.*

on se croyait tenu de simuler des apparences de pratiques religieuses pour ne pas mécontenter les petites gens ; c'était une gêne que l'on s'imposait par bon ton. — « Dimanche, il a fallu, écrit une jeune fille [1], aller à la grand'messe à la paroisse, car sans cela tous les paysans auraient été scandalisés. » Une des tantes de madame de Montagu [2] allait à la messe par habitude, en « riant comme une folle » des scrupules de sa nièce ; mais l'autre tante, madame de Tessé, avait renoncé à toute cérémonie religieuse. Par habitude aussi madame de Sabran allait à la confession, « on nous la dit très-salutaire [3] », mais elle ne laissait pas pour cela de railler la procession de sainte Geneviève, car « à présent les saintes ne font pas la pluie et le beau temps, leur moment est passé, et si elles n'ont pas une plus grande considération dans l'autre monde, je les plains de s'être donné autant de peine [4] ». La marquise de la Férandière [5] se vante de préférer les bergers aux sopranistes d'églises :

> Je préférai musette, hautbois,
> Aux aigres et perçantes voix
> Des Amphions de vos chapelles
> Qui sont réduits au seul honneur,
> Ne pouvant chanter pour les belles,
> De chanter pour leur créateur.

---

[1] Marquise DE LAGRANGE, *Laurette de Malboissière*, p. 39.
[2] *Anne de Noailles, marquise de Montagu*, p. 26.
[3] Lettre à Boufflers du 25 avril 1778.
[4] *Correspondance*, p. 17.
[5] *Almanach des Muses*, 1781.

L'impiété est du bel air ; il est permis de dire sur la religion même des « énormités¹ ». C'est par cette mode que la noblesse de cour se distingue des simples familles de parlementaires, qui ont gardé l'austérité janséniste : dans cet autre monde les femmes ont encore des directeurs ; madame de Tessé tombe dans un nouvel étonnement chaque fois qu'elle voit ses nièces, les filles du duc d'Ayen, qui ont été élevées dans toutes les pratiques de la piété la plus rigoureuse par leur mère qui est de famille parlementaire. Une éducation semblable perdait sans retour un officier dès son arrivée au régiment. Le sous-lieutenant doit se cacher pour faire ses pâques² ; Carnot amasse ses premières rancunes sous les railleries de ses camarades qui se moquent de sa piété de bourgeois³. M. de Chabannes, beau, jeune, riche, glisse en dansant au bal de la Reine, et s'écrie en tombant : *Jesus-Maria !* Il est aussitôt couvert d'un tel ridicule qu'il part pour l'Amérique ; sur le navire, dans les prairies, il garde le sobriquet, et il revient d'Amérique *Jesus-Maria* comme il y était allé. Les jeunes officiers qui accompagnent en Espagne le comte d'Artois rient des ceintures de papier que l'on met aux statues, des femmes qui baisent les mains aux moines « bien sales », consternent la cour austère de Charles II ; le comte d'Artois est jugé par les moines

---

¹ WALPOLE. Voir TAINE, t. Ier, p. 378.
² ROMUS, *Souvenirs d'un officier royaliste*, t. Ier, p. 54.
³ SYBEL, t. III, p. 13.

espagnols trop *tonante,* ils l'empêchent de fréquenter les Infants; un curé de village ne comprend pas en quoi il diffère du prince d'Hénin et du prince de Nassau-Siegen qui sont de sa suite, et fait préparer trois prie-Dieu : — Il n'en faut qu'un, dit un Français, ce sont trois princes en une seule personne!

Dans le palais de Versailles, un prêtre n'est pas reçu en soutane : il doit porter le petit collet [1]. La vieille cour est d'accord avec la jeune sur la dévotion; M. de Craon le grand-père a autant de dédain pour les pratiques religieuses que M. de Poix son petit-fils, qui se vante d'être intimement attaché à sa femme parce qu'elle n'est pas plus chrétienne que lui : « Ce n'était pas une union chrétienne, le temps ne le comportait guère; c'était une de ces combinaisons délicates par lesquelles deux âmes élevées cherchent la félicité dans la vertu [2]. » Le modèle de l'épouse non chrétienne est la duchesse de Choiseul, la personne la plus universellement respectée de l'époque, certainement la mieux douée de toutes les qualités morales; « c'était une sainte, quoiqu'elle n'eût d'autre croyance que celle que prescrit la nature [3] ».

Cette révolte de la bonne compagnie contre l'Église est excitée en partie par les philosophes, un peu par la mode, mais aussi par la hauteur aristocratique. On

---

[1] Bessand, *Souvenirs d'un nonagénaire,* t. 1er, p. 317.
[2] Vicomtesse de Noailles, *la Princesse de Poix.*
[3] Baron de Gleichen, *Mémoires,* p. 73.

trouve la religion nécessaire pour ceux qui n'ont pas de culture intellectuelle, on dit comme le duc de Beaumont [1] : « J'observe le culte apparent des chrétiens par conviction politique de son utilité ; du reste, je suis déiste prononcé. » Les enfants même se prennent à douter : une jeune fille, mademoiselle de Mussey [2], s'excuse comme d'une faiblesse de prier pour son père qui a émigré : « Moi qui ne suis pas extrêmement dévote, mon âme s'élève à Dieu et lui dit : Détournez les coups qui pourraient porter sur mon père. » Et quand Mirabeau à sept ans répond à ceux qui lui expliquent que Dieu ne peut pas faire les contradictoires, par exemple un bâton qui n'ait qu'un bout : « Est-ce qu'un miracle n'est pas un bâton qui n'a qu'un bout? » la grand'mère frémit d'indignation. Les mères sont épouvantées de ce souffle qui passe sur les âmes des enfants. Madame de Sainte-Aulaire raconte les angoisses de sa mère qui voit ses fils se détacher de la foi : un matin, l'aîné n'arrive point pour la messe du château, la mère regarde avec douleur la place vide ; le vieux chapelain comprend qu'elle attend, prolonge les premières prières, arrive lentement à l'élévation, à ce moment la vieille dame s'évanouit. Aussi avec quel amour on cherche à prémunir ces jeunes cœurs! « Ma tante, écrit mademoi-

---

[1] Anne de Montmorency-Luxembourg, duc de Beaumont, né en 1767. Son portrait écrit par lui-même.

[2] *Correspondance originale des émigrés*, p. 130, lettre du 25 septembre 1792.

selle de Condé, me prévint sur la manière de penser des personnes du monde, et me recommanda de ne jamais oublier mon Dieu. » — « Ma mère, dit Chateaubriand [1], chargea en mourant une de mes sœurs de me rappeler à la religion. Quand la lettre me parvint, ma sœur elle-même n'existait plus. Ces deux voix sorties du tombeau m'ont frappé. J'ai pleuré. J'ai cru. »

Cette tendance aristocratique qui laissait la religion au vulgaire pour réserver une philosophie sentimentale à la classe dominante, existait jusque dans le clergé. La grande majorité des prêtres et des moines français a donné la preuve de sa foi : ceux qui sont restés ont versé leur sang, nous verrons ceux qui ont émigré s'attirer l'admiration des peuples qui les ont recueillis. Mais plusieurs prélats avaient d'autres idées. M. de Jarente, évêque d'Orléans, conduit mademoiselle Guimard à l'Opéra dans son carrosse à ses armes ; M. de Talaru, évêque de Coutances, cache un sérail dans son abbaye de Montebourg [2]; Louis de Grimaldi, évêque du Mans, garde même à la messe sa veste rouge de chasse, les culottes rouges, les bas blancs [3].

L'abbesse de Fontevrault envoie sa femme de chambre prévenir le prêtre du moment où il peut monter

---

[1] Première préface du *Génie du Christianisme*.
[2] Duval, *Souvenirs*, t. 1er, p. 8.
[3] Dom Piolin, *Histoire de l'Église du Mans*, t. VI, p. 327. Le pieux dom Piolin explique qu'il n'y a nul scandale à récapituler ces faits.

à l'autel, et n'empêche pas les servantes d'être insolentes avec les religeux qui sont placés sous son autorité[1]. Chez l'archevêque de Narbonne, qui fait recevoir ses invités à son château de Hautefontaine par sa nièce favorite, madame de Rothes, la conversation est souvent assez libre pour que les jeunes femmes en pleurent de honte; on assiste cependant à la messe, mais on y lit des ouvrages gaillards reliés comme des livres d'heures; la tenue est plus contrainte quand l'évêque de Montpellier vient chasser au château : « Messieurs, dit alors l'archevêque de Narbonne à ses autres invités, il ne faudra pas jurer aujourd'hui. » Pendant l'émigration, à Londres, madame de Rothes, qui se sent mourir, cache ses souffrances pour ne rien changer aux habitudes de son oncle; elle donne un grand dîner, se retire, en sortant de table, dans sa chambre et dit : « Envoyez chercher un prêtre, c'est convenable à cause de M. l'archevêque. » Elle meurt. Le jour de l'enterrement, l'archevêque va chez un ami, trouve un volume de Voltaire sur la table, parle de son ancienne amitié avec Voltaire, récite un chant de la *Pucelle*.

Le cardinal de Brienne réunit à son château « une

---

[1] Bessard, *Souvenirs d'un nonagénaire*, t. Ier, p. 269. Les religieux devaient « prononcer leurs vœux entre les mains des religieuses, se reconnaître leurs serviteurs et s'engager à les servir jusqu'à la mort, ne posséder autre chose temporelle que ce qui leur serait accordé par lesdites religieuses ». Voir le curieux arrêt du conseil d'Estat, le Roi y séant, 8 octobre 1641, qui constate l'autorité de l'abbesse et son pouvoir de correction sur les religieux. Paris, 1641, in-4°.

foule de petits abbés qui croyaient à peine en Dieu et attendaient des évêchés » ; sa belle-sœur « en retenait toujours un pour lui faire des contes durant la messe ¹ ». Ce prélat dit à l'abbé de Boisgelin, qui venait d'avoir une aventure scandaleuse avec madame de Canillac : « Pourquoi n'attendiez-vous pas que vous fussiez évêque? »

Le curé de campagne, le recteur breton, le moine austère ont du mépris pour le grand vicaire qui poudre ses cheveux, et pour l'évêque qui lit l'*Encyclopédie*. Jusque dans l'émigration ces rancunes survivent ; sous les boues de la Guyane, les prêtres transportés se reprochent encore leurs anciennes distinctions : le grand vicaire de Luçon est accablé de sarcasmes par le principal de Tréguier, qui vit dans la même case ².

Toutefois les souffrances de l'émigration transformèrent les sentiments et rejetèrent dans le sein de l'Église les plus incrédules. Quelques vieillards restèrent inflexibles. On les revit avec dépit, sous la Restauration ³, conserver les idées qui étaient à la mode lorsqu'ils étaient entrés dans le monde. Tels étaient le général de Goguelat, ancien confident de Marie-Antoinette, la princesse de Poix, et cette charmante grand'mère de la comtesse d'Agout ⁴, qui « lançait le trait rapide, ne haïssait pas le mot, le plaçait vivement et

---

[1] D'Allonville, *Mémoires*, t. I⁽ᵉʳ⁾, p. 279.
[2] Mgʳ de Beauregard, *Mémoires*.
[3] Chambelland, *Histoire de Louis de Bourbon-Condé*, t. III, p. 72.
[4] Daniel Stern, *Mes souvenirs*, p. 92.

bien, avait sur la vie des ouvertures naturelles, peu tendre, pas du tout dévote, mais toujours indulgente et avenante, enjouée alors même qu'elle fut aux prises avec les infirmités et la mort, la plus aimable femme qui se puisse concevoir ». La Restauration, les princes, la duchesse d'Angoulême surtout imposaient à la noblesse un langage beaucoup moins libre que celui que se permettaient ses ancêtres [1]. A son lit de mort, ma grand-mère impatientée des lenteurs du prêtre qui lui administrait l'extrême-onction, lui dit sans aucune émotion et comme si elle eût été à sa toilette : « Je ne savais pas que ce fût si long. » — « Il est fâcheux que ce soit si court », dit au contraire une mourante du même temps, pendant la même cérémonie.

IV

EXTINCTION DES ANCIENNES FAMILLES.

Le goût des plaisirs, l'indifférence sur la religion n'étaient pas les seuls travers. Les hommes savaient se faire tuer, les femmes se laisser adorer, mais on n'avait aucune préoccupation des dettes; pour qu'on pût

---

[1] Ce détail de mœurs a été merveilleusement observé et reproduit par Balzac.

plaindre des créanciers, il fallait qu'ils perdissent trente-trois millions, comme ceux du prince de Guéméné. On cherchait des pensions, des honneurs, des priviléges, on s'opposait avec une désolante obstination à la formation d'une aristocratie dirigeante.

L'incurable jalousie de la noblesse française contre tout gouvernement aristocratique éclate déjà dans un épisode de la minorité de Louis XIV. Au moment où les turbulents du parlement de Paris ouvraient nos frontières à l'étranger, la noblesse française s'assembla aux Augustins, se constitua en corporation, rédigea des manifestes pour empêcher le gouvernement de confirmer les droits des ducs et pairs. Dans cette crise que traversait la France, la noblesse ne ressentit d'autre inquiétude que celle de voir surgir une aristocratie. En 1789, même légèreté : « La noblesse ne voulait pas reconnaître la supériorité des ducs[1]. » Les aspirations libérales surabondaient, chaque seigneur était prêt au sacrifice de ses droits, mais non pas à reconnaître la nécessité d'une aristocratie.

Tandis qu'en Angleterre la discipline des classes dirigeantes maintient entre les mains de quelques familles le soin de défendre les libertés du pays, tandis que les traditions de gouvernement sont conservées contre l'étranger, contre les séditieux, contre le Roi, par une aristocratie nationale, aimée du pays, fondue

---

[1] Ségur, *Mémoires*, t. 1ᵉʳ, p. 91.

dans l'histoire intime de la race, en France, ce ne sont que jalousies mesquines, compétitions sur de misérables priviléges, horreur des modérés.

Cette haine contre la formation d'un parti de gouvernement était d'autant plus absurde dans la noblesse française, que cette noblesse n'existait plus que par des agrégations récentes, et que le petit nombre de vieilles familles aurait pu facilement constituer l'aristocratie nécessaire. Dans le Lyonnais il n'y a plus sous Louis XVI que six familles de vieille noblesse [1]; sur vingt familles nobles, il y en a à peine une en France qui puisse se prétendre d'ancienne date, c'est Chérin qui le dit, le généalogiste officiel [2]; tous les nobles, sauf un sur vingt, sont des fils de magistrats, d'avocats, d'échevins, de financiers, de marchands, de juifs. Quatre mille fonctionnaires publics sont anoblis par leurs charges à mesure qu'ils y parviennent; il n'y a pas un enrichi qui ne devienne noble aussitôt [3]. Voltaire, fils de notaire, achète une charge de gentilhomme de la chambre du Roi; Maréchal, fils de chirurgien, est le marquis de Bièvre; Pâris, fils de muletier, est le marquis de Brunoi; le traitant Crozat devient marquis du Châtel; les marchands Peirenc et Antoine deviennent les seigneurs de Moras et de Saint-Joseph; le juif Samuel Bernard devient marquis de

---

[1] GUILLON DE MONTLÉON, *Mémoires*, p. 28.
[2] CHÉRIN, *Abrégé chronologique*, 1788.
[3] D'ARGENSON, *Mémoires*, t. III, p. 402.

Boulainvilliers; enfin Lechassé, basse-taille à l'Opéra, reçoit des lettres de noblesse « à cause de sa voix et de son beau chant [1] », et devient le seigneur du Ponceau [2].

Ces nouveaux privilégiés se montrent d'autant plus hargneux qu'ils ont moins de titres. Leur zèle de néophytes leur fait adopter tout d'abord les travers de la société dans laquelle ils s'introduisent. Contre ce flot envahisseur l'ancienne noblesse ne peut se défendre que par les faveurs de la cour; elle va chercher le vieux sang pour l'attirer à elle et se renforcer. Un officier oublié comme major de place découvre tout à coup qu'il descend de la vieille famille d'Adhémar; il fait constater ses droits par Chérin [3], il est aussitôt fêté à Versailles, accueilli par la mode, promu colonel, puis ambassadeur, puis épousé par une riche veuve. Au contraire, on oppose le ridicule aux intrus. Le ridicule est si redoutable que toute jeune femme est dans les transes au moment de sa présentation à la cour. Même à la cour les vieilles familles cherchent à lutter contre l'envahissement des nouvelles.

Les courtisans se réunissent entre eux pour les repas à Versailles, et relèguent ceux qui ne sont pas de la cour à une table servie aux frais du Roi. Parmi ceux qui sont de la cour, les classes sont nombreuses, et nul

---

[1] Madame DE GENLIS, *Mémoires*, t. 1er, p. 14.
[2] Sur ces continuelles aggrégations, voir Alfred MAURY, *Revue des Deux Mondes*, 15 décembre 1882.
[3] SÉGUR, t. 1er, p. 56; BEZENVAL, t. II.

ne peut sortir de sa classe : ainsi les gentilshommes ordinaires de la chambre et les écuyers sont considérés comme subalternes et ne peuvent jamais s'élever plus haut; ils forment une coterie dont la souveraine est madame d'Angivilliers, femme de l'intendant des bâtiments; un homme de la cour ne doit point fréquenter habituellement cette société : le prince de Poix, amant d'une femme de chambre de la Reine, fut blâmé de s'y être montré trop souvent.

Quant à la magistrature, elle était comptée bien au-dessous. Mademoiselle de Lamoignon fut inconsolable d'épouser le dernier des d'Aguesseau, parce qu'elle calcula qu'elle ne pourrait être présentée à la Cour.

V

PROGRÈS DE LA CIVILISATION.

Cette fleur de gaieté et d'esprit, cette frivole admiration pour une philosophie rudimentaire, les abus mêmes, n'empêchaient point les progrès. « Nos abus font du bien à beaucoup de monde », remarquait le prince de Ligne[1]. Il serait malaisé de soutenir que les vices ne nuisaient pas davantage, mais on peut du

[1] Tome 1er, p. 101, en 1787.

moins remarquer, avec le Napolitain Galiani[1], que l'Europe entière cherchait à les acquérir. En tout cas, les esprits sont en travail dans chaque couche de la société, pour accroître les jouissances des hommes, développer leur puissance, multiplier leurs connaissances. Du règne de Louis XVI datent les progrès de toutes les sciences.

Ce monde en apparence si léger se passionne à chaque éclosion d'une découverte : le chimiste Fourcroy est forcé de changer deux fois d'amphithéâtre, tant les gentilshommes et les jeunes femmes se pressent à ses leçons[2]; au cours d'anatomie d'Antoine Petit, on s'asseoit jusque sur les rebords des fenêtres. Madame de Sabran a suivi trois cours de physique et parle doctement de l'angle de réflexion. Au Lycée, la société se passionne pour les leçons de Laharpe et de Deparcieux, et elle discute dans les soupers sur les doctrines écoutées dans la journée. Deparcieux est même invité deux mois chaque année au château de Brienne, où il trouve un cabinet d'histoire naturelle et de physique, et où il est chargé d'un cours pour les femmes qui passent l'été chez le cardinal[3]. La géologie est professée par Buffon, l'électricité par Nollet, l'astronomie par Lalande; ils parlent avec élégance à un public exigeant et attentif. Les trois grandes lois de la phy-

---

[1] Tome II, p. 318.
[2] En 1784.
[3] MORELLET, t. Ier, p. 264.

sique sont révélées : la théorie de la chaleur par Prévost à Genève et par Fourier à Paris, celle de l'électricité par Coulomb [1], la polarisation de la lumière par Malus [2]. Lavoisier, Berthollet, Guyton de Morveau découvrent les lois de l'oxydation, des proportions définies, des équivalents atomiques. Rouelle et Dolomieu poussent la géologie à un point qu'elle n'a guère dépassé. Daubenton crée l'anatomie comparée ; Bichat, l'anatomie générale. Argant invente la lampe à aspiration. L'abbé de l'Épée donne la parole aux sourds-muets. Borda et Lavoisier commencent la météorologie, provoquent des observations simultanées du baromètre à de grandes distances, discernent la formule de la corrélation entre la direction des vents et les variations de la pression atmosphérique : la noblesse se lance avec enthousiasme sur leurs indications ; on retrouve encore aujourd'hui dans les châteaux, au fond des provinces, les instruments reçus de Lavoisier pour cette correspondance : nous venons de reprendre leur science au même point, il y a moins de vingt ans [3]. Nous reprenons de même, à la Salpêtrière, la science de Mesmer que la Révolution avait également fait disparaître ; celle de Lamarck, détruite aussi par la Révolution, a eu besoin de Darwin pour renaître. Nous n'avons apporté que peu de perfectionnements

---

[1] Ses *Mémoires* sont de 1782 à 1789.
[2] Avant 1797.
[3] J. B. Dumas, *Œuvres de Lavoisier*.

à la botanique depuis le livre d'Antoine de Jussieu qui donne en 1789 la méthode des familles naturelles. La cristallographie n'en a guère reçu davantage depuis les mémoires de Romé de Lisle en 1772 et de Haüy [1] en 1783. Montgolfier invente les aérostats; le marquis de Jouffroy fait en 1776 sur le Doubs et en 1783 sur la Saône les premiers essais de navigation à vapeur. Pinel soigne les aliénés, mademoiselle Bihéron conserve les pièces anatomiques. Les familles nobles soumettent à l'inoculation leurs enfants et présentent ainsi l'exemple de la lutte contre les préjugés; elles combattent, sous l'influence de Louis XVI, le préjugé semblable qui faisait regarder en France comme un poison la pomme de terre [2] que consommaient les Irlandais depuis 1580.

Mêmes progrès dans la science administrative. Les édits de 1778 et de juin 1787 créent le régime sur lequel s'est modelée la loi du 28 pluviôse an VIII, qui est encore le Code du ministère de l'intérieur [3]. Calonne pose le principe de la participation des redevables à l'assiette des contributions. Les fermiers

---

[1] On connaît leurs querelles sur la priorité d'invention de la science des cristaux.

[2] On la trouve à partir de 1770 mentionnée sur les menus des princes de Saxe au château de Pont-sur-Seine; le comte de Broglie en Saintonge cultive la pomme de terre depuis 1775; Jard-Panvilliers dans le bas Poitou depuis 1785; Parmentier à Grenelle en 1784. Les Bretons la refusaient encore en 1790 : « Nous prend-on pour des porcs? » NÉEL DE LAVIGNE, *Souvenirs*, p. 61.

[3] Vicomte DE LUÇAY, *les Assemblées provinciales sous Louis XVI*.

généraux ne sont plus les traitants ridicules dont on s'égayait depuis Louis XIII, ils sont instruits, laborieux, accueillis dans tous les salons, estimés par les bienfaits qu'ils répandent. Les travers mêmes de nos bureaux impeccables sont déjà pleins de vie; la tutèle administrative a déjà ses allures tracassières; un intendant fait la leçon à Montesquieu qui veut planter des vignes dans le Médoc. Si un administré se plaint à un chef, il reçoit pour réponse la réplique même du commis qui l'a lésé « de manière à prouver que tout a été bien fait [1] », comme aujourd'hui. Qui lit un préfet, lit un intendant [2].

Dans le même temps l'armée est réorganisée, les magasins sont remplis, les arsenaux sont garnis sous la rigoureuse administration du maréchal de Ségur; déjà est prête l'armée de la campagne de 1792. La rade de Cherbourg est armée par Louis XVI pour la marine militaire, il se rend lui-même au milieu des travaux pour les hâter [3]; ils sont assez avancés en 1787 pour que le port puisse être utilisé dans la guerre que l'on croit prochaine avec l'Angleterre [4].

Les colonies arrivent à une prospérité dont elles ne peuvent se faire aucune idée aujourd'hui; les îles, surtout Saint-Domingue, enrichissent tous les ports de

---

[1] Necker, *Mémoire de 1781*.
[2] Tocqueville, *l'Ancien Régime et la Révolution*.
[3] Lord Auckland, *Correspondance*, t. Ier, p. 125, June 1785 : « Personal concurrence. »
[4] Bezenval, *Mémoires*, t. III, p. 297.

France, non les ports seulement, mais les villes industrielles qu'elles alimentent de matières premières, et avec elles les pays qui voient bâtir sur les rivières des filatures, des fabriques de toiles, des ateliers d'impression sur étoffe, des forges. Les machines à vapeur entrent en activité; les houillères que la Révolution va arrêter, obtiennent des chiffres d'extraction qu'elles ne retrouveront pas de vingt ans. Quand le comte d'Artois visite Bordeaux, il est émerveillé de voir quinze cents bâtiments à l'ancre, une population immense sur les quais, des dîners avec des vins de Laffitte et de Haut-Brion qui sont à peine connus à Versailles, des toilettes éblouissantes dans les fêtes du soir.

Cet élan merveilleux de l'esprit humain en France fut violemment arrêté pour plusieurs années. On se plaît à conter qu'un jour nouveau commence avec l'aurore de la Révolution, à répéter que des principes inconnus éclosent pour ne jamais mourir. Aucune révolution n'aurait au contraire été d'une si médiocre importance si la conséquence de la nôtre n'avait été d'amoindrir la France. Peu d'époques ont été aussi infécondes en idées. Toutes les formules qui assurent la liberté et la santé d'une nation étaient depuis longtemps acquises à la civilisation, depuis un siècle mises en pratique par les Anglais. Le respect de la vie et de l'opinion des autres était entré dans les coutumes avec Guillaume d'Orange et avec Voltaire. On avait vu ce respect poussé à l'excès dans l'interminable procès de Hastings, à propos de quelques Hindous. Toutes les théories qui suppriment le vieux principe d'autorité et démontrent que la société doit n'être liée que par la loi civile et le sentiment du devoir, pénétraient dans les esprits, elles étaient appliquées en Amérique. L'expérience faite par les Français a été de supprimer la loi et le devoir ; elle a amené des massacres comme on n'en avait pas vu depuis cette autre révolution qui avait livré le monde païen aux barbares. La conséquence la plus incontestable a été un perfectionnement merveilleux de la science et des outils de la guerre, ce qui a amené le sacre de l'empereur d'Allemagne dans le palais de Versailles.

Cet amoindrissement déshonorant de la France s'est accompli au moment où le sentiment national se fondait dans des divagations humanitaires et où nous apprenions à rire de la loi. La diminution du pays et des esprits n'a pas offert comme simulacre de compensation le bien-être matériel. Sans aucun doute le bien-être matériel est cent fois plus général et plus intense qu'avant la Révolution, mais on doit reconnaître qu'il résulte du développement même de la civilisation en Europe, nullement de la Révolution : ce bien-être s'est étendu de 1820 à 1870 ; jusqu'à 1820 les souffrances étaient cruelles, n'oublions pas les épisodes déchirants de la famine de 1817. Depuis 1870, le bien-être ne s'est plus accru, car si les salaires se sont élevés, l'alcool en exige une plus grande partie dans les familles d'ouvriers; quant aux familles rurales, elles comprennent toujours, sans changement, en 1788, en 1815, en 1884, quatre millions de paysans qui possèdent moins de quatre hectares. D'ailleurs, toutes les nations ont participé à l'amélioration matérielle, sans ressentir autrement que par les maux de la guerre l'influence de notre Révolution. Pour arriver aux avantages que chacun atteignait par l'évolution naturelle des peuples policés, nous nous sommes livrés à un cataclysme inutile.

On peut donc dire que la Révolution française n'a produit directement que deux résultats positifs : elle a procuré à la France la suppression des abus de l'ancien régime ; au monde, la théorie à peu près nouvelle de l'égalité.

CHAPITRE II

ENNEMIS DE LA SOCIÉTÉ LOUIS XVI.

Impatience contre les abus. — Les princes. — Les réfractaires. — Les vaniteux. — L'écroulement.

I

IMPATIENCE CONTRE LES ABUS.

L'idée d'égalité n'est qu'une déjection du sentiment d'envie. L'égalité n'existe ni dans la race, ni dans l'individu, ni dans les chances. L'être de race teutone sera toujours inférieur à un Anglais; dans la même race on verra à côté de la femme dont les cheveux descendent jusqu'aux reins, dont la taille est élancée, dont le jarret s'attache verticalement au talon, la femme aux cheveux rares et courts, à la gorge basse, au talon mou; chez les nègres qui se ressemblent assez entre eux pour être obligés de se faire un cran à la joue afin de se reconnaître, l'un trouve une charogne et engraisse, l'autre avale de la terre et a le ventre ballonné. Les hommes varient entre eux non-seulement, ainsi que les animaux, selon les dons naturels et les richesses de l'instinct, mais aussi suivant les formes infinies du monde intellectuel et moral.

Le sentiment vrai est, non pas l'égalité, mais l'union. Contre les fléaux qui tendent à détruire la race, contre le froid, la faim, les maladies, les ennemis, les cataclysmes, ce que l'individu doit défendre, c'est, non lui et ses enfants, mais la nation entière. Au profit de la nation il doit se servir, il ne doit pas se dépouiller des forces acquises par la prévoyance et le travail des pères : en les conservant il fait profiter la nation des ressources accumulées par des siècles de recherches et de richesses. L'égalité tend au contraire à rendre le savant, le riche et le fort aussi impuissants que l'enfant au berceau. Comme d'ailleurs c'est surtout par l'intelligence que les hommes diffèrent, l'intelligence doit la première disparaitre. L'amour de l'égalité est l'horreur de l'intelligence.

Le principe d'autorité n'était pas beaucoup plus complaisant pour les poussées de l'intelligence, même sous le règne de Louis XVI; il était d'autant plus intolérant qu'il était davantage menacé : Dieu a choisi les rois pour commander aux sujets, les sujets ont le devoir d'obéir. Maximes bizarres qui avaient été rattachées par Bossuet à l'Écriture Sainte, et qui travestissaient en dogmes tous les abus, toutes les fautes.

Les priviléges et la routine maintenaient l'agriculture en stagnation; les capitaux se retiraient du sol; l'habitude des jachères laissait improductifs une partie des champs; les moutons et les chèvres ravageaient les terrains de pâture; la noblesse était inutile dès qu'elle se refusait à servir de base à une aristocratie, la bourgeoisie ne sortait de sa compression que pour emprunter les travers de la noblesse, les magistrats réclamaient le privilége de certaines causes, et les plaideurs le privilége de certaines juridictions; les artisans étaient serrés dans le système des corporations, ce réseau de priviléges dans la misère; l'unité de l'armée était troublée par d'antiques priviléges, vingt-sept régiments appartenaient à des propriétaires, quelquefois non français, qui nommaient les officiers; les impôts étaient mal répartis et perçus avec caprice; l'État n'avait aucun crédit et se sentait effrayé par un mince découvert de cinq cents millions.

Les privilégiés, couronne, noblesse, Église, parlements, avaient l'habitude de se coaliser les uns contre les autres; la noblesse de province était jalouse de la noblesse de cour, la noblesse de cour jalouse des ducs. Si le Parlement croyait rendre service à l'Église en condamnant des livres au bûcher, les conseillers avaient grand soin de conserver et de se partager les exemplaires condamnés; ils étaient à leur tour parodiés par les militaires : « La Fayette, dans une de ces joyeuses audiences, remplit les fonctions de procureur général[1]. » Les jeunes officiers blâment les réformes militaires au camp de Saint-Omer[2], discutent sur les désordres de la cour, les droits des peuples, la nécessité d'un changement[3]. L'ancien régime meurt, la France s'engage d'elle-même et sans avoir à faire l'effort d'une révolution dans le torrent des idées libérales : Langeron, que le spectacle des excès va bientôt pousser avec horreur loin de son pays, dit à ce moment[4] : « Un nouveau jour semblait luire pour la France; la bonté, la bienfaisance de son monarque, les désirs du peuple, la convocation des états généraux, tout annonçait une révolution totale qui, en détruisant à jamais quelques abus de son gouvernement, devait la conduire au plus haut degré de gloire et de bonheur ! » Un Anglais qui nous a observés avec sagacité, écrit[5] : « Les riches et les nobles étaient des agitateurs *avant qu'ils aient vu toucher aux propriétés.* » Quand le baron d'Agout est envoyé par le Roi pour arrêter les conseillers séditieux du Parlement, il se perd « dans la bonne compagnie[6] »; un des officiers qui l'accompagnent est exclu d'un salon : « Monsieur, lui dit la dame, je ne reçois que d'honnêtes gens! » Les sauveurs accourent avec des promesses. « L'État,

---

[1] Ségur, *Mémoires*, t. Ier, p. 48.
[2] Miot de Melito, *Mémoires*, t. Ier, p. 4.
[3] Bezenval, *Mémoires*, t. III, p. 327 : « Entraînement vers l'inconnu. »
[4] Langeron, Ms. Affaires étr., Russie, t. XXI, *Mémoire I*, p. 45.
[5] Drake à Antraigues, 18 avril 1794.
[6] Mallet du Pan, t. Ier, p. 148.

disait Sénac de Meilhan [1], allait être sauvé, on me préféra un homme d'esprit. »

Le dernier bourgeois était saisi depuis quelques années de « la rage des remontrances et des projets sur les finances [2] ». Les jeunes gens oubliaient les plaisirs, les prélats leurs diocèses, ils « dogmatisaient sur les questions d'État [3] », comme les militaires, comme les femmes. Mais chaque classe songeait à garder ses priviléges tandis qu'elle combattait les abus chez les autres. L'enthousiasme pour les états généraux emporte la noblesse, les parlements, les corporations, et jusqu'au dernier sous-lieutenant dans chaque régiment : « Les états généraux sont nécessaires au bonheur de la France [4]! »

Les abus étaient dangereux, les réformes étaient nécessaires. Tous les esprits étaient emportés par le sentiment du danger des abus et de la nécessité des réformes ; les hommes qui se rejetteront plus tard avec passion vers l'ancien régime, comme d'Epréménil, Cazalès, Saint-Priest, d'Antraigues, sont les plus ardents, à la veille de la Révolution, pour combattre les abus et assurer des réformes. Tous les pays civilisés qui souffraient des mêmes abus ont su organiser leurs réformes. Seule la France s'est livrée à une révolution.

---

[1] TILLY, t. III, p. 77.
[2] VOLTAIRE, en 1763.
[3] Le marquis Caraccioli à d'Alembert, 1er mai 1781.
[4] ROUART, *Souvenirs d'un officier royaliste*, t. 1er, p. 293.

Mais pouvait-on croire que la propriété des biens et la sécurité des personnes étaient en danger? Le peuple est si bon qu'on ramènera avec un peu d'amour l'âge d'or. Une bienveillance banale envahit les âmes. « Mes enfants, voici ma femme! » dit aux soldats le Dauphin père de Louis XVI, et le mot fait fortune. Madame de Sabran [1] écrit en voyant condamner des contrebandiers : « Quel grand tort ces malheureux peuvent-ils faire à MM. les fermiers généraux en faisant quelque petite contrebande de sel ou de tabac pour avoir quelques sols à échanger avec du pain dont ils font vivre leurs femmes et leurs enfants? »

Ainsi l'on veut substituer à la discipline une fausse sensibilité; on se pâme en adoration devant Fanchon la vielleuse, la vertueuse Savoyarde, sans vouloir écouter que la maréchaussée la ramasse ivre dans les rues. Même dans la galanterie on veut supprimer la contrainte : « Abuse si tu veux de ta liberté, je l'aimerai encore mieux que de te faire sentir le poids d'une chaîne. Je veux que ta volonté seule te guide vers moi [2]. » L'homme se porte par sa bonté naturelle, on le suppose, vers le bien, les lois le dépravent, et tandis que les sceptiques demandent qu'on ne leur trouble pas l'ordre de la chute des monarchies [3], les naïfs restent pénétrés de respect pour les droits d'êtres si parfaits.

---

[1] Page 237.
[2] Madame de Sabran à Boufflers, p. 47.
[3] Abbé Galiani, t. II, p. 322.

L'excès de ce respect est poussé à ce point que la Fayette, au moment où il part pour l'émigration, empêche ses officiers d'obliger un paysan à leur servir de guide à travers les avant-postes autrichiens, et préfère, plutôt que de violenter cet homme, tomber prisonnier avec tout son état-major [1]. Le danger de devenir la dupe des pervers ou la victime des incapables n'apparaît point : on ne songe qu'à affaiblir la loi avec la conviction que les abus tomberont d'eux-mêmes. Les avertissements ne manquaient cependant pas : « Si vous vous souvenez, avait dit Voltaire [2], que les Hollandais ont mangé sur le gril le cœur des deux frères de Witt; si vous songez que les bons Suisses, mes voisins, ont vendu le duc Louis Sforze pour de l'argent comptant; si vous songez que le républicain Jean Calvin, ce digne théologien, après avoir écrit qu'il ne fallait persécuter personne, pas même ceux qui niaient la Trinité, fit brûler tout vif, et avec des fagots verts, un Espagnol qui s'exprimait sur la Trinité autrement que lui : en vérité, Monsieur, vous en conclurez qu'il n'y a pas plus de vertu dans les républiques que dans les monarchies. »

[1] Vaublanc, *Mémoires*, t. 1er, p. 338.
[2] Voltaire au chevalier de R..., 20 septembre 1760.

II

LES PRINCES.

Contre ces rivalités et ces illusions, pas de défense. La cour n'a plus de prestige, les princes perdent leurs séductions.

La cour est maudite par toutes les coteries, elle absorbe le huitième des revenus publics; les fils des courtisans sont colonels avant trente ans, ce qui a pour conséquence d'entretenir douze cents officiers généraux [1] : « Les intrigues des courtisans, écrit le plus perspicace des chefs royalistes [2], avaient rendu la révolution inévitable, comme elles l'ont rendue depuis irrémédiable. » Les frères du Roi touchèrent durant le règne, outre leurs revenus et leurs pensions, rien qu'en dons extraordinaires, vingt-huit millions de francs.

Le Roi et ses frères étaient observés et jugés non-seulement par les mécontents, mais aussi par les courtisans : « Ses gros rires, dit de Louis XVI la marquise de Lâge [3], hier au soir à la partie de billard, nous faisaient mal. » Le comte de Clermont-Galle-

---

[1] STAËL, t. Ier, p. 41.
[2] Joseph de Puisaye à d'Antraigues, 18 novembre 1808, Ms. inédit.
[3] *Souvenirs*, Préface, p. 71.

rande ¹ reproche au Roi « une démarche dandinante, un rire commun ». Nous aurions mauvaise grâce à accepter ces plaintes au pied de la lettre : ce sont difficultés de délicats que nous pouvons mal comprendre avec notre habitude des hommes vulgaires; nous voyons sur les bustes et les portraits que Louis XVI avait un port de tête et un sourire qui décelaient le bon ton et le bon cœur. Mais il n'était certainement doué ni des instincts de l'autorité, ni des qualités du commandement; ces dons s'acquièrent quelquefois par les habitudes militaires : dans la crise qui se préparait, il fallait une décision énergique, pour sauver les institutions nécessaires; le prince destiné à dominer cette noblesse frivole et martiale devait être un militaire; chez tout homme d'État, quelques-unes des qualités du soldat sont indispensables : chez Louis XVI, l'ardeur guerrière avait été refrénée avec aveuglement par une éducation monastique qui avait faussé ses qualités sérieuses et fait avorter toute énergie, comme elle avait écarté de lui toute tendresse. « Personne ne m'aime », disait-il dans son enfance, en se réfugiant ² dans les bras de sa tante Madame Adélaïde ³. Et il s'était résigné à ne plus connaître d'autre devoir que les pratiques religieuses. Depuis Maurepas jusqu'à Roland, ses ministres obtiendront sa signature pour toutes les

---

¹ *Mémoires*, t. Iᵉʳ, Préface, p. 9.
² Comte DE VAUBLANC, *Souvenirs*, t. I, p. 331.
³ Édouard DE BARTHÉLEMY, *Mesdames de France*, p. 343.

mesures qui ne froisseront pas sa piété; toutes les offenses seront pardonnées avec une onction de saint, car la rancune contre un ennemi de son pouvoir serait un péché. Rien n'importe dans la vie, sinon le salut de l'âme, il dormira durant les séances du conseil [1]; pendant que ses ministres cherchent dans quelle ville éloignée de Paris il faut réunir les états généraux, il décidera : Ce ne peut être que Versailles, à cause des chasses; il restera plus indifférent encore qu'indécis devant les mesures qui ne concernent pas la foi.

Ses repas massifs, son sommeil intempestif, l'importance qu'il attache à ses chasses ne sont pas ce que lui reprochent avec le plus de cruauté les jeunes officiers et les femmes malicieuses qui représentent l'esprit français et donnent le ton aux cours de l'Europe. Les secrets de l'alcôve royale sont colportés dans toutes les capitales avec de perfides réflexions sur l'étrange continence du jeune ménage. La belle-mère, l'altière Marie-Thérèse, s'indigne de « la suspension réitérée des habitudes matrimoniales[2] ». — « En vérité, écrit Marie-Antoinette, je puis assurer à ma chère maman que la négligence n'est pas de mon côté. » — Il néglige sa femme, fait le comte de Mercy-Argenteau, « dans le sens le plus réel et le plus exact du mot ».

Cette fâcheuse torpeur dura plus de six ans. Toutes

---

[1] Malouet, *Mémoires*.
[2] Arneth, t. III, p. 434.

les intrigues se mirent en éveil, les maux de l'avenir se préparèrent pendant ce malentendu. Les tantes du Roi voulurent en profiter pour accaparer l'influence.

Des quatre filles de Louis XV, il y en avait deux, Mesdames Sophie et Victoire, qui n'avaient aucune prétention, et dont toute l'activité était absorbée par les querelles de leurs suivantes. Les deux autres, Mesdames Adélaïde et Louise, étaient dévorées d'ambition; cette dernière, qui en sa qualité de religieuse était appuyée dans ses démarches par le clergé, était, au dire de Marie-Antoinette, « la petite Carmélite la plus intrigante qui existe dans le royaume [1] ». Outre les gens d'Église, Mesdames Adélaïde et Louise avaient rallié à leur cabale les deux belles-sœurs du Roi, les comtesses de Provence et d'Artois, jalouses de la Reine; puis la maison de Condé, blessée de ce que Marie-Antoinette avait exclu de ses réceptions la princesse de Monaco, maîtresse du prince de Condé; puis les maisons de Richelieu, de Rohan, de Noailles. La guerre était menée avec vigueur : « On tire à boulets rouges sur la Reine [2]; il n'y a pas d'horreur qui ne se débite, et les plus contradictoires. » On chercha même une maîtresse pour le Roi, soin bien inutile et qui n'alarma guère Marie-Antoinette. « Elle ne serait, écrit Mercy, ni en peine, ni bien fâchée que le Roi prît quelque distraction momentanée, attendu qu'il pour-

---

[1] Édouard DE BARTHÉLEMY, *Mesdames de France*.
[2] Abbé BAUDEAU, chronique du 24 juillet 1774.

rait acquérir par là plus de ressort et d'énergie. »

Ainsi, c'est dans la vieille cour que commence l'opposition contre Marie-Antoinette ; les jacobins seront plus grossiers, mais non plus haineux. Madame Élisabeth, sœur du Roi, est dès cette époque affiliée à la cabale [1] ; on verra avec quelle obstination elle y restera fidèle.

Louis XVI, éperdu dans ces querelles, laissait glisser ses opinions comme des boules, selon le mot de son frère le comte de Provence. Puis instruit de ses devoirs conjugaux par son beau-frère l'empereur Joseph II, il finit par tomber sous le joug de la Reine dès qu'elle devint grosse.

Les naissances des quatre enfants [2] ne rendirent pas les courtisans plus indulgents. La jeune femme elle-même ne put retrouver du respect pour le mari qui l'avait si longtemps méconnue : « Elle se forme, écrit Mercy, une trop mince idée du caractère et des facultés de son époux. » Elle expliquait dans une lettre à un Viennois le stratagème par lequel elle avait induit son mari à lui laisser avoir une entrevue avec le comte de Choiseul : « J'ai si bien fait que le *pauvre homme* m'a arrangé l'heure la plus commode. » Elle prenait plaisir d'ailleurs à détruire l'étiquette, à bannir jusqu'au

---

[1] Édouard DE BARTHÉLEMY, *Mesdames de France*, p. 357 et suiv.
[2] Marie-Thérèse, née en 1778.
Louis, dauphin, 1781-1789.
Charles-Louis, 1785-1795.
Sophie, 1786-1787.

respect : « Daignez penser un moment, lui écrivait Joseph II, aux inconvénients que vous avez rencontrés au bal de l'Opéra et aux aventures que vous avez racontées vous-même là-dessus ; pourquoi donc des aventures, des polissonneries, vous mêler parmi le tas de libertins, de filles, entendre ces propos, en tenir peut-être qui leur ressemblent? Le Roi abandonné toute une nuit à Versailles, et vous mêlée en société et confondue avec toute la canaille de Paris ! »

Le respect n'avait pas prise davantage sur les frères du Roi.

L'aîné, le comte de Provence, était doué de qualités de premier ordre, mais il était aussi peu compris que Louis XVI. Comme le Roi, on l'avait tenu étranger aux vertus militaires. Mais tandis que l'aîné avait été emporté par les moines, le second versait vers les pédants. Il était retenu dans une sphère plus élevée par son tact charmant, son merveilleux bon sens, ses instincts de goût et de mesure. Son entretien était séduisant[1], son instruction, sa mémoire, sa réserve, son esprit étaient remarqués[2]. Il se divertissait à glisser dans les gazettes des articles plaisants[3]. Il avait, mais à un degré moindre que son jeune frère, le défaut héréditaire chez les Bourbons de se laisser guider par

---

[1] Madame LE Brun, *Mémoires*, t. I, p. 52.
[2] Bezenval, *Mémoires*, t. III, p. 335.
[3] Anvard, *Souvenirs d'un sexagénaire*, t. I, p. 168. Notamment sur un animal extraordinaire, en 1784, et sur un horloger qui aurait trouvé un moyen de marcher sur l'eau.

des favoris et de ne pas soutenir les hommes qui se compromettaient pour lui. On retrouve chez le père de Henri IV et chez le frère de Louis XIII ce besoin d'être mené, cette mollesse à l'heure de l'exécution, cette habitude d'ignorer les obstacles et de négliger les détails. Ses favoris se querellent autour de lui comme ceux de Gaston au château de Blois; ainsi que Gaston, il y a des Montrésor qui sont « une dangereuse vermine [1] » et des Goulas « qui se chargent de s'opposer à la fureur des enragés ». Sa femme était une princesse piémontaise qui s'était déconsidérée à la cour par ses complaisances pour la comtesse de Balbi.

La comtesse de Balbi venait « pour des causes fâcheuses et peu décentes de se séparer de son mari [2] », quand elle reçut de la comtesse de Provence la survivance de la place de dame d'atours qu'occupait la duchesse de Lesparre. Cet événement fit « un tort irréparable à Madame dans l'esprit public »; la duchesse de Lesparre donna sa démission et fut approuvée par toute sa famille. Madame de Balbi était en outre la favorite en titre du comte de Provence, qui la remerciait de lui écrire chaque jour [3]; elle passait enfin pour accueillir les soins du comte de Jaucourt; elle faisait nommer dame de compagnie de la comtesse de

---

[1] Goulas, *Mémoires*.
[2] Arneth, t. III, p. 447. Mercy à Marie-Thérèse, 15 juillet 1780. Le mari fut enfermé comme fou.
[3] Voir notamment la lettre du 17 septembre 1789, vente Eug. Chavaray, du 18 novembre 1882.

Provence la propre sœur de Jaucourt, la comtesse du Cayla [1]. Ces bizarres compromis ne mettaient pas à la mode le Luxembourg, qu'habitaient le comte et la comtesse de Provence [2]. Le prince est dédaigneusement traité par les amies de la Reine : Il est, dit Marie de Noailles [3], « gros comme un tonneau, bien paresseux et bien gras ». Cette malveillance gagnait même les pages ; l'un deux, le comte d'Hézecques [4], écrit avec aigreur plus de cinquante ans après : « Monsieur avait un tempérament malsain, jamais prince n'eut une démarche plus disgracieuse. »

S'il a eu les défauts de quelques princes de sa race, il a eu aussi les qualités des grands Bourbons. Longtemps méconnu, secrètement haï des fanatiques, il est toujours resté modéré et aimable. Par-dessus tout il a aimé le pays. Il a couvert les désastres sous les qualités françaises, le tact, l'esprit, l'honneur.

Son plus jeune frère, le comte d'Artois, qui n'avait pas davantage été instruit au métier des armes et qui venait passer en revue les jeunes officiers de l'école militaire « en habit de soie vert-pomme, une bourse noire derrière la tête [5] », eut la fâcheuse idée d'assister au siège de Gibraltar, et n'y acquit pas de consi-

---

[1] ARNETH, t. III, p. 466. Mercy à Marie-Thérèse, 16 septembre 1780. Ce nom se retrouve chez la dernière favorite de Louis XVIII.
[2] Madame DE SABRAN, p. 10.
[3] La comtesse de La Marck à Gustave III, du 7 août 1777, dans GEFFROY, *Gustave III et la cour de France*, t. I, p. 286.
[4] *Souvenirs*, p. 54.
[5] VAUBLANC, *Souvenirs*, t. I, p. 69.

dération. Sa parodie d'un duel avec le duc de Bourbon, fils du prince de Condé, ne lui fit pas plus d'honneur. La duchesse de Bourbon avait chassé madame de Canillac, maîtresse de son mari; elle la rencontra dans le bal de l'Opéra au bras du comte d'Artois, voulut la faire sortir, fut insultée par le comte d'Artois, qui lui écrasa son masque sur le visage. « Tout le monde se déclara pour elle [1]. » Un duel avec le duc de Bourbon fut simulé au bois de Boulogne. On prononça que les deux princes s'étaient battus comme des grenadiers; mais quand les deux adversaires réconciliés se présentèrent au théâtre, le comte d'Artois fut accueilli en silence, tandis que le duc et la duchesse de Bourbon étaient « comblés d'applaudissements [2] ».

La cour était encore plus sévère. Les habitudes de libertinage du prince [3] écartaient le respect; dans une soirée de jeunes femmes où l'on composait des chansons en improvisant un vers chacun à son tour, « le prince, qui n'est pas un grand poète, mettait une idée bien sale après un vers bien délicat [4] ». Aussi l'impératrice Marie-Thérèse, parlant de « ses justes soupçons sur le caractère intrigant de ce prince », ajoutait qu'il était « la plus dangereuse liaison » pour sa fille [5]. Ses

---

[1] Bezenval, *Mémoires*, t. II.
[2] Bezenval, t. II, p. 282. Voir aussi Pierre de Champrobert, *le Comte d'Artois*, p. 50 à 90.
[3] Comtesse de La Marck à Gustave III, chez Geffroy, t. I, p. 286.
[4] Madame de Sanray, p. 139.
[5] Arneth, t. III, p. 384.

partisans les plus dévoués, comme le comte d'Hézecques [1], avouaient qu'il avait « une extrême facilité à se laisser conduire ». Ses favoris choisis sans discernement, sa mobilité d'impressions, sa « joie pitoyable [2] » quand il gagnait des paris aux courses, sa coutume de tenir « continuellement la bouche ouverte [3] », écartaient les sympathies que lui auraient attirées son art de reconnaître ceux qu'il avait vus une fois et de leur dire un mot aimable, ses efforts pour plaire, et ses expansions amicales avec ses favoris.

Sa femme, qui était sœur de la comtesse de Provence, était « dans le plus parfait état de nullité [4] ».

Plus de respect. Plus d'autorité. Chacun rit de tout. La marquise de Lâge écrit en sortant de la séance d'ouverture des états généraux : « Le duc de Villequier assis sur un carreau aux pieds du Roi, en posture de magot, en avait tout à fait l'air [5]. »

---

[1] *Souvenirs*, p. 60.
[2] Le comte de Mercy à Marie-Thérèse. Son cheval était le *Roi Pépin*.
[3] Comte d'Hézecques, *Souvenirs*, p. 60.
[4] Mercy à Marie-Thérèse, 15 juillet 1780.
[5] *Souvenirs*, Préface, p. 87.

III

LES RÉFRACTAIRES.

Si les privilégiés avaient été seuls en branle, ils auraient fait la révolution comme un opéra-comique avec de l'attendrissement et des chansons. Mais tandis qu'ils parlaient si librement, les envieux et les misérables semaient les bruits les plus absurdes et les accueillaient avec la crédulité la plus niaise. Jamais légendes grotesques n'ont rencontré un terrain aussi fertile. Pas une calomnie qui ne se gobe. Le peuple en vient dans ce vertige jusqu'à accuser Louis XVI d'avoir « un caractère brutal » ; une femme l'a vu, elle le raconte, on la croit, elle l'a vu qui, rencontrant dans un sentier un petit enfant, donnait à ce petit « un coup de pied qui l'avait envoyé à plusieurs pas ». — « Comment donc ! répliquait une autre, je l'ai vu d'un coup de poing renverser un homme et lui faire beaucoup de mal [1]. » Le paysan qui n'a ni viande, ni vin, ni chaussure, ni fenêtre, ni langage autre que le petit nombre de mots nécessaires à sa vie étroite, qui se nourrit de seigle ou de sarrasin, qui laisse « reposer » ses terres en

---

[1] Schmidt, *Tableau de la Révolution*, t. I, p. 239. Leipzig, 1867. Rapports de l'agent de police Dutard.

jachères, croit ce qu'on lui dit et part en fureur dès que la récolte manque. En 1775, une bande d'affamés vient assiéger le château de Versailles en demandant du pain; on en pend deux, et l'on a la tranquillité jusqu'à la lugubre nuit d'octobre 1789.

Mais une fois chassés de leurs cabanes par les privations, ces mendiants couvrent les routes, se pressent aux portes des couvents, envahissent les villes. Ils font cause commune avec les contrebandiers et les faux-sauniers.

On ne peut s'imaginer aujourd'hui ce qu'était le monde des contrebandiers à une époque où douze cents lieues de douanes intérieures et l'exagération des droits assuraient une prime considérable à la fraude. Dans la Bretagne et l'Anjou, une fileuse gagnait neuf sols par jour, un laboureur douze sols, tandis qu'en un seul voyage le faux-saunier rapportait souvent trente francs [1]. Dans les Pyrénées, en 1786, il y a quinze cents contrebandiers [2]. A Laval, on arrête en une seule année deux mille femmes, douze mille enfants, cent cinquante chevaux [3]. Comme les règlements ne permettent pas d'emprisonner la femme enceinte, les paysannes bretonnes se mettent en état de pratiquer le métier, ce qui, remarquent les commis de la ferme, a l'inconvénient de « multiplier les fausses couches

---

[1] Alphonse CALLERY, les Mémoires de Châteaubrun.
[2] TOWNSEND, Journey through Spain, t. 1ᵉʳ, p. 84.
[3] Alphonse CALLERY, les Mémoires de Châteaubrun.

par les courses forcées sous la charge, » et de nuire à l'allaitement des nourrissons. La Ferme impatientée a l'idée d'appliquer contre elles la peine légale du fouet; mais toutes les bourgeoises de Laval poussent des cris d'horreur en voyant déshabiller sous leurs fenêtres et frapper cruellement ces campagnardes à qui elles viennent elles-mêmes d'acheter du sel. Contre la Ferme, tout le monde est d'accord : cinquante soldats du régiment d'Angoumois sortent de leur garnison de Laval[1] et vont chercher du sel en Bretagne : au retour, ils sont attaqués par les commis; après un long combat, les soldats sont mis en déroute, quatre prisonniers sont ramenés par les vainqueurs. Aussitôt le régiment se révolte tout entier, délivre ses camarades, assassine les commis, viole leurs femmes, casse leurs meubles. Les habitants de Laval ouvrent une souscription, non pour les enfants des victimes, mais pour les quatre soldats contrebandiers. La scène recommence l'année suivante avec les nouveaux commis. Le peuple prend toujours le parti des soldats punis, même des déserteurs; le Roi est réduit [2] à prier ses sujets de ne plus se laisser émouvoir par la compassion, et de cesser de « donner retraite aux déserteurs ». Les déserteurs sont si nombreux que le cardinal de Rohan[3] propose de les utiliser pour le peuplement des colonies.

---

[1] CALLERY. *Mémoires de Châteaubrun*, juin 1780.
[2] Édit de Turgot, *Œuvres*, t. II, p. 450.
[3] Le cardinal de Rohan au maréchal de Ségur, 27 mai 1782.

Les soldats licenciés en 1763, les déserteurs et les contrebandiers s'organisent en bandes qui entrent dans les fermes; les uns sont armés de fusils, les autres de bâtons, tous sont couverts de guenilles, de vermine, de plaies. Avec eux les braconniers et les libérés des bagnes exploitent la campagne. Dès que commence la Révolution, ils comprennent qu'il n'y a plus de police, et ils envahissent les villes.

Au milieu des villes, ils retrouvent les déclassés, ces gens qui « sortent de la Pitié et finissent par Bicêtre, et qui, mangeant à peu près toujours tout, n'ont à peu près jamais rien », selon un agent de police [1]. Dans ces bandes faméliques se recrutent les agents subalternes de tous les mauvais coups de la Révolution; tel Saule : « M. Saule [2] était un gros petit vieux tout rabougri, jadis tapissier, puis colporteur de boîtes de quatre sols garnies de graisse de pendu pour guérir le mal aux reins; par la protection d'un palefrenier il établit un café contre le mur du jardin des Tuileries; c'est M. Saule qui pendant trois ans a réglé l'esprit public dans la tribune. Avant d'entrer, chacun allait apprendre dans le café de mons Saule quel était l'ordre du jour pour les applaudissements ». Tel Hanriot, chassé comme voleur de sa place de laquais, qui se révèle comme chef populaire en égorgeant les

---

[1] Dutard à Garat, 6 mai 1793.
[2] Dutard à Garat, Schmidt, *Tableaux de la Révolution*, t. Ier, p. 190 à 215.

prisonniers; tel Léonard Bourdon, le maître d'école chassé comme voleur d'une assemblée électorale [1], qui entre à la Convention en sabots et le bonnet rouge sur la tête [2]; tels enfin les croupiers, les tricheurs, les souteneurs, dont le nombre s'accrut à mesure que s'affaiblissait la police. Les soldats aux gardes-françaises exerçaient divers métiers, payaient des camarades pour monter leurs gardes [3], étaient presque tous aux gages des filles du Palais-Royal, de la rue Fromenteau et des autres bouges : quand l'une d'elles, la bouquetière Marie Gredeler, mutila par vengeance un garde-française, toutes les compagnies se sentirent également menacées par cette révolte d'une des femmes qui les faisaient vivre; et quand les filles adressèrent une pétition [4] pour obtenir des fusils et des sabres afin de manœuvrer sur le champ de la Fédération, elles eurent soin d'ajouter : « Nommez pour nous commander des ci-devant gardes-françaises. »

Bientôt la destruction des revenus, le départ des étrangers, les ruines amenées par toute secousse [5] ajoutèrent à ces vieilles bandes, dans les villes, ceux qui perdaient leurs moyens d'existence : à Paris, par

[1] Ternaux, *la Terreur*, t. IV, p. 59.
[2] *Papiers de Robespierre*, t. II, p. 18 et suiv.
[3] *Vie de Hoche*. Il y a plusieurs ouvrages de ce nom. Le meilleur qui a paru en abrégé et en édition complète est dû à Rousselin *dit de* Saint-Albin, agent jacobin dans l'Aube, secrétaire de Hoche et de Barras, un des créateurs du *Constitutionnel*.
[4] Mss. Archives nationales, C.I. 190.
[5] Taine, t. II, p. 113.

exemple, six mille laquais, huit mille perruquiers, quantité de moines et de blanchisseuses, et tous ceux qui fabriquaient et tous ceux qui vendaient les broderies, les éventails, les boîtes, les bronzes, ces merveilles d'une civilisation arrivée à son apogée et dont nos collections s'arrachent les débris. Puis tous ceux que la faim chassait de leurs villages et qui arrivaient démoralisés par les aventures des longues marches et des privations.

Voilà le secret de ces troupes de pillards dont s'étonnaient si fréquemment les contemporains : « Il est sorti de je ne sais où, disait La Fayette [1], un certain nombre de brigands; en vain nous les chassions, ils revenaient toujours. » — Ce sont eux, disait la police de la Convention [2], qui ont « fait le 10 août », qui garnissent les tribunes de l'Assemblée et font trembler les députés.

IV

LES ENVIEUX.

Plus dangereux, plus ulcérés que les contrebandiers et les déserteurs, s'agitaient les gens de basoche.

Il existait un mauvais monde de petits juges, d'huis-

---

[1] Ségur, *Mémoires*, t. III, p. 567.
[2] Dutard à Garat, 6 mai 1793.

siers et sergents à cheval et à verge, toujours avides, inquiets pour leur pitance de chaque jour, jaloux des magistrats, aigris par la chicane. Il en pénétra trois cent soixante-quatorze à l'Assemblée nationale.

On avait déjà vu sous la Ligue des gens de loi se mettre à la tête de la démocratie catholique et pousser leur fortune en combattant les parlementaires et les politiques. Sous la Ligue comme sous la Révolution, ils prennent plaisir à détruire dans les petites villes les familles qui occupaient les charges de magistrature et qui se les transmettaient au détriment des procureurs. Ainsi à Saint-Pol en Artois la famille Thellier[1] perd par les souffrances de la prison le père et la tante, par la guillotine la mère, deux fils, une fille et « la cuisinière ». C'est la revanche, contre les foyers où se perpétuaient les traditions d'honneur dans une vie modeste, des maisons comme celle du conventionnel Gentil[2] qui dit : « Ma fortune se réduisait à une femme, deux enfants, quelques vieux bouquins et un petit mobilier ; nous vivions au jour le jour d'un malheureux métier d'avocat que mon père m'avait fait prendre sans consulter mon goût, ainsi que de secours que nos parents nous faisaient passer de temps à autre. »

Les avocats sont les plus bouillants dans cette effervescence. Ils ont tous l'instinct des temps nouveaux. Ils se sentent devenir dieux. Ils cessent de s'attarder

---

[1] THELLIER DE PONCHEVILLE, *Vieux Papiers et vieux souvenirs*.
[2] Revue *la Révolution française*, 14 avril 1883.

comme leurs devanciers dans Fachinœus et Farinaccius, dans Rubæus *De Testamentis* et Mascardus *De Præsumptionibus*. « Les avocats, écrit l'avocat Portalis à sa femme [1], ont une fierté dont tu n'as pas d'idée. Ils méprisent tous les états et toutes les robes. Ils se regardent comme le seul rempart contre le despotisme. » Cette profession comprenait des âmes bien diverses, depuis Desèze, depuis Vergniaud, le charmeur aux aspirations douces qui se laissait mener à une catastrophe en devinant « sa mort » [2], jusqu'à ce débris que Macaulay a hissé pour jamais sur le gibet, Barère. Il y en a deux qui ont laissé voir avec naïveté que le sentiment d'envie a été leur mobile constant.

Camille Desmoulins fut élevé aux frais des chanoines de Laon, qui lui procurèrent une bourse au collége Louis-le-Grand. « Camille, dit son condisciple Robespierre [3], est laid dans toute l'étendue du mot; sa figure noire et luisante a une expression ignoble; il bégaye... » Cet avorton bilieux et rageur, triste et taciturne [4], se vanta d'être aimé d'une enfant de douze ans, obligea les parents à la lui donner en mariage quand elle en eut vingt, se surnomma le procureur de la lanterne après avoir fait assassiner par de plus forts et pendre des passants à une lanterne, se tint entre Danton et

---

[1] Lavollée, *Portalis*, p. 21.
[2] Tilly, *Mémoires*, t. III, p. 178.
[3] Robespierre, *Mémoires*, t. I*er*, p. 170.
[4] Miot de Melito, *Mémoires*, t. I*er*, p. 40.

Fabre d'Églantine durant les massacres de septembre.

« Le bon Camille! continue Robespierre, il m'aime avec toute la chaleur d'une affection de collége, et si jamais j'avais à le mettre à l'épreuve, je serais sûr de le retrouver. » Il le retrouva en effet quelques semaines après le jour où il écrivait ces lignes, et il lui fit couper la tête, tant ces deux vanités s'étaient aigries.

La vanité de Robespierre s'étale comme un euphorbe. Le poison suinte. « Je sentis de bonne heure le pénible esclavage du bienfait », dit-il [1]. Conzié, évêque d'Arras, le plaça comme enfant de chœur à la cathédrale, puis lui procura une bourse au collège Louis-le-Grand. En arrivant à ce collège, le petit éprouva une immense jouissance, il vit qu'on traitait de même que lui les autres élèves, « c'était déjà de l'égalité! » Oui, c'est une joie de voir sous la même discipline tous ces jeunes gens « qui là au moins étaient mes égaux, malgré les richesses, les honneurs, les charges qui les attendaient ». Cette satisfaction était purement intérieure, car Fréron, son compagnon [2] au collége, puis aux Jacobins, le peint « triste, bilieux, jaloux des succès de ses camarades: il gardait profondément le souvenir d'une injure, il était vindicatif, il étouffait de bile ». Dans ses débuts au barreau, il avait eu des difficultés avec M. de Beaumetz, commissaire du Roi aux états d'Artois; il le fit arrêter sous la Révolu-

---

[1] ROBESPIERRE, *Mémoires*, p. 170.
[2] *Papiers de Robespierre*, t. 1ᵉʳ, p. 154.

tion et écrivit alors avec complaisance ces mots [1] : « Je ne sais s'il se loue de la petite guerre qu'il a cherché à me faire. »

Robespierre appartenait en même temps à une autre profession dont les sentiments envieux contribuaient autant que ceux des gens de chicane à envenimer la haine contre la société de l'époque. C'était la classe des méchants poëtes. Lorsque les Rosati, c'est-à-dire les académiciens d'Arras, lui envoyèrent la rose, récompense de ses petits vers, Robespierre leur répondit [2] :

> Pour de semblables jardiniers
> Le sacrifice est peu de chose;
> Quand on est si riche en lauriers,
> On peut bien donner une rose.

Il n'est pas très-facile de donner une rose quand on a des lauriers; aussi le blême logicien dut préférer à ce quatrain les douze couplets de sa grande chanson à boire [3] :

> La rose était pâle jadis
> Et moins chère à Zéphire.
> A la vive blancheur des lys
> Elle cédait l'empire.
> Mais un jour Bacchus
> Au sein de Vénus
> Prend la fille de Flore;
> Dans les flots de vin
> La plongeant soudain,
> De pourpre il la colore!

---

[1] Robespierre, *Mémoires*, t. 1er, p. 217.
[2] Charlotte Robespierre, *Mémoires*, dans les *Mémoires de tous*, t. III, p. 137.
[3] Le fac-simile est n° 1153 du catalogue Benjamin Fillon. Cela se chante sur l'air : *Mon père était pot* ou *de l'Écu de France*.

Si ses vers avaient plu, si la maréchale de Lévis l'avait accueilli comme les Rosati, si madame Necker lui avait donné le poste d'économe d'hospice qu'il vint solliciter d'elle [1], peut-être aurait-il eu moins d'amertume dans sa bile. Mais il n'oublie pas, lorsqu'il tient la plume qui signe les ordres d'arrestation, le concurrent qui lui a été préféré plusieurs années auparavant pour un prix à l'académie de Metz [2].

Parmi ces Rosati d'Arras et dans un coin des salons de la maréchale de Lévis se tenait avec lui un homme aussi blême, aussi haineux, le capitaine du génie Carnot. Ses vers ne sont que plats. Il intrigua, dit-on [3], pour obtenir une lettre de cachet contre Laclos, qui les avait trouvés ridicules. Surtout, lorsqu'il est au comité de salut public, il se rappelle la maréchale de Lévis [4]; on vient lui dire qu'elle va être guillotinée avec ses deux filles : « Citoyen, tu te souviens sans doute de les avoir vues à Arras? — Ah! oui, a-t-il répliqué avec amertume, à Arras! Arras, oui, ce salon! elles étaient bien fières, alors; laissez-moi, je ne puis rien pour elles. »

Les souvenirs d'enfance des deux poëtes ont coûté cher à la Picardie; Lebon fut l'agent de leur rancœur : « Continuez, lui écrivit Carnot [5], votre attitude révolu-

---

[1] Barnoue, *le Comte de Montlosier.*
[2] Philippe de Ségur, *Mélanges*, p. 285.
[3] D'Allonville, *Mémoires*, t. IV, p. 50.
[4] Philippe de Ségur, *Mélanges*, p. 292.
[5] Lettre du 15 novembre 1793. Voir d'Allonville, *Mémoires*. La lettre n'est citée que là et est peut-être apocryphe.

tionnaire. Secouez sur les traîtres le flambeau et le glaive. Le comité applaudit à vos travaux. »

Les pédants sifflés ne furent pas tous aussi âpres à pourvoir la guillotine, mais tous séduisirent par leurs faux brillants le vulgaire qui les prit naïvement pour de grands esprits. Ce que le bouquet à Chloris et le bout-rimé dans l'Almanach des muses ont produit d'hommes d'État est curieux ; la vanité froissée a jeté les médiocres et les hargneux dans la haine de la société avec les avortons de toute nature. Ils ont même souvent préféré leurs vers à leurs succès politiques : ainsi François, fils d'un maître d'école de Neufchâteau, rayé par le conseil de l'ordre du tableau des avocats, poëte piteux à la face effrontée et sensuelle, s'avisa, après après avoir été jacobin, ministre, directeur durant la République, de se faire donner par Napoléon une couronne de comte avec un écusson chargé d'un cygne [1] ; or le chant du cygne de Neufchâteau consistait à improviser un impromptu en supposant qu'une fille nommée Eugénie aurait voulu qu'il s'appuyât sur ses genoux pour écrire un quatrain, et qu'il lui aurait répondu sur l'air *Triste raison* :

> Sur vos genoux, ô ma belle Eugénie,
> A des couplets je songerais en vain,
> Le sentiment vient troubler le génie,
> Et le pupitre égare l'écrivain.

---

[1] Voir la gravure de son portrait peint par Isabey et les *ex-libris* de sa bibliothèque.

Les vers de Pons *dit* de Verdun, député à la Convention, sont aussi nuls que ceux de Carnot : sa carrière politique fut semée de peu de dangers, car, dit madame Roland, « il ne parle qu'autant qu'il a peur ». Il a su garder son importance sous la Convention, le Directoire et l'Empire. Mais son vote dans le procès du Roi l'empêcha de devenir en outre le flatteur de la Restauration, ainsi que le devint son ami Cubières, que Rivarol a cloué dans une épigramme célèbre [1], et qui fut greffier de la Commune de Paris. Il prêcha « le sans-culottisme comme il chantait les grâces, fit des vers à Marat comme il en faisait à Iris [2] », et comme il en fera à Napoléon et à Louis XVIII. Fabre *dit* d'Églantine se livrait à la même inspiration : après une épître à Turgot [3] :

> Les murmures honteux que l'avarice exhale
> Près d'un roi bienfaisant demeurent sans crédit,

il épousa une actrice, joua avec elle au théâtre de Liége, adressa des vers au prince-évêque de Liége :

> Pour célébrer un père et bénir un pasteur!

Les connaisseurs de Toulouse lui décernèrent l'églantine, il en orna son nom, il se fit faire un cachet armorié avec supports et couronne, et se révéla en

---

[1] Avant qu'en mon second mon tout se laisse choir,
Mes vers à mon premier serviront de mouchoir.
[2] Madame ROLAND, *Mémoires*.
[3] Vente autogr. Étienne Charavay, 19 juin 1881.

écrivant à propos de la faillite de son directeur de théâtre : « Je commence à goûter la vengeance dont j'avais besoin [1]. » Il se tient aux côtés de Danton durant les massacres de septembre [2], achète avec sa maîtresse, « la citoyenne Remy », des souliers pour l'armée ; « ce sont ces fameux souliers qui ne duraient que douze heures ».

Garat était une sorte de Pons (de Verdun) en prose ; professeur de rhétorique au lycée, il avait modulé des phrases sur « la haine sourde du pauvre contre le riche [3] » qui l'avaient fait prendre au sérieux par les girondins. Sa poltronnerie et son incapacité furent les causes principales de la défaite de la Gironde ; il flatta comme les autres Robespierre, puis Napoléon, devint un personnage au milieu des calamités publiques, mais fut chagriné par la célébrité de son neveu le chanteur :

> Et ne préférez pas, si vous formez un vœu,
> La cervelle de l'oncle au gosier du neveu !

Il mourra riche et dévot.

Billaud-Varennes avait été un poëte et un acteur comme Fabre d'Églantine, mais ses vers n'ont jamais séduit que la cuisinière de son père et l'ont fait chasser par les religieux de l'Oratoire qui l'avaient recueilli [4]. Brissot cumulait le métier d'écrivain aux gages des

---

[1] Baron KERVYN DE LETTENHOVE, *la Collection Stassart*, p. 136.
[2] *Papiers de Robespierre*, t. III, p. 346 et suiv.
[3] Perrière à Garat, 22 mai 1793. SCHMIDT, t. Ier, p. 274.
[4] SYBEL, t. Ier, p. 419.

libraires et de voleur, du moins c'est Camille Desmoulins qui le dit. Le journaliste Carra avait été condamné par contumace à deux ans de prison pour vol. Ce qu'il y avait de boue accumulée dans ces bas-fonds d'une littérature croupie, on le connaît par la fameuse note de Pétion sur son retour de Varennes. Pétion était certainement supérieur aux cuistres qui viennent de défiler; son envie longtemps écrasée se tourna en vanité. Le voilà dans la voiture royale à côté de Madame Élisabeth, on approche de Paris où la famille royale s'attend à être massacrée; la dernière chance de salut est perdue, il n'y a plus que le ciel. Et tandis que les âmes des futurs martyrs sont dans l'exaltation religieuse, à quoi rêve Pétion? — « Madame Élisabeth me fixait avec des yeux attendris, avec cet air de langueur que le malheur donne; la lune commençait à répandre cette clarté douce, j'allongeai mon bras, il touchait son aisselle, je sentais des mouvements qui se précipitaient, les regards me semblaient plus touchants, ses yeux étaient humides, la mélancolie se mêlait à une espèce de volupté. Je pense que si nous eussions été seuls, elle se serait laissée aller dans mes bras et se serait abandonnée aux mouvements de la nature. Je me persuadais, et j'y trouvais du plaisir, que des émotions vives la tourmentaient, qu'elle désirait que nous fussions sans témoins, que je lui fisse ces caresses délicates qui vainquent la pudeur sans l'offenser... »

C'est ainsi que dans la France charmante du dix-

huitième siècle, à l'heure où l'esprit petillait, où le
goût créait ses merveilles, au-dessous, en secret, la
rage au cœur, la platitude dans la pensée, des êtres incapables de comprendre cette civilisation s'enfiévraient
dans leur impuissance, se gonflaient.

Chicaneurs et grimauds n'étaient cependant pas si
démocrates qu'ils ne voulussent simuler la noblesse. On
vient de voir Fabre *d'Églantine;* on a de même parmi
les autres jacobins de la Convention deux frères Gou-
pilleau dont l'un était M. de Fontenay, l'autre M. de
Montaigu; le montagnard Fayau, qui sera plus tard
procureur impérial, avait été d'abord M. des Breti-
nières; Léonard Bourdon se faisait appeler M. de la
Croisière; Sotin, M. de la Coindière; Ramel, M. de
Nogaret. Le plus ingénieux était Danton, qui signait
d'Anton, jusqu'à la Révolution[1]. Les signatures au
procès-verbal du serment du Jeu de paume[2] affectent
l'aspect noble : Barère de Vieuzac, de Robespierre,
Pétion de Villeneuve, Dubois de Crancé, Cochon Delap-
parent, etc. Delarevellière-Delépeaux a une famille où
chaque paysanne prend le nom de sa ferme; ainsi un
certain Maillot, son cousin, se fait appeler M. de l'Offraire; de ses trois filles, l'aînée est mademoiselle de
l'Offraire; portant, dit-il[3], suivant l'usage, le nom de la
famille; la seconde est mademoiselle de la Bassetière,

---

[1] Voir le fac-simile dans le catalogue de la collection Fillon, n° 523
[2] Mss. Archives nationales, C. 1a. 3 Muséo 1086.
[3] Larevellière, *Mémoires*, t. Ier, p. 22.

et la troisième, mademoiselle des Houlières. Aussi le chef d'une maison qui contenait tant de branches fut particulièrement humilié, il n'a garde de le celer, d'avoir à se présenter aux états généraux sans le costume brodé qui fut réservé à la noblesse [1].

Cette bourgeoisie vaniteuse aux idées vulgaires aima mieux dissoudre la société que résister davantage aux idées d'envie. D'envie, c'est l'un de ces mêmes hommes qui s'en vante [2] : « En voyant ces vastes demeures, les donjons, les parcs, les champs, les prés, les forêts, j'éprouvais un vague sentiment d'envie. »

A ces déclassés du peuple et de la bourgeoisie s'unissaient dans une même haine contre la société, les déclassés du clergé.

Jamais clergé n'a montré autant de vertus que n'en ont offert au monde les prêtres et les religieux français durant cette période de persécution; mais il faut dire aussi qu'ils avaient été singulièrement épurés. Tous ceux qui avaient des vices, ou un peu de bassesse au cœur, s'étaient jetés dans la Révolution, les uns par haine personnelle contre leur évêque, comme Sieyès et Lakanal; quelques-uns par l'envie du desservant de village contre le dignitaire de l'Église, comme les curés de la Haute-Marne qui poussèrent trois des leurs à la Convention [3]; d'autres par l'inquiétude de leur génie,

---

[1] LAREVALLIÈRE, *Mémoires*, t. Ier, p. 66.
[2] THIBAUDEAU, *Mémoires inédits*, publiés en 1875, p. 55.
[3] Wandelaincourt, Roux et Monnel.

comme Fouché, qui avait débuté par produire aussi ses petits vers en l'honneur du Roi, et par inscrire sur une montgolfière [1] :

> Les globes de savon ne sont plus de notre âge,
> En changeant de ballons nous changeons de plaisirs.
> S'il portoit à Louis notre premier hommage,
> Les vents le souffleroient au gré de nos désirs.

Enfin, par cupidité ou par lubricité, comme le capucin Chabot, l'oratorien Ysabeau, le jésuite Cérutti, et la troupe infinie de ceux qui dans chaque ville se font orateurs populaires, présidents de tribunaux révolutionnaires, accusateurs publics, collecteurs de l'impôt, fournisseurs d'armées.

Les drôles de tous les pays fondirent sur la France, moines en tête, comme le moine badois Schneider, qui alimenta la guillotine à Strasbourg, et le moine piémontais Challier, qui opéra à Lyon. Toutes ces écumes bouillonnèrent. La Suisse nous a donné Marat, Hulin, Clavière, Pache, Saladin; les pays wallons ont envoyé Théroigne, Prolys, Clootz, Pereyra, Fleuriot, tous meneurs de meurtriers; les déclassés de tous langages [2] ont été accueillis comme des frères par ceux de Paris qui prétendaient « fixer les destinées de la France et peut-être celles du genre humain [3] ».

---

[1] Ansard, *Mémoires d'un sexagénaire*, t. 1er, p. 65.
[2] On peut citer encore les Allemands Freys, Trenck et Charles de Hesse; les Espagnols Guzman, Miranda, Marchena; les Italiens Dufourny, Gorani, Manini, Pio et Rotondo; et Needham et Paine, etc.
[3] Mss. Archives nationales, C. I. 318, projet de décret du 26 août 1792.

V

L'ÉCROULEMENT.

Ainsi priviléges surannés et routines ruineuses dans la culture, l'armée, les métiers, les finances. Rivalités entre les priviléges comme entre les routines. Attendrissement béat sur la vertu imaginaire de l'homme de la nature. Aspirations universelles vers des réformes nécessaires dont personne ne veut supporter le préjudice. Coalition de toutes les inquiétudes contre la cour et la couronne. Manque de qualités militaires chez les princes. Voilà les privilégiés.

Masse énorme de réfractaires, de pouilleux et de faméliques, jetée sur les routes et prête à se ruer sur les villes. Dans les villes, armée de ceux qui vivent des vices ; seconde armée de ceux qui vivaient du luxe. Voilà les ennemis.

Envie contre les priviléges ; prétentions vaniteuses ; voilà les passions qui procurent à ces ennemis des chefs pris chez les gens de basoche, les méchants poëtes et les moines.

Que peuvent les modérés ? S'ils tentent une réforme, ils irritent le privilégié qu'ils dépouillent et le chef populaire qu'ils privent d'un grief. Ils succombent.

Calonne propose aux notables de soumettre les privilégiés à l'impôt foncier. C'est le signal de sa chute. Brienne le remplace ; le parlement de Paris refuse de déclarer légale la perception de nouveaux impôts, et est soutenu par les parlements de province : « L'univers nous regarde », se disent entre eux les gens de parlements. Brienne présente au Roi le décret de convocation des états généraux ; quelques jours plus tard il fait place à Necker.

« Nous ne sommes pas même sûrs des troupes », dit Necker [1], et il arrive devant les états généraux sans avoir préparé un plan. Les états généraux prennent le 17 juin 1789 le titre d'Assemblée nationale. Le 11 juillet suivant, moins d'un mois après, « nous vîmes les gardes-françaises arrivant des boulevards dans la rue Royale, pêle-mêle avec le peuple, criant, dansant, traînant à leurs bras des religieuses et des capucins [2] ». Tout croule. L'armée refuse de combattre les gardes-françaises. Le triste Mont-de-piété lui-même [3] distribue au peuple les fusils qu'il a reçus en gage. L'émeute commence son règne. L'émigration devient inévitable.

[1] Malouet, *Mémoires*, t. I*er*, p. 289.
[2] Duchesse de Gontaut. *Mémoires*.
[3] Société historique de Paris, année 1881, p. 118.

CHAPITRE III

CAUSES DE L'ÉMIGRATION.

Servitude des pouvoirs. — Servilité des juges. — La garde nationale. — Nulle défense contre le vol et le meurtre. — Souffrances et misère. — Les prisons. — La guillotine. — Le sort des enfants. — Les régiments. — L'émigration forcée.

I

SERVITUDE DES POUVOIRS.

Au milieu d'une ivresse universelle sembla se lever l'aurore de la liberté. La liberté était définie par Duport : « La limite des droits posée par la justice, exprimée par la loi, défendue par la force publique. » Plus d'abus, plus de contrainte. L'Assemblée constituante ne veut pas conserver un président au delà de quinze jours, elle formule des dogmes, supprime des lois, proclame les droits de l'homme, ne néglige aucune des fautes qu'on pouvait attendre de gens sans expérience. — Que de frénésie chez les Français! que de bon sens chez les Américains! s'écrie Horace Walpole[1].

---

[1] Horace Walpole to Conway, 1 july 1790 : « How franticly have the French acted and how rationally the Americans. »

L'inexpérience est excusable, mais à la condition de n'être pas présomptueuse. L'Assemblée n'a plus de foi que dans les secousses brusques. Pas de réformes, des suppressions; pas de changement, table rase. L'homme doit être moulé à nouveau.

Toutefois les témoins de ce délire ont exagéré le rôle de l'Assemblée constituante. L'Assemblée, disaient-ils [1], est responsable des massacres, puisqu'elle a supprimé toute loi et toute autorité, elle a déchaîné les brutes.

Elle était en réalité tremblante et domptée [2]; il est malaisé de se faire une idée du tumulte des séances. On sait que les spectateurs prenaient part aux débats; qu'ils jetaient des ordures dans la salle [3]; qu'un portefaix saisit Malouet au collet durant un discours, et lui dit : « Tais-toi, mauvais citoyen [4] »; on connaît le cabaret où les femmes de la halle recevaient les instructions pour troubler la séance, et l'on se rappelle les mots des députés qui répondaient aux propositions de faire sortir les étrangers : « Il n'y a pas d'étrangers ici, il n'y a que nos frères, nos maîtres [5] ! »

---

[1] Horace Walpole to miss Hannah More, 4 nov. 1789 : « The Etats are detestable and despicable, and in fact guilty of the outrages of the Parisian and provincial mobs. The mob of twelve hundred not legislators, but dissolvers of all law, unchained the mastiffs that had been tied up... » Plusieurs lettres de Walpole et de ses correspondants sont une source intéressante d'observations sur cette époque.

[2] MALOUET, Mémoires : « La terreur se répandit dans la salle », en juillet 1789.

[3] Arthur Young, Tour, t. 1er, p. 111.

[4] MALOUET, Mémoires, t. 1er, p. 351.

[5] Ces mots sont des députés Volney et Bouche.

D'innombrables mendiants assiégeaient les portes de la salle [1]; les réunions du soir étaient protégées par la garde nationale, mais cette intervention « déplait au peuple, et nous verrons peut-être qu'on refusera d'y marcher », dit le major général de la garde nationale [2]; des fédérés envahissaient les tribunes et les galeries à chaque vote par appel nominal, et « affectaient de se montrer debout et armés de sabres et de pistolets [3] ». Enfin, il ne faut pas oublier que tous les comptes rendus ont été faussés par système : « Combien j'aurais été coupable, dit un des rédacteurs [4], de retracer sans précaution ces séances! Ce qui n'avait été qu'un tumulte, j'en faisais un tableau; de leurs cris, je faisais des mots; de leurs gestes furieux, des attitudes; et lorsque je ne pouvais inspirer l'estime, je tâchais de donner des émotions. »

La guerre civile apparait déjà à Mirabeau comme la seule solution : « Veut-on, demande-t-il [5], la recevoir ou la faire? Ayez une armée; hors de là pas, de salut, le sauve qui peut! »

Mais le Roi venait d'être privé de tout moyen de défense : « Le pauvre sire, dit le Rœderer de l'Hôtel de ville qu'on verra courtisan de Bonaparte, il portait

---

[1] Mss. Bibliothèque nationale, fonds français. 11697, Bailly à La Fayette, 5 décembre 1790.
[2] Ibid., Gouvion à Bailly, 14 mai 1790.
[3] VERNEUIL-PUIRASEAU, Souvenirs, p. 144. Il était de l'Assemblée législative. Il ajoute que les députés étaient « gravement insultés à la sortie ».
[4] Garat, dans le Journal de Paris.
[5] Le 13 août 1790. Voy. GEFFROY, Gustave III, t. II, p. 228.

la constitution en poche et la produisait quelquefois avec une naïveté pitoyable[1]. » Vraiment il est bien question de constitution et de loi. Le peuple parle, il veut être obéi. « Monsieur le maire, écrit Louis XVI à Bailly[2], je ne suis rien, je ne peux rien, je suis le jouet de tous, victime du pouvoir que j'ai eu. » Il est enfermé dans les Tuileries. Il croit pouvoir passer les fêtes de Pâques à Saint-Cloud, il se met en voiture[3], les gardes nationaux se placent devant la tête des chevaux, ameutent le peuple en criant : Il ne passera pas[4]. La Fayette accourt, harangue ses hommes, est hué par eux. De toutes les rues voisines débouchent des détachements de grenadiers qui se massent contre les grilles ; on arrache M. de Gougenot, maître d'hôtel, qui cherchait à couvrir la Reine en s'appuyant contre la voiture, on le renverse ; Marie-Antoinette veut intervenir pour le sauver : — Nous n'avons d'ordres à recevoir que de nos officiers, lui crient les grenadiers ; voilà une plaisante... pour donner des ordres !

Ils couchent en joue le cardinal de Montmorency qu'ils aperçoivent à une fenêtre du château. Ce n'était pas une émeute, c'était Paris tout entier[5] ; les gardes nationaux étaient plus violents que le peuple[6]. —

[1] Croker, *Essays on the french Revolution*, mot cité, p. 32.
[2] Manuscrits de Bailly, publiés en l'an IX.
[3] Le 17 avril 1791.
[4] Comtesse de Béarn, *Souvenirs*, p. 55.
[5] Baron de Staël, *Correspondance*, publiée par Léouzon Leduc.
[6] Le comte de Fersen au baron de Taube, lettre publiée par le baron de Klinckowstrom.

« Au moins vous ne prétendez plus que nous sommes libres », dit la Reine à La Fayette, après une heure et demie de ce supplice [1]. — « Vous me traitez comme la Reine », dit une bouchère de Clermont qu'on menait en prison [2]. Au moment de sa tentative de fuite vers l'armée de Bouillé, Louis XVI insiste [3] sur « le défaut absolu de liberté » qui entache toutes ses démarches depuis le mois d'octobre 1789, et proteste « contre tous les actes émanés de lui pendant sa captivité ».

A partir de ce jour, les gardes nationaux bivouaquent sous les fenêtres des Tuileries. Les cris des sentinelles qu'on relève, le bruit du tambour, l'odeur des hommes pénètrent dans le château. Des officiers se tiennent derrière la porte de la chambre de la Reine; quelquefois ils l'entr'ouvrent la nuit pour voir si la Reine est dans son lit. Une nuit qu'elle ne pouvait dormir, elle alluma sa lanterne, un officier entra et s'établit en conversation [4].

La Reine ne peut sortir dans le jardin sans être suivie de six hommes qui écoutent ce qu'elle dit à sa dame d'honneur; deux hommes épient son fils qui joue avec sa petite pelle et son râteau [5]; la sœur du Roi est surveillée par huit autres gardes nationaux, il y en a un la nuit derrière sa porte [6]. Le hasard seul sauve la

---

[1] Baron DE STAEL, p. 198.
[2] Père LENFANT, *Correspondance*, t. Ier, p. 265.
[3] Mss. Archives nationales, C. II. 132.
[4] *Journal et Correspondance de Fersen.*
[5] Arthur YORNO, *Tour*, p. 204 : « With a little hoe and rake. »
[6] BIMBENET, *la Fuite à Varennes*, p. 25.

vie de la famille royale lorsque le palais est envahi le 20 juin 1792, et même alors c'est contre le Roi que se tourne l'autorité départementale, quand elle dit par la bouche de Rœderer[1] : « La royauté sera-t-elle moins indulgente au dernier écart de la liberté naissante, que cette liberté elle-même ne l'a été aux vieilles erreurs de l'ancienne servitude? »

Détestables rhéteurs, ils ne voyaient pas, le même jour, dans la même foule, le maître futur qui, « les yeux vifs, le teint bilieux, dit que s'il était roi, cela ne se passerait pas de même[2] ».

Si les deux premières Assemblées, si le Roi sont tombés dans l'impuissance; si, comme le crie un savant dans son laboratoire[3], si l'on « n'ose plus rien attendre d'un roi captif et d'une Assemblée obligée de régler sa démarche d'après l'opinion de la plus vile populace », la Convention du moins aura-t-elle de l'autorité et du courage?

Au moment des élections à la Convention, l'Assemblée législative succombe sous le mépris[4]; la Commune de Paris fait fermer les barrières, arrête les

---

[1] Ms. Archives nationales, C, II, 121.

[2] Laveaux, *les Campagnes d'un avocat*, Paris, 1816. Bonaparte a répété le propos au comte de Ségur. Voy. Philippe de Ségur, *Mémoires*. t. 1ᵉʳ, p. 80; voy. aussi les *Mémoires de Bourrienne*.

[3] Montgolfier, le 22 octobre 1789. Ms. Archives nationales, W, 349, pièce 703 b.

[4] Ms. Archives nationales, C, I, 327. Protestation de Mathieu Dumas : «...Dans un état d'oppression... suffrage écarté par la violence... »

employés des ministères, saisit les revenus du fisc; des massacres savamment préparés répandent la terreur; chacun se cache, Drouet est élu à la Convention par 135 voix. Les départements de la Vendée, qui vont se montrer dans quelques semaines si royalistes, nomment huit députés qui voteront la mort du Roi. — Dans le Loiret et dans l'Oise, on met un *Bourdon* sur les bulletins; ils sont deux de ce nom : « Part à deux, dit le plus obscur, contente-toi du Loiret, ou je te fais exclure comme voleur ainsi que tu l'as déjà été de l'assemblée électorale. » La Convention eut de la sorte les deux Bourdon. Dans la Sarthe, on badine encore : les dames patriotes de Saint-Calais envahissent la salle du vote, « une musique guerrière les précède, les Grâces et les Ris les suivent », dit le procès-verbal; elles couronnent d'un bonnet rouge chaque électeur; le président déclare qu'il est « heureux de se voir encouragé par le sexe enchanteur qui fait les délices de l'espèce humaine », et qu'il va donner « à ces dames le baiser de la fraternité ».

Depuis le prince archichancelier de l'Empire jusqu'aux plus humbles commis aux vivres, tous ces élus se sont encadrés dans la hiérarchie napoléonienne. Mais pour apprécier leur bassesse, les Français n'ont pas eu besoin d'attendre l'Empire. C'était, dit madame Roland[1], « une Assemblée de lâches ». — « Chaque

---

[1] Lettre à Buzot, publiée par Dauban, p. 54.

membre, écrit l'un d'eux, le régicide comte Thibaudeau[1], observait ses démarches et ses paroles dans la crainte qu'on ne lui en fît un crime. » — « La Convention contenait, dit un des mêmes, l'abbé comte Grégoire[2], deux ou trois cents scélérats, et se composait surtout d'hommes lâches. » — « Leur lâcheté égale leur férocité », écrit une Anglaise[3]. La légende a surnommé géants de la Convention ceux que madame Roland nommait des pygmées[4] ; nous entendons encore citer par des vieillards, comme une ruine auguste, les derniers régicides qui se sont éteints à côté d'eux : on croirait que, dans la démocratie comme dans le despotisme, le sang versé est un titre au respect ; passez, monarques débonnaires, la postérité n'a de complaisance que pour les égorgeurs.

Et encore il peut y avoir une certaine séduction dans la violence : l'homme civilisé peut savoir gré, par exemple, à Marius des Teutons qu'il a détruits. Mais la Convention et ses délégués n'ont rien fait que ne sût faire un bey, un nègre, un tatoué ; les sauvages savent tuer les enfants, prendre l'argent, démolir les villes, ils agissent par férocité, les conventionnels par peur. La veille du vote sur la mort de Louis XVI, Vergniaud s'irrite qu'on ose le supposer capable d'une action si

---

[1] *Mémoires*, t. Ier, p. 57.
[2] *Mémoires*, t. II, p. 425.
[3] Madame G... à sir Samuel Romilly, *Mémoires*, t. II.
[4] *Mémoires*, t. II, p. 95.

révoltante ; il s'épanche sur l'iniquité d'un tel acte[1] ; puis, à l'heure fatale, la peur le dompte, et il vote comme les autres. — « La peur, oui, monsieur, la peur, dit le régicide Cochon à Fabre (de l'Aude)[2] ; on tremblait, non-seulement pour soi, mais pour les siens, mais pour ses amis. Alors un acte de courage proscrivait toute une famille ; le cœur demeurait saisi, dans l'intérêt des autres, d'une faiblesse qu'on aurait rougi d'avoir pour soi. »

Mais à peine cette concession est faite qu'il en faut subir d'autres. Si la Convention semble disposée à résister, la populace saccage douze cents magasins[3], et la Commune dit aux marchands qui ont l'audace de réclamer sa protection : « Vous ne faites que rendre au peuple ce que vous lui avez pris. » La Convention obtient une trêve en envoyant à la Commune des fonds pour le peuple, elle donne cent dix millions au détriment de l'armée ; dès qu'elle parle de cesser ces versements de sa rançon, la Commune réveille l'émeute ; les boutiques sont encore pillées le 12 avril 1793, la Convention est envahie le 1er mai, ses membres sont accusés par les émeutiers d'être de la classe des propriétaires. Le 31 mai, nouvelle attaque, Danton et Barère eux-mêmes sont insultés ; les députés, séquestrés dans leur salle, courbent la tête, livrent les vic-

---

[1] Philippe de Ségur, *Mémoires*, t. Ier, p. 14.
[2] Fabre (de l'Aude), *Histoire secrète du Directoire*, t. II, p. 274.
[3] En février 1793. Voy. Sybel, t. II, p. 262 et suiv.

times réclamées. Avant le 31 mai, dit l'un d'eux[1], oppression de la Convention par le peuple trompé; après le 31 mai, oppression du peuple par la Convention asservie.

Elle est asservie, mais l'idole n'est pas assouvie. Plus la Convention s'avilit, plus se multiplient les insultes; à peine a-t-elle sacrifié une centaine de ses membres que l'émeute recommence[2]; pendant deux jours les bateaux sont saccagés sur la Seine, et les magasins le long des quais : nouvelles humiliations, nouvelles exigences; le peuple envahit encore la Convention[3]; il fait voter de nouvelles lois sur les suspects, il exige, il obtient que le pain soit donné pour rien et le vin pour quatre sous aux Parisiens; puis il fait supprimer la Constitution qui vient d'être promulguée[4]. Désormais en France, plus de droit, plus de loi, plus de pouvoir, rien qu'une « insubordination méthodique[5] ». La Commune de Paris s'affranchit du département[6], les départements de tout lien, les sociétés locales nomment aux emplois et chassent les agents choisis par le gouvernement : « Si vous voulez être prudents, dit-on à ceux-ci[7], vous ferez bien de partir ce soir. » Les comités saisissent les lettres à la poste,

[1] Sieyès, séance du 1ᵉʳ mars 1795.
[2] Le 26 juin 1793.
[3] Le 5 septembre 1793.
[4] Supprimée le 19 octobre 1793.
[5] Grimm à Catherine II, du 31 décembre 1793.
[6] Loi du 13 août 1792.
[7] Gautier de Brécy, *Mémoires*, p. 225.

les lisent; « quand il s'agit des intérêts d'une grande nation, pourquoi se laisser arrêter par une considération inférieure à celle du bien public? » C'est aussi pour le bien public que Marat vole les presses de l'Imprimerie nationale, quoiqu'elles aient été « inventoriées comme appartenant à la nation[1] ». Plus de propriété, plus de justice.

II

SERVILITÉ DES JUGES.

Dès le 3 novembre 1789, l'Assemblée constituante avait décidé que les parlements resteraient indéfiniment en vacances; et comme elle n'organisa les nouveaux tribunaux qu'au mois d'octobre suivant, le peuple, dont on cherchait passionnément le bonheur, resta un an sans justice. Des lettres disent : « Les assassinats sont fréquents, les juges n'existent pas encore[2] », car les commissions organisées pour la juridiction criminelle n'avaient ni autorité, ni énergie. C'est, disait Catherine II, « la justice sans justice[3] »; à ce point qu'un juge provisoire passa pour avoir dit

---

[1] Ms. Archives nationales, C, I, 434, note de Manuel et d'Anisson-Duperron.
[2] P. Lenfant, *Correspondance*, novembre 1790.
[3] Catherine à Grimm, 15 novembre 1789.

au marquis de Favras[1] : « Votre mort, monsieur, est nécessaire à la tranquillité publique. »

Ce procès Favras n'est pas à l'honneur de ces tribunaux improvisés [2].

Le comte de Provence, frère du Roi, avait chargé La Châtre, son premier gentilhomme, de lui négocier un emprunt de deux millions. La Châtre fit offrir l'emprunt à des banquiers [3] par le marquis de Favras [4], les banquiers dénoncèrent l'opération, le peuple supposa un complot; le comte de Provence déclara qu'il avait eu en vue le simple payement de ses dettes. Mais, même si les fonds avaient été destinés à une conspiration, on ne voit guère de grief contre celui qui avait seulement causé avec un banquier; néanmoins les Parisiens voulaient la mort, les juges la procurèrent, Favras fut pendu, les femmes dansèrent autour de la potence [5].

Le peuple prenait plaisir à tourner la magistrature en dérision : « Il s'est passé, écrit Bailly à La Fayette [6], au tribunal de police, les scènes les plus scandaleuses : les juges et les officiers municipaux ont été insultés »;

---

[1] Ce serait Quatremère de Roissy. Voir MONTGAILLARD, *Histoire de France*, t. II, p. 203, et duchesse DE TOURZEL, *Mémoires*, t. Ier, p. 77.

[2] Un des juges, Augrand d'Alleret, donna sa démission.

[3] Chomel et Santhonax. Voy. AUGRAND, *Mémoires*, p. 217.

[4] Fr. VON STILLFRIED-RATENIC, *Thomas de Mahy, marquis de Favras, und seine Gemahline*, Wien, 1881. M. de Stillfried-Ratenic est le petit-fils de Favras, dont la veuve émigra à Vienne et se fit Autrichienne.

[5] LA FAYETTE, *Mémoires*, t. II, p. 392, le 17 février 1790.

[6] Ms. Bibl. nat. fonds français 11697, Bailly à La Fayette, 26 février 1791.

on songe alors à placer vingt-quatre grenadiers pour
« fermer au peuple l'entrée du parquet », et à faire
accompagner par des grenadiers non-seulement les
huissiers, « pour que force demeure à la loi¹ », mais
même les pompiers qui courent aux incendies².

Les juges nouvellement promus par l'élection
n'étaient pas plus sûrs de leurs nerfs, dans cette cohue.
L'un d'eux, l'illustre jurisconsulte T..., écrivait à
Louis XVI, qui l'avait choisi comme son défenseur³ :
« Horriblement fatigué de maux de nerfs, je conserve
à peine les forces suffisantes pour remplir les fonctions
pénibles de juge. » Bientôt il ne se sent plus assez
tranquille sur sa santé pour garder même ce siége avili
de juge, et il se fait nommer secrétaire du cordonnier
Chalendon, qui préside la section de l'Homme armé⁴.
Contre le juge on excite le peuple : Hérault de Séchelles,
commissaire de la convention à Belfort, écrit⁵ : « Le
peuple est convoqué, et le sort des magistrats, des autorités, des hommes dangereux y sera décidé ! »

Peu à peu les premiers élus sont tous remplacés par
des créatures des jacobins. Le juge ne sait pas lire⁶ ;
l'expert devient faussaire, il réclame cent sept millions

---

¹ Ms. Bibliothèque nationale, fonds français, 11697, Bailly à La Fayette, 21 janvier 1790.
² Ibid., 1ᵉʳ février et 3 mars 1790.
³ Ms. Archives nationales, C, II, 304, et Musée, n° 1328.
⁴ Duval, Souvenirs de la réaction thermidorienne, t. II, p. 83.
⁵ Baron Kervyn de Lettenhove, les Autographes de la collection Stassart.
⁶ Taine, t. III, p. 367, en donne de nombreux exemples.

aux fermiers généraux alors qu'on leur en doit huit[1] ; le gardien de séquestre s'approprie les objets qui lui sont confiés ; l'idée de justice s'efface devant celle de vengeance.

— C'est, dit Danton, le débordement de la vengeance nationale. — La vengeance du peuple n'est pas satisfaite, ajoute Robespierre[2]. La Convention crée le tribunal révolutionnaire le 10 mars 1793, elle double le 30 juillet le nombre de ses membres, elle le double encore après trois mois ; deux mois après elle autorise la suppression de tout débat, puis de toute preuve : plus d'interrogatoire, de témoin, ni d'avocat[3] ; « la loi, dit la Convention, donne pour défenseurs les jurés patriotes[4] ». Elle finit par supprimer même l'acquittement, l'acquitté du moins ne peut être mis en liberté sans l'avis du comité de salut public ; souvent il est repris pour le même fait et exécuté ; quelquefois l'exécution a lieu sans même la formalité de mise en jugement. Des exemples sont nécessaires pour bien comprendre ce qu'était la justice en France.

Blanquet de Rouville, conseiller au parlement de Toulouse, fut guillotiné à Paris, ses biens furent saisis et vendus ; sa veuve, tombée au dernier degré de la

---

[1] Ainsi que l'a prouvé l'arrêt de 1806. Voy. A. Delabante, Une famille de finance.
[2] Voy. les réflexions du savant M. Franck, sur cette perversion des sentiments, Journal des Débats du 6 décembre 1882.
[3] Loi du 22 prairial (10 juin 1794).
[4] Wallon, le Tribunal révolutionnaire, t. IV, p. 9.

misère, avec six enfants, fit remarquer au Directoire qu'il n'y avait jamais eu de condamnation contre son mari. — « En effet, remarque le conseil des Cinq-Cents[1], il se trouve seulement un acte d'accusation informe suivi de deux pages en blanc, et terminé par ces mots *fait et prononcé*. » Le nom a été oublié même sur les listes d'exécution.

Ces condamnations en blanc ne sont pas rares : on peut les voir, le papier est sous nos yeux aux Archives[2]; on lit les noms des juges, ceux des jurés, puis quatre pages sont vides, puis au bas *fait et prononcé*, c'est signé, l'exécution suit, soixante-douze têtes ont été tranchées avec l'un de ces documents. Quelquefois les noms des accusés sont inscrits à l'avance sur la condamnation qui est elle-même signée à l'avance par les juges[3], et dans ce cas, s'il y a des acquittements, on biffe quelques noms à la plume. — Et il le fallait bien, dit le greffier[4], car je ne pouvais rédiger le jugement aussi vite qu'il était prononcé.

Le procédé contraire était aussi en usage, celui d'ajouter des noms à la liste de condamnation après que les juges l'avaient signée : c'est par ce moyen que furent détruites les trois femmes qui n'avaient pas suffisamment goûté jadis les petits vers de Carnot et de

---

[1] Rapport de Thibaudeau, Ms. Archives nationales, AD, II, B, 3.
[2] Musée, n° 1407.
[3] Ms. Archives nationales, W, 410, doss. 943.
[4] Wallon, t. IV, p. 421.

Robespierre, la maréchale de Lévis et ses filles, les comtesses de Béranger et de Vintimille : on voit encore la feuille sur laquelle Fouquier-Tinville a ajouté après coup leurs noms, de son écriture aiguë [1] : « Veuve Lévis, âgée de cinquante ans ; Henriette Lévis, femme Béranger, vingt-sept ans ; Gabrielle Artois-Lévis, femme Duluc, vingt-huit ans. »

Dans les départements, mêmes habitudes. Clair de Bousquet, acquitté par le tribunal criminel de la Charente [2], est ramené immédiatement devant les mêmes juges, qui le condamnent à la déportation et le font diriger sur la prison de Pontarlier, d'où on l'envoie à Paris ; là il est mis pour la troisième fois en jugement et acquitté. Mais on le garde en prison, il est inscrit sur la liste des émigrés, et ses biens sont confisqués.

Léonarde Eybrard, paysanne du Périgord, dont le mari est soldat [3], a fait un trou dans la terre, sous son lit, pour conserver du blé ; elle est déclarée non coupable par le jury, mais l'accusateur public la fait tenir en prison jusqu'à la paix, comme ayant agi par « motif d'avarice ».

Adrien de Béthune-Périn [4], accusé à Arras d'avoir « procuré à des émigrés les moyens d'échapper à la vengeance des lois en leur indiquant les chemins », est

---

[1] Ms. Archives nationales, W, 409, doss. 941, pièce 105.
[2] Ms. Archives nationales, BB, I, 77.
[3] Tribunal criminel de la Dordogne, t. II, p. 150.
[4] Ms. Archives nationales, BB, I, 71.

acquitté à midi, ramené à une heure à l'audience « dudit tribunal », condamné à mort comme *déclaré émigré par l'administration du département*, et exécuté le soir même, « raccourci aux flambeaux », écrit Lebon qui fait mettre en prison l'avocat du matin.

La Convention intervient souvent : le citoyen Maurel a été condamné par le tribunal criminel de Paris[1], mais renvoyé par le tribunal de cassation devant le tribunal de Versailles qui l'acquitte : la Convention casse le jugement par un décret du 9 nivôse an II, qu'elle annule le 30 prairial an III, et qu'elle rétablit le 22 messidor suivant.

Si le juge s'intéresse à un accusé, il n'a nullement la témérité de songer à l'acquitter, mais il essaye de solliciter les tueurs. La femme d'un des présidents du tribunal révolutionnaire, une Toulousaine, ronde, grasse[2], veut sauver Bonnecarrère, elle va trouver Marat : on dit qu'il n'y est pas, elle insiste ; Marat, qui entend son joli accent, se montre : il a des bottes, point de bas, une vieille culotte de peau, une veste de taffetas blanc, la chemise « crasseuse et ouverte, les ongles longs et sales » ; il la fait asseoir contre lui sur « une ottomane », lui baise la main, serre un peu ses genoux et promet d'intervenir. « Je l'aurais tout laissé faire, dit plaisamment la petite femme, quitte à me baigner après, pourvu qu'il me rendît mon cousin. »

[1] Ms. Archives nationales, AF, III, 36, 131.
[2] Madame Rousso, *Mémoires*.

III

LA GARDE NATIONALE.

Ainsi plus d'autorité, plus de justice; mépris absolu de tout pouvoir et de toute loi. Pour diminuer les vols et les meurtres, les modérés tentèrent d'improviser une police spontanée. La Fayette et Bailly donnèrent le signal de la formation des gardes nationales.

« Considérant que la garde ordinaire de la ville reste spectatrice du désordre[1] », et que les bureaux d'octroi sont incendiés, la bourgeoisie parisienne s'organise dès le 13 juillet 1789 en garde nationale. Son premier acte est le pillage des armes déposées à l'hôtel des Invalides, armes dont elle n'a garde de faire usage pour empêcher les massacres des journées suivantes. Les badauds de Paris s'amassent devant la Bastille, parlent de la prendre, apportent de la paille pour l'incendier, et proposent de lancer par des pompes des mélanges de phosphore et de térébenthine[2]. Mais les gardes-françaises amènent leurs canons, sont rejoints par un régiment de dragons et deux d'infanterie[3],

---

[1] Catalogue coll. B. Fillon, n° 485.
[2] Carlyle.
[3] Lord Auckland, *Correspondance*, t. II, p. 330.

commencent un siége en règle et promettent, « foi d'officier », que les défenseurs auront la vie sauve; ils les font défiler à travers la foule. Hulin, qui aura plus tard le malheur d'accepter le rôle le plus bas que puisse choisir un malfaiteur, celui de juge servile, jeune maintenant, espère sans doute sauver le gouverneur; les hommes des faubourgs l'arrachent de ses mains, le déchirent, ne font place qu'à un cuisinier qui s'avance avec un sabre de dragon pour lui trancher la tête. Le sabre s'ébrèche; le cuisinier prend son couteau de poche, désarticule les vertèbres. « Ce couteau était bien petit, remarque dans l'enquête un juge du Châtelet. — Oui, mais mon métier m'en a donné l'habitude. »

Il met sur une pique la tête du gouverneur pendant qu'on égorge de même M. de Losne-Salbray, major de la Bastille, M. de Miray, aide-major, M. de Persan, lieutenant : on arrache leurs entrailles avec les doigts, on se dispute des touffes de cheveux[1], on porte ces débris à l'Hôtel de ville, on fraternise dans le trajet avec la bande qui vient d'assassiner le prévôt des marchands. Sept têtes sont promenées par la rue sur des piques, comme les étendards des vainqueurs.

Où sont en ce moment les gardes nationaux? Le surlendemain seulement, le comité de l'Hôtel de ville reconnaît que « cette réunion de citoyens déjà célèbres

---

[1] Poisson, l'Armée et la garde nationale, t. 1er, p. 51.

par leur courage » ne serait pas aussi utile qu'on l'avait espéré « si elle restait sans ordre et sans discipline¹ ». Aussi il lui donne une cocarde. Toutes les compagnies des gardes-françaises furent en même temps incorporées dans la garde nationale de Paris. Les gardes-françaises reçurent, comme premier salaire de leur défection, le partage de la masse accumulée depuis l'origine des régiments, plus tous les effets préparés en magasin, plus la valeur de leurs casernes qui furent censées leur appartenir, et que la Commune leur paya 1,030,000 livres. Le district de Saint-Eustache leur donna pour quatorze mille livres de vin et de cervelas, d'autres leur offrirent des glaces au Palais-Royal, des médailles décoratives. Enfin, ils furent gratifiés d'une solde journalière de trente sols². Ainsi le noyau de la garde nationale est formé par des soldats qui ont manqué à l'honneur militaire. On pense assurer le respect de la loi avec des hommes qui viennent de violer leur devoir. Se fier à des soldats qu'une révolte de caserne a déshonorés, c'est s'exposer sans défense à de nouveaux crimes.

Il eût été peu logique, du reste, d'égorger, comme on venait de faire, le prévôt des marchands et d'épargner l'intendant de Paris. L'intendant de Paris

---

[1] *Mémoires de la Fayette,* fragment publié dans les *Mémoires de tous,* t. IV, p. 38.

[2] Poisson, *l'Armée et la garde nationale,* t. I*er*, p. 82. La Fayette, *Mémoires,* t. II, p. 290.

fut suspendu par le peuple à une lanterne ; il mourut dans un supplice lent, au milieu des imprécations et des chansons : « Il a bu le sang de la veuve et de l'orphelin » ; des hommes le disaient, les autres le croyaient. Le ministre de la marine put être préservé par la garde nationale jusque dans les salles de l'Hôtel de ville, mais là le peuple s'entassa pour le condamner. On avait posé une chaise sur une table, on y avait assis ce vieillard de soixante-quatorze ans : autour de lui gardes nationaux et émeutiers hurlaient avec la même frénésie. Un moment, La Fayette, qui a pu pénétrer dans la salle, réussit à se faire entendre [1]. Consterné de cette scène de sauvages, à demi suffoqué par le dégoût, écœuré par l'odeur, il s'écrie : « Vous m'avez nommé votre général, et vous refusez de m'obéir... Le meurtre de cet homme vous déshonorerait, flétrirait tous les efforts que j'ai faits en faveur de la liberté. Vous devez le conduire en prison pour être jugé par le tribunal que la nation indiquera... C'est avec la soumission à la loi que s'est faite la révolution du nouveau monde... » Les gardes nationaux qui pouvaient entendre leur général semblaient se calmer, mais « à l'extrémité de la salle les esprits n'étaient pas si bien disposés ». Trois fois La Fayette reprit la parole, avec courage, avec colère ; mais dès qu'il avait reconquis un peu d'autorité, une irruption de nou-

---

[1] Procès-verbal publié dans les *Mémoires historiques sur la Fayette*. Paris, an II.

veaux venus le serrait dans la salle, l'écartait du vieillard; la table fut renversée, la chaise, la victime, roulèrent. « M. de La Fayette a prononcé à haute voix : *Qu'on le conduise en prison...* », les Parisiens avaient déjà saisi leur proie. Ils l'accrochent à la lanterne de la rue de la Vannerie, jouent longuement avec son agonie, coupent la tête, bourrent de foin la bouche, promènent ce trophée sur une pique [1].

La Fayette désespéré convient avec Bailly, maire de Paris, qu'il donnera sa démission et ne la retirera que si les gardes nationaux prennent l'engagement d'obéir désormais à ses ordres [2]. Mais quelle obéissance espérer des Parisiens crédules qui gobent tous les mensonges? Que le prévôt des marchands ait écrit une lettre criminelle, nul n'en doute, nul n'a la moindre hésitation sur les mots qu'ils a employés, mais personne n'a jamais vu cette lettre qui n'a jamais existé [3]; dire qu'il y a quelque part des armes ou des grains, c'est attirer le pillage, non pas durant la Terreur, mais aux plus belles heures d'enthousiasme, au moment du plus généreux zèle de la garde nationale. Les aristocrates ont jeté dans la Seine des quantités énormes de pain, celui qui le nierait serait aussitôt accroché à la lanterne; les traîtres, selon le badaud de Paris, ont bien soin de se

---

[1] Le 22 juillet 1789.
[2] Poisson, t. 1er, p. 69.
[3] Voir sur cet état d'esprit les lettres de l'Allemand Groenvelt, notamment celle du 15 août 1789, et l'*Annual Register*.

dénoncer eux-mêmes : le Parisien lit avec sa vivacité ordinaire d'esprit : *Poudre de traître* sur les barils de *poudre de traite* qui sont expédiés au Sénégal [1]; il guette les suspects de crimes contre la nation quand on les mène devant les juges, et veut les pendre : « Attendez, dit le peuple, vous allez voir gambiller. » Trop malins pour croire à la bonne foi, trop niais pour n'être pas dupes des charlatans, les Parisiens donnent ou refusent leur confiance comme gens qui se croient de l'esprit et manquent de bon sens; ils admirent leurs soixante districts qui se traitent entre eux avec des formules d'une diplomatie prétentieuse sans que ces égards grotesques aient jamais empêché les districts modérés de se laisser mener par les districts violents, menés eux-mêmes par une poignée de scélérats.

Cette impuissance de la garde nationale se remarque dès les premiers jours. Les agents du fisc sont assassinés sous ses yeux [2]. Les religieux de Saint-Denis qui avaient célébré par une messe solennelle la formation de la garde nationale de Paris, supplièrent La Fayette de les faire protéger [3]. La sauvegarde n'était pas sûre, car, quelques mois plus tard, le gouvernement fait retirer les bijoux [4], ensuite il constate que les objets les

---

[1] *Mémoires de Dussauls, de Bailly, de La Fayette*, 6 août 1879.
[2] *Mémoires de Gauthier*, Bibliothèque nationale, fonds français, n° 11681, fol. 83.
[3] *Ibid.*, Archives nationales, K, 164, pièce 6.
[4] *Ibid.*, Bibliothèque nationale, fonds français, 11681, fol. 90.

plus merveilleux, à Saint-Denis et à Montmorency, ont été emportés, mutilés ou détruits. Après avoir décrit ce qui n'existe plus, les commissaires ajoutent [1] : « Nous ne parlons pas des monuments en cuivre et en bronze » ; ceux-là avaient servi pour la légende des canons : même les statuettes de Germain Pilon, même la feuille de cuivre qui portait l'épitaphe de Suger, ont été détruites sous le prétexte de procurer des canons, comme si le bronze des canons comportait ces alliages de fantaisie, et comme si l'on avait jamais fait usage devant l'ennemi de pièces autres que celles de notre vieille artillerie.

Les bandits pullulent ; chaque nuit les patrouilles se heurtent contre des gens « armés et sans aveu [2] ». Les compagnies soldées de la garde nationale semblent d'accord avec eux. La Fayette le remarque, il s'étonne de la quantité de « vagabonds étrangers qui s'amassent [3] », il prévient les ministres.

Contre ce danger encore inconnu, les ministres font venir à Versailles le régiment de Flandre. Les officiers de ce régiment sont accueillis dans un banquet que leur offrent les gardes du corps. « On eût volontiers mêlé au vin quelques gouttes de notre sang », crient aussitôt au peuple les parleurs des trottoirs [4] ; ils ajoutent que la cocarde nationale a été arrachée des uni-

---

[1] *Mémoires de Gauthier*, Archives nationales, F. 17, n° 1263.
[2] La Fayette au duc de Liancourt, 20 juillet 1789, t. II, p. 320.
[3] *Mémoires de La Fayette*, dans les *Mémoires de tous*, t. IV, p. 53.
[4] *Les Héroïnes de Paris*, Bibliothèque nationale, Lb, 39, n° 2411.

formes. Cette niaise légende de la cocarde a été accueillie dans tout Paris, et si pieusement répétée, que nul ne l'a jamais démentie. Or personne n'avait de cocarde tricolore à arracher:

« Les gardes du roi n'avaient que des cocardes blanches qui étoient leurs cocardes d'uniforme », dépose d'Aguesseau, le major des gardes du corps [1]; quant au régiment de Flandre, il venait de la frontière et avait conservé, comme toutes les troupes des garnisons éloignées, la cocarde blanche [2]; il avait refusé en entrant à Versailles de quitter sa cocarde blanche [3]. Le fameux banquet, dit La Fayette [4], fut non un grief, mais un prétexte. Les gardes-françaises devenus gardes nationaux soldés veulent tenir le Roi à Paris derrière leurs sentinelles; ils sont d'accord, comme le jour de la prise de la Bastille, avec les déguenillés et les faméliques dont le nombre s'est accru des émeutes mêmes qu'ils ont fomentées pendant ces mois lugubres de juillet à octobre 1789. Les émeutiers partent les premiers.

A l'heure du marché, le 5 octobre, quelques femmes de la Halle disent que l'on doit aller à l'Hôtel de ville pour avoir du pain. Une jeune fille entre dans le poste de la garde nationale, se fait donner un tambour, bat le rappel. Les femmes qui passent sont racolées :

---

[1] Enquête au Châtelet, déposition 212.
[2] Sybel, l'Europe pendant la Révolution française.
[3] Comte d'Hézecques, Souvenirs, p. 305.
[4] Enquête au Châtelet, déposition de Mounier, de Bergasse, etc.

ouvrières qui se rendent à l'atelier, dévotes qui entrent à Saint-Eustache, servantes qui arrivent à la Halle. Les plus ardentes pénètrent dans les maisons, en arrachent les femmes, menacent de couper les cheveux à celles qui refusent de descendre. La matinée est pluvieuse. Il est sept heures quand la bande envahit l'Hôtel de ville. Là, dans le jour blafard des bureaux, ces femmes déchirent les papiers, renversent les encriers, rencontrent l'abbé Lefebvre, qui avait distribué la poudre au peuple le 14 juillet précédent, lui demandent du pain, et comme il n'en a pas, elles le pendent, la corde se rompt, elles oublient l'abbé, elles délivrent une dizaine de voleurs arrêtés dans la nuit, allument des torches, acclament l'usurier Maillard, qui les a déjà haranguées le jour de la prise de la Bastille.

Maillard est dans le secret des projets de la garde nationale; il espère lui livrer le Roi en profitant de cette émeute de femmes; il persuade aux femmes que si la Commune, composée de « mauvais citoyens », n'a pas su leur distribuer du pain, elles se feront mieux comprendre de l'Assemblée nationale. *A Versailles!* devient le cri de ralliement; le tocsin sonne à Sainte-Marguerite. On se met en marche. A travers Chaillot défilent, avec les jolies Pierrette Chabry, qui sculpte sur albâtre, Françoise Rolin, la bouquetière, et Rose Baré, la dentellière, les courtisanes comme Élisabeth dite *Beaupré*, comme Théroigne dite *la belle Liégeoise*, qui se tient à cheval, vêtue d'un habit écarlate et suivie d'un jockey à costume rouge [1], et les grasses harengères, et Reine Audu, la fruitière à la gorge puissante, et Marie Goupil, qui a fui son couvent pour suivre ses vices [2], et Rose Lacombe, qui a quitté un théâtre de foire ; elles s'avancent dans la boue ; toute femme qui se trouve devant ce tourbillon est enveloppée, entraînée. On les voit [3], à Sèvres, « occupées à frapper une femme assez proprement vêtue en casaquin et jupon de toile fond vert et fleurs jaunes, qui refusait de marcher et se jetait à terre en pleurant ». Elles ont compris durant le trajet qu'il ne s'agit plus de solliciter l'Assemblée nationale, c'est le Roi qu'elles vont environner, c'est la Reine qu'elles auront la volupté de déchirer : « Une a dit : J'en aurai une cuisse ; une autre : J'en aurai les tripes ; et en disant ces choses, plusieurs tendaient leurs tabliers, et dans cette attitude elles dansaient [4]. »

A Versailles, elles se divisent : celles qui vont à l'Assemblée nationale se mêlent à la discussion, lisent des adresses : « J'entendis très-distinctement, dépose un député [5], l'adresse des galériens de Toulon qui offraient à l'Assemblée leurs bras. » Elles se font donner à manger et à boire [6]. Mais celles qui se rendent au château sont intimidées par le prestige de la

---

[1] Enquête au Châtelet.
[2] Elle devint la *mère Duchesne*.
[3] Déposition, n° 243, de Perrin, avocat.
[4] *Ibid.*
[5] *Ibid.*, n° 201, du baron de Sainte-Croix.
[6] *Ibid.*, n° 90, et autres.

royauté; les premières s'assoient sur les marches, crient : « Vive le Roi! Qu'il nous donne du pain! » Le suisse les fait taire [1]. Mais leur nombre grossit.

Le Roi avait choisi cette journée pour chasser à Rambouillet. Prévenu de bonne heure par La Fayette, il était rentré un peu après trois heures. Il demanda à voir quelques-unes des femmes : on lui présenta les plus fraîches. Pierrette Chabry, la ciseleuse de figurines, lui parla au nom de toutes ; elle avait dix-sept ans, l'émotion la faisait chanceler. Louis XVI la soutient, l'embrasse, lui fait donner du vin « dans un grand gobelet d'or », lui promet de faire envoyer des provisions dans Paris. Elle sort pour rendre compte aux femmes qui étaient hors la grille. A peine a-t-elle prononcé quelques mots, que les femmes, mouillées et impatientes sur le pavé, accusent ces jeunes filles de s'être laissé tromper par la cour. Aussitôt « la grosse Louison, qui vend de la marée au marché Saint-Paul, et Rosalie, alors aussi vendeuse de la marée [2] », saisissent la jolie Pierrette, lui meurtrissent la gorge avec leurs jarretières; les autres la claquent ainsi que ses compagnes avec les mains et avec les pieds. Elles sont délivrées de leur supplice humiliant par la factrice Babet, qui appelle quelques gardes du corps. Le Roi les fait reconduire à Paris en voiture.

Mais déjà sont arrivés les tueurs du 14 juillet et des

[1] MIOT DE MÉLITO, *Mémoires*.
[2] Dépositions de Pierrette Chabry et de Françoise Rolin.

journées suivantes : Maillard, l'usurier poitrinaire, avec sa bande composée de « bons citoyens, tous sans-culottes, dont la plupart ont perdu leur état [1] »; le cuisinier Desnos, Jourdan dit *Coupe-têtes*, Nicolas, le modèle à l'Académie de peinture; plusieurs gardes nationaux en uniforme. La fille Beaupré a vu ces gardes nationaux qui tenaient par le collet un des gardes du corps, l'assommaient à coups de crosse, puis un « homme à grande barbe » qui coupait la tête et la mettait au bout d'une pique. C'est à ce moment que sont assassinés les gardes du corps Deshuttes, neveu de Voltaire [2], Varicourt [3] et Savonnières [4]. « Le peuple disait [5] qu'il fallait mettre la tête de La Fayette au bout d'une pique; ces menaces étaient accompagnées d'autres propos injurieux contre ce général. »

La Fayette avait réussi jusqu'au soir à empêcher ses gardes nationaux de s'unir avec les tueurs de Maillard. Il les retenait, l'arme au pied, sur la place de Grève et dans la rue Saint-Antoine. Ses bataillons frémissent sous sa main. Là-bas, à Versailles, c'est jour d'émeute, l'armée fait peut-être feu sur leurs frères; ils vont être suspects à Maillard. Ainsi s'écoule la journée. La Fayette, à cheval au milieu des rangs, entend les mur-

---

[1] Déposition citée par Mortimer-Ternaux, *Histoire de la Terreur*. t. III, p. 381

[2] Il était frère de madame de Villette, la belle et bonne.

[3] Ils étaient quatre frères dans les gardes du corps.

[4] Il ne succomba à ses blessures qu'après quelques jours.

[5] Déposition 90.

mures, comprend qu'à la nuit tout va partir; il n'ignore pas qu'entre ses gardes soldés et les hommes de Maillard il y a une association intime, tous vivent dans les mêmes bouges, autour des mêmes filles; déplaire à ces anciens gardes-françaises, c'est se donner pour ennemis tous les coupe-jarrets de Paris; on le verra aux massacres de Septembre. La Fayette, dans cette cohue, sûr, s'il reste, d'être abandonné; inquiet, s'il se laisse emmener, de voir sa troupe s'unir aux assassins, jette sa dernière chance sur l'habitude de la discipline militaire et donne l'ordre de la marche sur Versailles, vers quatre heures du soir. Les cris de commandement, le roulement des tambours, restituent l'apparence d'une troupe disciplinée, mais dès Chaillot on quitte les rangs pour boire, on se répand à Montretout, les maisons sont envahies, c'est l'heure du dîner, la pluie continue à tomber. Les factures des fournisseurs qui ont restauré les gardes nationaux chargés de « chercher le pain à Versailles », vont affluer les jours suivants à l'Hôtel de ville [1]. A force de s'arrêter dans les villages, de s'exulter dans le patriotisme, de piétiner dans la boue, les gardes nationaux pénètrent, vers onze heures du soir, dans les avenues de Versailles.

[1] Ms. Bibliothèque nationale, fonds français, n° 7000, pièce de 3052 livres 16 sols et 3 deniers, y compris le pourboire du charretier. Il y a parmi ces manuscrits des documents curieux qui ont été négligés par les historiens de la Révolution.

Le peu d'autorité qu'avaient gardée les chefs achève de s'évanouir dans le désordre de cette course nocturne et devant le spectacle que présente Versailles : des femmes demi-nues sous les lanternes, un brasier sur la place d'Armes. Des êtres qui se profilent sur la flamme font griller un cheval, s'en disputent les lambeaux ; quelques coups de fusil éclatent encore [1]. La Fayette occupe les portes du château, il s'imagine toujours qu'il pourra retenir des déserteurs, comme des soldats disciplinés, par le point d'honneur ; il fait appel à la loyauté des gardes nationaux ; il leur confie la défense du Roi. Il affirme que tout danger est conjuré ; il envoie M. de Gouvion, son major général, rassurer les Parisiens privés de leur milice [2] ; il se retire en toute sécurité à l'hôtel de Noailles, il s'endort.

A deux heures du matin, le sommeil et le silence couvrent Versailles. On n'entend plus que le pas des sentinelles parisiennes qui montent leur garde aux grilles du château [3]. — « Ce sont les anciens gardes-françaises, dit le ministre de la guerre, le Roi peut dormir tranquille. »

A cinq heures du matin, M. d'Aguesseau [4], major des gardes du corps, s'avance dans la cour au milieu de ces protecteurs. — « Ce sont, lui crie un homme

---

[1] Miot de Mélito, *Mémoires.*
[2] Déposition 222.
[3] *Ibid.* 202.
[4] *Ibid.* 212.

du peuple, les troupes de la liberté, ce ne sont pas les esclaves d'un despote! »

Un quart d'heure après, il voit ces esclaves s'humilier devant la première sommation du peuple, ouvrir la grille à une troupe d'hommes armés de lances et de piques, qui les flattent, les entraînent, pénètrent avec eux dans le château.

On sait comment les deux gardes du corps, MM. de Miomandre et du Repaire, furent percés de coups en défendant la porte de la Reine, comment Marie-Antoinette se montra à la fenêtre, dédaigneuse du danger, et comment ce danger séduisit La Fayette, qui se précipita à côté de la Reine et lui baisa la main.

La garde nationale ramena triomphalement le Roi et sa famille à Paris : elle tirait des coups de fusil, stationnait au milieu des villages déjà épuisés de vivres dans la nuit; elle mit plus de six heures à faire le trajet. A travers ses rangs, des hommes venaient présenter devant la voiture royale les têtes des deux gardes du corps assassinés la veille [1]. Des officiers de la garde nationale voulurent écarter ces trophées : — Vous avez raison, répondent les porteurs de piques [2], nous allons remplacer ces têtes par les vôtres !

La Fayette, déçu une fois de plus dans ses illusions,

---

[1] Le fait est confirmé par plusieurs témoins. Voir les *Mémoires* de la comtesse de Béarn et ceux du comte de Neuilly, qui ont été témoins oculaires.

[2] Poissonnier-Desperrières. *Mémoires*, p. 46.

désolé de n'avoir pas été suivi à Versailles par les bourgeois, qui auraient pu mettre obstacle à la trahison des gardes soldés, dit à ses officiers [1] : « Nous sommes perdus si le service continue à se faire avec une aussi grande inexactitude. Les Américains ont quitté sept ans leurs foyers. » Les femmes célébrèrent leur victoire avec intempérance ; un pamphlétaire leur conseilla, les jours suivants, de ne plus faire « des quêtes qui les avilissent, de ne jamais boire avec excès [2] ».

Elles deviennent à partir de ce jour les souveraines de Paris, elles dominent l'Assemblée, elles multiplient le spectacle du supplice qu'elles venaient d'imaginer pour les plus jeunes d'entre elles : elles s'assemblent pour fouetter les femmes qui sortent d'une église, celles qui portent le costume de religieuse [3], celles qui n'ont pas dans leurs cheveux la cocarde nationale : « sans égard aux supplications et aux larmes, elles procèdent à leur office impudique et traitent comme esclaves celles qui ne portent pas les insignes de la liberté [4] ». Pour une parole qui déplaît dans une foule, elles fouettent encore « avec beaucoup d'indécence, et après les plus horribles vociférations [5] ». Les petits journaux et les pamphlets se réjouissent de ces aventures,

---

[1] *Mémoires historiques sur La Fayette.* Paris, an II.
[2] *Les Héroïsmes de Paris*, Bibliothèque nationale, Lb ; 39 ; 2411.
[3] En mai 1790. *Mémoires de tous* (La Fayette), t. IV, p. 152.
[4] LAINTULIER, *Femmes célèbres.* Voir *Père Duchesne*, n° 283 et lettre 67.
[5] SCHMIDT, t. II, p. 271.

simulent le récit de la victime sur « ce châtiment honteux qui m'a été longuement infligé¹ », la montrent délicate et frissonnante quand elle est troussée par les bras velus des tricoteuses et meurtrie sous leurs savates. Le souvenir des figures entrevues dans nos récentes émeutes ne donne aucune idée de ce qui grouillait à Paris dans les grandes journées de la Révolution : poissardes aux voix rauques et aux ventres monstrueux, ravaudeuses aux gorges tannées, religieuses d'ordres mendiants qui avaient gardé leur crasse, galeuses, scrofuleuses, monde puant et hurlant. — « On parle de Dieu, dit une femme², Dieu est de l'aristocratie. »

Femmes avinées et tueurs ensanglantés se rencontrent au Palais-Royal, où les « filles publiques » font le désespoir de la police³. Là sont recueillies exactement les têtes de ceux qui ont été massacrés par le peuple. Là sont écoutés Camille Desmoulins, cauteleux et bilieux; Saint-Huruge, hideux et prêt à assommer un contradicteur avec son poing de colosse. Là d'Éprémenil, jadis l'idole du peuple, est reconnu, déchiré, et dit doucement à Pétion qui réussit à le sauver : « L'an dernier, monsieur, ils me portaient en triomphe. » Là s'étalent les gorges nues, les tréteaux

---

¹ *Dialogue entre un noble et sa femme qui fut fessée au Palais-Royal*, juillet 1789.
² Perrière à Garat, 6 juin 1793. SCHMIDT, t. II, p. 7.
³ *Ibid.*, p. 443.

et les tripots. Les boulevards ne sont pas plus calmes : y passer les cheveux tressés et en habit de soie, c'est attirer plusieurs centaines de vagabonds, se faire déchirer et pousser vers une lanterne. M. de Gouy d'Arcy[1] est arrêté avec sa famille et maltraité par le peuple : « Je considère, dit-il paisiblement, l'importance extrême de mettre un frein à l'anarchie qui nous désole. » Nul secours. Chacun est réduit à ses seules forces contre le brigandage; les gardes nationaux sont plutôt tentés de prendre le parti du tire-laine. M. Contant de l'Isle, procureur au Parlement[2], « passait dans son cabriolet par la rue de l'Ancienne-Comédie; un petit domestique qu'il avait chassé depuis plusieurs jours a couru au corps de garde et en a requis l'assistance pour faire à son ancien maître l'affront d'arrêter sa voiture, sous le prétexte qu'il ne l'avait point payé de la totalité de ses gages. Le corps de garde a exécuté contre un domicilié ce dont il était requis par un homme que l'on peut dire sans aveu. Le citoyen a été arrêté, l'officier de garde a ordonné que M. Contant serait mené au district. Un officier municipal qui accompagnait M. Contant a vainement représenté à l'officier qu'il était sans pouvoir pour donner de tels ordres. Il n'est point de citoyen qui puisse sortir de chez lui avec l'assurance de n'être

---

[1] Ms. Bibliothèque nationale, 11697, Gouy d'Arcy à Bailly, 1ᵉʳ juin 1791.
[2] *Ibid.*, 11697. Bailly à La Fayette, du 31 octobre 1790.

point insulté. » Un libraire du Palais-Royal, le sieur Gaté[1], se plaint qu'on ait pillé sa boutique malgré la demande de secours qu'il avait adressée au major général de la garde nationale : « Il en a été quitte, écrit tranquillement M. de Gouvion, pour l'enlèvement de quelques papiers qui ont été brûlés. »

La demande de secours est inutile, car la garde nationale est complaisante pour le désordre : le bois de Vincennes et le bois de Boulogne sont dévastés[2]. — Mais, répond La Fayette[3], comment puis-je empêcher ces vols ? « L'été dernier, un détachement a marché dans le bois de Vincennes, les volontaires ont refusé de faire les saisies requises par les officiers de la maîtrise. »

Les approvisionnements amassés par la Commune de Paris ne sont pas davantage en sûreté. « La municipalité, dit Bailly[4], aurait besoin d'un détachement sûr pour protéger le commerce des blés... » « La municipalité[5] a établi, à la communauté de l'Enfant-Jésus, un magasin où elle conserve une quantité considérable de riz, et quelquefois des blés; il s'élève des craintes à cet égard. On assure que ce magasin est menacé; il n'y a pas longtemps que dans ce quartier un homme a été assassiné sans qu'il ait pu avoir aucun secours. »

---

[1] Ms. Bibliothèque nationale, 11697. Gouvion à Bailly, 22 mai 1790.
[2] Ibid., Bailly à La Fayette, 27 octobre, 7 et 21 novembre 1790.
[3] Ibid., La Fayette à Bailly, 25 novembre 1790.
[4] Ibid., 5 novembre 1789.
[5] Ibid., 19 novembre 1789.

L'impôt municipal est également en danger; les contrebandiers ont forcé la barrière de Belleville, « ils menacent de pendre les préposés[1] ».

L'hôtel de Castries, rue de Varennes, est saccagé par le peuple sans qu'il y reste un meuble : la garde nationale se montre quand tout est détruit, et le peuple, glorieux de cette prouesse, va « travailler l'hôtel de Montmorency[2] ». Les boutiques des boulangers sont pillées, les boulangers quelquefois accrochés à une lanterne[3]; le pain est enlevé sur les marchés à mesure qu'il y est apporté[4]; le riz est volé au marché des Innocents, les pommes de terre partout[5]. Pour qu'une diligence puisse s'éloigner de Paris sans être dépouillée à la sortie des barrières, il faut la faire escorter par six cavaliers de la garde nationale, soutenus au besoin « par les commandants des bataillons les plus voisins[6] ». D'autres escortes doivent protéger les personnes que les journalistes entreprennent de faire égorger par le peuple, Mirabeau le jeune le 23 juin 1790, Necker le 8 septembre 1790, les habitants du château de Villiers le 12 novembre 1790, les voyageurs lyonnais le 14 janvier 1791. Les voleurs sont à l'aise, ils « guettent les moments du passage des patrouilles et

---

[1] La Fayette à Bailly, 13 août 1790.
[2] LESFANT, *Correspondance*, t. 1ᵉʳ, p. 24 et 33.
[3] François, le 21 octobre 1789.
[4] Rapports de police. SCHMIDT, t. II, p. 443.
[5] *Ibid.*, p. 457.
[6] Bailly à Gouvion, 11 mars 1791.

savent en saisir les intervalles pour faire leurs coups[1] ».

Le zèle ne manquait pas dans les paroles : « Tous, dit d'Arblay, le chef d'état-major[2], tous voulant juger par eux-mêmes, tirant de cent manières différentes, et presque tous des fous absolument. » — « Tous, écrivent-ils[3], nous avons tous promis à la patrie nos armes, à la loi notre soumission, au ciel notre liberté. » On les trouve sans reproche quand il s'agit de se faire nourrir par la commune sous le prétexte de fêtes patriotiques, comme celle qui est donnée « en mémoire des citoyens tués à Nancy[4] » ; ou de saisir les occasions de piller voitures et bateaux, comme au moment de la fuite du Roi à Varennes. Les gardes nationaux sont quelquefois invités par le département à restituer la cargaison d'un navire qui descendait la Seine, ou les armes qui étaient destinées aux communes voisines : « Le département rappelle aux gardes nationales le respect qu'ils doivent aux lois qui assurent les propriétés[5]. » Ils se volent entre eux : les bataillons des Cordeliers et de Bonne-Nouvelle enlèvent au bataillon de Belleville des canons que ceux-ci avaient dérobés au maréchal de Ségur dans son château de Romain-

---

[1] Ms. Bibliothèque nationale, 11697, fol. 55. Bailly à La Fayette. 10 avril 1790.

[2] Frances Burney, *Diary*, t. V, p. 375.

[3] Ms. Archives nationales, C. 2; 433, du 18 novembre 1790.

[4] Ms. Bibliothèque nationale, fonds français, 7000, fol. 64.

[5] Délibération du département, publié par Schmidt, p. 37, 48 et 51.

ville[1]. — Je voudrais bien les faire restituer, écrit La Fayette, mais « je ne me permettrais pas de leur ordonner la remise de ces canons, je craindrais qu'un refus ne compromît mon autorité ! »

Il n'osa pas davantage ordonner une réorganisation de l'artillerie : « Nous avons, dit-il, un grand nombre de pièces embarrassantes par leur calibre ou leurs défauts[2] »; impossible de les refondre, car « on a été jusqu'à dire que je voulais dégarnir la capitale de son artillerie[3] ».

Les mutins étaient sévères contre La Fayette, malgré ses soucis de « calmer toutes les inquiétudes et de tranquilliser le public toujours prêt à s'alarmer[4] ». Ils reprochaient à ses partisans de « semer des germes d'aristocratie dans une révolution toute populaire[5] ». C'est sur eux qu'on rejette « la faute de toutes les violences qu'il a fallu commettre ». Un autre dit[6] : « Nous avons vu avec douleur la garde nationale armée contre les citoyens, employer la force, se faire protectrice de la tyrannie fiscale; auriez-vous pris les malheureux que la misère réduit à la nécessité d'être contrebandiers pour des bêtes fauves? »

---

[1] Ms. Bibliothèque nationale, 11697, du 21 mai 1790.
[2] La Fayette au corps municipal, 8 novembre 1790.
[3] Ms. 11697, du 13 décembre 1790.
[4] Ibid.
[5] Vie de Hoche.
[6] Ms. Bibliothèque nationale, fonds français, 6376, papiers dits de Dom Pacotte; 11 mars 1790, Mémoire de Boileux de Beaulieu.

L'opinion est pour les voleurs contre la loi, non dans le peuple seulement, mais jusque parmi les chefs de la garde nationale. Le major général Gouvion écrit à propos d'une plainte de madame de Béthune à qui l'on avait volé deux fois en une semaine les grilles des soupiraux de ses caves :

« J'ai l'honneur d'*observer* à M. le maire que je reçois continuellement des réclamations de cette espèce, surtout des personnes qui ont l'habit national en horreur... Il y a trois jours que j'ai reçu une demande de cette nature, et qui n'était signée que par des marquis, comtes et barons [1]. » Ou bien au sujet des émeutes de Montmartre [2] : « Quand des hommes veulent se battre et que l'on n'a pas une autorité directe sur eux, je crois que ce que l'on peut faire de mieux est de les abandonner à eux-mêmes. J'ai donc l'honneur de vous proposer de faire retirer les forces que nous avons à Montmartre. » Ou encore [3] : « Il serait peut-être intéressant de laisser quelquefois le peuple abandonné à lui-même, afin de voir jusqu'à quel point on peut avoir confiance en lui... Je trouve dur que les fêtes données au peuple soient toujours troublées par l'aspect des baïonnettes. »

Aussi les modérés, s'ils ne peuvent pas fuir Paris, renoncent au service de la garde nationale. A partir

---

[1] Ms. 11697, Gouvion à Bailly, 17 janvier 1790 (marquée 1791).
[2] *Ibid.*, 26 mars 1790.
[3] *Ibid.*, 14 février 1790.

des journées d'octobre, c'est-à-dire dans l'enthousiasme de 1789, « les citoyens refusent de faire leur service militaire, et publient hautement leur refus par des expressions indécentes et injurieuses [1]... Tantôt un officier [2] et partie des soldats quittent leur poste... plus d'une fois la garde n'a été relevée qu'après plusieurs jours. » Ou bien le service est fait par des remplaçants payés ; or « des gens [3] qui sont réduits à vivre des gardes qu'ils ont l'occasion de monter, ne sont pas assez sûrs ».

La Fayette eut encore assez de prestige pour entraîner ses gardes nationaux contre les bandes qui signaient, au Champ de Mars, un manifeste contre la Constitution, le 15 juillet 1791. Il tentait ce jour-là une entreprise audacieuse ; ses grenadiers n'étaient nullement décidés à lui obéir.

« Je ne sais à quel point compter sur eux, écrit le major général [4], car j'ai été obligé de renvoyer des hommes, attendu que les têtes fermentaient. Mes moyens sont bien épuisés. » Dans le bataillon du Jardin des plantes, une rixe éclata ; les uns criaient : *Vive La Fayette !* les autres : *Vive Pétion !* Larevellière-Lépeaux, qui arrivait de province et qui avait revêtu, pour ce jour, un uniforme de garde national de Paris, se prévalut de sa qualité de voyageur pour reprocher

---

[1] Gouvion à Bailly, 20 octobre 1789.
[2] *Ibid.*, 4 mars 1790.
[3] *Ibid.*, 28 janvier et 4 mars 1790.
[4] *Ibid.*, 15 juillet 1791.

« la mutuelle inconvenance » de ces cris[1]. Des brigands cherchèrent à s'introduire par le jardin de la place du Palais-Bourbon chez La Fayette, pour assassiner sa femme. « Je me rappelle, dit sa fille, les cris affreux que nous entendîmes. » Mais on est toujours écouté quand on montre de l'énergie. La Fayette commanda le feu contre les insurgés; il y eut onze ou douze tués et autant de blessés. « La postérité ne croira jamais que le protecteur de la liberté américaine se soit avili au point de commander à des hommes qui auraient la bassesse de devenir les tyrans de leurs concitoyens[2]. » Défendre la loi, c'est opprimer le peuple, il est trop tard pour parler de la loi.

La Fayette donne sa démission en octobre 1791. Dès lors la garde nationale est finie. Ses compagnies deviennent un instrument de domination entre les mains d'Hanriot. Elle se consacre aux visites domiciliaires : madame Vigée-Le Brun[3] voit entrer dans son atelier des gardes nationaux avec leurs fusils; « la plupart étaient ivres et portaient des figures effroyables ». En vain Louis XVI essaye de rallier les plus honnêtes et leur présente son fils en uniforme de garde national : « C'est pour nous tromper, dit un officier du bataillon de la Croix-Rouge[4], qu'ils ont mis

---

[1] LAREVELLIÈRE, *Mémoires*, t. Ier, p. 114.
[2] Ms. Bibliothèque nationale, fonds français, 6376.
[3] *Mémoires*, t. Ier, p. 128.
[4] Malouet à Mallet du Pan, MALLET DU PAN, *Mémoires*, t. Ier, p. 301.

notre habit à cet enfant. » Les brigands de Marseille sont des associés bien plus séduisants pour les gardes nationaux de Paris : avec eux se multiplient les fructueuses perquisitions chez les suspects; ils envahissent ensemble les Tuileries; ensemble ils vont se livrer aux massacres dans les prisons : on y reconnaît les Marseillais à leur patois [1], les gardes nationaux à leur uniforme [2]. Les Marseillais touchent, durant les deux mois de leur séjour à Paris, trente sols par jour, plus le prix de leurs armes, plus une gratification de trois mille livres [3]; ils s'abstiennent de rejoindre les armées : ils retournent lentement à Marseille, où ils font leur rentrée le 22 octobre sous des arcs de triomphe; des jeunes filles leur apportent des lauriers.

Une femme de génie venait de dire peu de mois auparavant, en jetant les yeux sur la France [4] : « Quand viendra César? oh! il viendra, gardez-vous d'en douter! »

---

[1] *Mémoires de Sicard, de Saurin, de Journiac Saint-Méard, de Bertrand de Molleville et de la duchesse de Tourzel.*
[2] *Mémoires de la comtesse de Béarn, et procédure de l'an IV.*
[3] Ternaux, t. III, p. 126.
[4] Catherine II à Grimm, 13 janvier 1791, p. 503 du tome XXIII, Société de l'histoire de Russie.

IV

NULLE DÉFENSE CONTRE LE VOL ET LE MEURTRE.

Pas plus de sécurité hors du gouffre : les villes de province sont aussi dangereuses à habiter que Paris, les paysans sont aussi féroces que le peuple de Paris. Les maîtres, qui s'étaient accoutumés à les voir obséquieux, et qui avaient été instruits à se fier en la naïveté de l'homme des champs, ne pouvaient s'expliquer les brutalités subites que leur infligeaient ces créatures qu'ils croyaient généreuses. Les villageois, dit une dame, étaient pires que la populace des villes, ils arrêtèrent ma voiture, me firent descendre; « je marchais au milieu d'eux, accompagnée de mots si infâmes, que je souffrais plus de les entendre que je n'étais effrayée de leurs menaces ». Au fond de l'Auvergne, madame de Montagu, adorée jusqu'alors, ne peut pénétrer dans le village sans entendre crier : *A la lanterne!* par des malheureux qui ne savent pas ce que c'est qu'une lanterne.

Dans les premiers temps on compte obtenir justice : « Vous savez, écrit un habitant du Périgord[1], que

---

[1] Le chevalier de Tessière à l'abbé de l'Épine, 19 février 1790. Ms. Bibliothèque nationale, fonds Périgord, vol. 104, lettre 681.

nous sommes brûlés ici comme dans tant d'autres paroisses; nous sommes d'accord pour obtenir justice, d'autant qu'il est bien intéressant dans l'intérêt de tous les citoyens d'arrêter cet esprit. » L'homme est tendre pour son semblable, on vient de le découvrir, d'autant plus tendre qu'il est plus voisin de la nature; rien ne sera plus aisé que d'arrêter les incendies en faisant appel aux vertus rurales, en détruisant les dernières traces de la féodalité : les seigneurs se hâtent de se mêler à ce bon peuple; ils brûlent leurs papiers et dansent en rond autour du foyer « au son d'une musique volontaire » ; ou bien « dans la fosse où allait être planté l'arbre de la liberté, ils versent à plein sac les dîmes, les cens, les rentes », pour que les précieuses racines s'alimentent de ces débris [1]; le citoyen ex-seigneur de Champigny-sur-Vende, propriétaire de la ci-devant terre de Champigny, envoie ses titres de propriété, en exprimant ses regrets de n'être pas auprès de ses concitoyens « pour avoir l'avantage d'y mettre le feu le premier ». L'illusion reste tenace chez plusieurs. Aucun déni de justice, aucune faiblesse des autorités n'ouvre les yeux : « Les imbéciles et les fripons qui sont partout en place rendent le gouvernement plus insupportable [2] », mais on ne se résigne à l'émigration qu'après avoir perdu tout abri et toute

---

[1] Marquis DE LABORDE, *les Archives de la France*, p. 234 et suiv.
[2] Lauraguais à Barras, p. 9 de l'édition des Lettres à la duchesse d'Ursel.

chance de salut. « Un ci-devant a été homicidé », se contente d'écrire le directoire de département qui est lui-même tremblant devant le comité révolutionnaire.

Les comités surgissent dans le moindre hameau : il y en a cinquante-deux mille en France, ils comprennent près de six cent mille membres qui touchent chacun 3 livres par jour [1]. Contre ces tyrans de village point de recours : ils peuvent faire évader les assassins [2], voler l'argent des banquiers [3], l'Assemblée ne se permet pas un blâme.

L'impunité est telle, que le villageois vient enlever au château ce qui lui convient, emmène et enferme dans ses granges la femme et les enfants du seigneur comme otages pour le remboursement des redevances qu'il a payées les années précédentes : « On nous brûlait, dit madame de Lâge [4], on nous assassinait dans nos châteaux, on nous massacrait sur les chemins. » Les étrangers [5] rencontraient des seigneurs à demi nus avec leurs familles qui s'échappaient vers une ville. Ceux qui fuyaient en voiture couraient des dangers continuels ; ils ne circulaient que de nuit pour n'être point arrêtés à chaque village : « J'éprouvais, dit une

---

[1] Loi du 5 septembre 1793. Voy. *Convention nationale*, Cambon, les 17 brumaire an II et 6 frimaire an III.

[2] Affaire de Vilfort (Lozère), *Courrier de l'Europe* du 22 décembre 1791.

[3] Commune de Belfort, vol de 483,000 livres à la maison Hottinguer.

[4] *Souvenirs*, p. 135.

[5] Young, t. Ier, p. 159.

femme, une telle terreur, qu'il m'en est resté une impression de malaise toutes les fois que je voyage la nuit. » Une nuit, la voiture où elle se trouve avec sa servante Rosalie est arrêtée : « Ils nous injuriaient et nous disaient des grossièretés impossibles à imaginer; nous nous embrassâmes, Rosalie et moi, résignées à mourir et songeant seulement que ces malheureux pouvaient nous faire beaucoup souffrir [1]. »

Rester au château, c'était défier l'opinion : contre ces insolents le campagnard était sans pitié; des hommes assemblés de plusieurs paroisses accouraient « tambour battant et un drapeau déployé, ils poussaient des hurlements en s'invitant mutuellement au pillage [2] ». On les voit, par exemple, à Montcuq (Lot), emporter le blé, les lits, les matelas, cent vingt draps, quarante-deux douzaines de serviettes, cinquante-quatre nappes, deux cent quarante chemises, onze robes de soie, douze robes de mousseline ou indienne, douze jupes de basin, trente-deux paires de bas de soie, cinq tentures de tapisserie d'Aubusson... La marquise de Pechvigairal-Fondani, ainsi dépouillée, est réduite à vivre « aux frais des personnes charitables », qui la nourrissent et l'habillent; sa tante, âgée de quatre-vingt-quatorze ans, est jetée le même jour sur

---

[1] Marquise DE LAGE, Souvenirs, p. 50.
[2] Ms. Archives nationales, AF. III, 36, 131, Mémoire au conseil des Cinq-Cents sur les pillages de décembre 1791, à Saint-Cyprien et à Montcuq.

un tas de fumier, au milieu du village; elle y meurt en regardant les paysans qui se partagent son linge, ses meubles, sa vaisselle d'étain et de faïence, le grain, même les portes, même les fenêtres.

Ce n'est point durant l'époque nommée *la Terreur* que se passent ces scènes, c'est tous les mois à partir de juillet 1789. L'émigration s'impose comme moyen unique de salut.

Dès le mois de juillet 1789, près Mamers[1], les dames de Bonneval et des Malets sont saisies par leurs paysans, qui se divertissent à leur casser les dents; un fermier est traîné dans les rues de Mamers sous les coups; sa femme enceinte, qui le suit en pleurant, obtient sa grâce quand il est « tout défiguré » et quand le peuple a l'idée de finir la journée en donnant les étrivières aux commis des aides. Dans cette seconde quinzaine de juillet 1789, le peuple du Mans écrase sous les coups M. de Guilly, lieutenant de maréchaussée, les paysans des villages voisins brûlent vivant le vieux comte de Falconnière, courent au château de Juigné, saisissent les habitants du château et leurs invités, les poussent « en les aiguillonnant avec des fourches, après leur avoir coupé le nez et les oreilles », et les déchirent sans que les gardes nationaux de Ballon puissent les faire épargner (22 juillet 1789). Point d'abri contre ces fureurs, personne à

---

[1] Beurnz et Roux, t. IV, p. 169.

Bonnétable n'ose cacher la comtesse de Courches, traquée par les paysans. En Provence, les consuls, « revêtus de leur chaperon », mènent les villageois au pillage des châteaux; dans le Dauphiné, les châteaux étaient saccagés avant le 4 août 1789.

C'est en août 1789 que M. de Barras est découpé en morceaux devant sa femme; que la princesse de Listenay et ses deux filles sont attachées nues à des arbres; que le chevalier d'Ambly a les cheveux arrachés, est jeté sur un fumier et piétiné par les paysans; que madame de Montesu et ses invités sont torturés pendant huit heures jusqu'à ce que, dévorés de soif, ils demandent de l'eau et sont noyés dans l'étang.

C'est en novembre 1789 et dans les mois suivants qu'à Castelnau, près Cahors, on coupe la tête à un des frères de Bellud et l'on en fait dégoutter le sang sur les lèvres de l'autre frère; que la comtesse de la Mire est prise dans son château de Davencourt par ses paysans qui lui dépècent les bras; que M. Guillin est rôti et mangé sous les yeux de sa femme [1]; que les abbés de Langoiran et Dupuy sont appelés dans la « cour du département [2] », à Bordeaux, et que le peuple « enlève leurs têtes de dessus leurs épaules et les promène au bout d'une pique »; que le peuple, à Lyon,

---

[1] Pour ces détails et pour les noms des victimes, voir Berryz et Roux, t. IV, p. 162 à 170; Taine, t. II, p. 370 à 435; et Dom Piolin, Histoire de l'Église du Mans, t. VII, p. 39 à 45.

[2] Tribunal criminel de la Dordogne, t. II, p. 139.

le jour de Pâques, envahit une église et soumet les femmes à un supplice « non moins cruel qu'indécent[1] »; que madame de Marbœuf est étranglée pour avoir semé de la luzerne au lieu de blé[2]; que M. de Bar est brûlé dans son château.

Il faut fuir. La fuite doit être subite; de même qu'à Pompéi sous les cendres précipitées, on fuit sans rien emporter. Le château abandonné s'offrit comme le témoin d'un monde subitement détruit dans une catastrophe quand il fut ouvert par les gens de loi, qui se présentaient quelquefois avant les pillards pour procéder à la saisie au profit de la nation.

Il faut les voir au milieu de ces débris qui rappellent des heures de joie tout à coup évanouies; ils entrent[3], ils décrivent ce qui est dans le « colidor », puis ils pénètrent dans « un saloir contenant trois petites épaules de cochon couvertes de cendre »; on monte dans la chambre du comte, on trouve à côté de son lit la brochure dont il venait de suspendre la lecture, intitulée : *l'Homme sensible*[4]; puis les chemises de sa femme, les pelisses « satin olive avec des fleurs

---

[1] Abbé Guillon, *Mémoires*, t. Ier, p. 102.

[2] Morellet, *Mémoires*, t. Ier, p. 426.

[3] Inventaire au château de Castelpern, commune de Béaze (Hautes-Pyrénées). Ms. Archives nationales, BB, I, 68.

[4] Je crois que le titre réel est : *la Journée solitaire de l'homme sensible*, dont l'auteur est le même que celui du *Coup d'œil sur l'émigration*, an IX, Bibliothèque nationale, Lb. 43, 152. Il y a aussi *l'Homme à sentiments*, comédie en vers par Chéron, jouée le 10 mars 1789.

blanches et taffetas cerise avec des petites mouches, une autre *en soye bone de Paris* avec des petites fleurs blanches, un *petanler* avec sa jupe en taffetas cerise moucheté, un *petanler* avec sa jupe en taffetas gorge de pigeon, un déshabillé de gaze canari... » ; puis ils mettent la main sur les effets des servantes, leurs chemises sans manches, leurs mouchoirs de gaze pour la gorge, leur *parlement* de gaze, et jusqu'aux vieux bas où elles ont laissé des « écus de 6 livres et des sols ».

La plupart des châteaux furent brûlés; quelques-uns furent occupés par les paysans qui s'en partagèrent les chambres [1], d'autres furent rendus après dix ans à leurs propriétaires, comme celui du comte de Pierreclos qui refusa d'effacer les traces de l'incendie et des coups de pioche, pour ne pas perdre le souvenir du jour où sa femme et ses filles s'étaient cachées dans les bois pendant que les paysans dont il savait les noms se livraient au pillage [2]. Plusieurs ruines se voient encore sur un tertre inculte, les pierres sont calcinées, des pans de papier à dessin Louis XVI pendent à des plâtras effondrés, les escaliers n'aboutissent plus. Aujourd'hui on feint la lassitude contre ceux qui font revivre ces détails : on affecte de vouloir écarter des tableaux importuns, on se rejette avec hypocrisie vers la légende. Les incendiaires sont protégés soit par la

---

[1] Alexandrine des Écherolles, *Une famille noble sous la Terreur.*
[2] Lamartine, *Mémoires*, p. 35.

multiplicité de leurs crimes qui rend le récit fatigant, soit par les sophismes qui allèguent la peur de l'étranger ou la misère. L'étranger n'existait dans la pensée de personne durant les années 1789 et 1790, années des massacres les plus nombreux. Les salaires s'accrurent du double [1] dès la fin de 1790, la journée du manœuvre monta de dix-huit à quarante sols, celle de l'ouvrier de trente sols à trois francs. Non, la peur n'a été pour rien dans la jaquerie, on a tué par envie, par manière d'éteindre ses dettes, par appât du lucre, souvent par vengeance privée [2]. Ce sont crimes sans poésie. Chaque fait démontre que l'homme paisible était contraint d'émigrer loin d'un pays sans loi où le meurtre restait sans châtiment.

Nul n'avait le moyen de se défendre. La ville de Nimes essaye de résister : elle est écrasée par l'armée de ligne qui est au service de l'émeute [3]; contre qui lutter? C'est l'armée, c'est l'Assemblée, c'est la France qui se tournent non-seulement contre les particuliers, mais contre les villes mêmes à la moindre pensée de

---

[1] Sybel, t. II, p. 264.
[2] Barras, *Mémoires*, fragment publié par M. Hortensius de Saint-Albin, p. 190 : on vit les membres du Comité de salut public sans exception, au dire de Barras qui ne valait pas mieux et qui a tout voté et tout sanctionné, « choisir leurs ennemis personnels avec une prédilection et une joie toute particulière pour les faire périr ».
[3] Ernest Daudet, *Histoire des conspirations royalistes du Midi*, notamment la *bagarre* de Nimes. Voir aussi *Détails circonstanciés des excès qui ont eu lieu les 2, 3, 4 mai, et des pillages et massacres commis à Nismes, le 13 juin 1790 et les jours suivants*. Nimes, Valleyre, 1790, in-12.

résistance légale. L'ami de Mirabeau qui commande la garde nationale d'Aix est jeté en prison pour avoir voulu maintenir l'ordre [1].

Nul ne peut davantage se permettre de blâmer : le blâme est coupable. On punit la servante d'auberge qui ose dire en voyant déchirer le seigneur [2] : « Pourquoi maltraiter ce ci-devant qui n'a fait que du bien à la paroisse? » On condamne à la prison les citoyens qui essayent d'empêcher les assassinats, « comme ayant irrespectueusement anticipé sur la vigilance municipale [3] ». Ni protection ni pitié pour les victimes; les voluptés de la haine doivent s'assouvir sans contrainte.

C'est dans les villages et les petites villes que les avanies étaient plus poignantes, au milieu des visages connus, sous les regards satisfaits ou apitoyés des inférieurs; les passions locales enveniment les taquineries [4]. On commence par vouloir humilier, on finit par tuer. Les femmes ont cru longtemps qu'elles ne couraient aucun danger, et ont hésité à émigrer; mais c'est sur elles que l'outrage rend le mieux : leurs nerfs plus délicats, leur chair plus révoltée, leur fierté plus résistante, procurent plus d'agrément aux persécuteurs. On tue ceux qui se défendent, on tue ceux qui sont riches, on tue pour une bonbonnière en or qui complète

---

[1] Duchesse DE Tourzel, *Mémoires*, t. 1ᵉʳ, p. 234.
[2] Tribunal criminel de la Dordogne, t. II, p. 447.
[3] Abbé Guillon, *Mémoires*, t. 1ᵉʳ, p. 102.
[4] Corberem, *Dix Ans de ma vie*, p. 13.

une collection. Beugnot est proscrit parce qu'il est créancier de Couthon [1]; Austelz, notaire de Lauterbourg, est déclaré émigré parce que Finck, le receveur d'enregistrement, a voulu devenir le maître de sa maison et de son jardin [2]. Madame du Barry est arrêtée parce que son nègre Zamor veut se venger de ses dédains [3].

On persécute pour mieux voler. Le comité de la Croix-Rouge (alors on disait du Bonnet-Rouge) tout entier est condamné aux galères pour vols au préjudice des citoyens suspects; il est gracié [4]. Danton et ceux qui le courtisent sont accusés d'être les plus âpres dans cette exploitation du suspect : « D'où vient le faste qui t'entoure? » demande Saint-Just à Danton. Quelques-uns des siens trouvent des profits qui les rendent riches pour la vie, ils font souche d'honnêtes gens.

Plus bas que ceux qui pillent sont les flatteurs, les panégyristes du vol, ceux qui, comme Mirabeau, excusent les excès contre « cette petite portion de négociants dont se compose l'aristocratie de l'opulence [5] », ou contre le Trésor public, dont la caisse est pillée à Marseille, « non par des brigands, non par des voleurs, mais par le mouvement soudain et irrésistible de l'opinion publique »; ou ceux qui, comme Marat [6],

---

[1] BEUGNOT, *Mémoires*, t. Ier, p. 185.
[2] Ms. Archives nationales, BB, I, 74.
[3] Rose BERTIN, *Mémoires*, p. 234.
[4] DUVAL, *Souvenirs*, t. II, p. 53.
[5] Du 26 janvier 1790.
[6] *Ami du peuple*, n° 637.

trouvent bon que l'on viole « les décrets iniques d'un législateur corrompu pour obéir aux saintes lois de la nature » ; ou ceux qui apprennent sous les jacobins le rôle de valet qu'ils joueront avec expérience sous un Bonaparte, comme Miot, qui se vante de traquer les émigrés en Toscane [1]; ou ceux qui se gonflent dans leur vanité devant la souffrance, comme le boucher Legendre, condamné naguère pour vol, qui repaît ses yeux du spectacle de la douleur de la marquise de La Fayette, et lui dit avec joie : « Vous étiez si insolente autrefois [2] » ; ou comme Bourdon (de l'Oise), qui, au dire de Robespierre [3], « s'est donné le plaisir de tuer des volontaires de sa main ».

Plus bas encore sont les sophistes qui jettent l'hypocrisie sur le crime, comme Robespierre, disant : « La Fayette n'était pas à Paris, mais il pouvait y être » ; comme Saint-Just, frappant de ses exactions les habitants de Belfort, parce qu'ils sont, les uns *égoïstes*, les autres *modérés*, les brasseurs de Strasbourg, parce qu'ils sont *avides*, les boulangers, parce qu'ils sont *inhumains*, et un apothicaire, parce qu'il lui a vendu trop cher de la rhubarbe ; comme les conventionnels envoyés dans Vaucluse, quand ils persécutent les familles qui n'ont pas émigré, « pour leur donner des regrets de n'avoir point émigré [4] ».

---

[1] Ms. Archives nationales, BB, 1, 69. Affaire Chimay.
[2] Marquise DE LASTEYRIE, p. 333.
[3] *Papiers de Robespierre*, t. II, p. 18.
[4] *Ibid.*, t. 1er, p. 105.

Tous sont hantés également par la préoccupation de l'argent : « La fortune des fanatiques condamnés assure à la République un revenu d'un million », écrit Monet, le maire de Strasbourg, quand il vient de mettre à mort « les aristocrates de la municipalité, des tribunaux et des régiments [1] ». Il y a quinze cents arrestations à Toulouse, autant à Bordeaux, pour l'argent. Fouché envoie de la Nièvre de l'argenterie comme « oblation de l'aristocratie qui à l'article de la mort cherche à racheter ses crimes [2] ». A Bayonne, les délégués de la Convention saisissent les dentelles et la mousseline sous le nom d'étoffes pour pantalons de troupe [3]; partout ils appellent argent caché l'argent qui est dans un tiroir, et ils le saisissent en vertu de la loi du 13 novembre 1793 qui autorise la confiscation des valeurs cachées.

V

SOUFFRANCES ET MISÈRES.

A partir d'août 1789, ceux qui étaient propriétaires de dîmes, censives et rentes foncières sont dépouillés ; ceux qui possèdent des terres sont privés de la récolte

---

[1] Sybel, t. II, p. 456 et suiv.
[2] *Collection d'autographes Grangier de la Marinière*, nº 61.
[3] *Convention nationale*, 21 messidor an III.

d'abord, de la terre ensuite : les villes réquisitionnent les blés des seigneurs voisins; ainsi les halles de Rouen font prendre à Bec en Cauchois les grains récoltés par M. d'Héricy[1], qui refusait d'émigrer. Le prétexte que l'on est parent d'émigré suffit pour que l'on soit dépouillé : ainsi la princesse de Rohan-Guéménée[2], qui vivait dans la retraite, depuis 1782, à Vigny, près Pontoise, et consacrait tous ses revenus à éteindre les dettes de son mari, refusa d'émigrer afin de faire profiter les créanciers de la liquidation des terres, et eut la douleur, malgré ce dévouement, de voir confisquer ce gage qu'elle avait espéré sauver au péril de sa vie.

Contre le ci-devant toute subtilité est permise, tout prétexte peut être invoqué pour le précipiter dans l'indigence, pour le forcer à demander des secours au bureau de bienfaisance, comme la comtesse de Longuecombe[3], qui s'avoue « dans la plus grande misère, sans pain, avec sa fille »; mais toute complaisance est habituelle envers l'acquéreur de biens nationaux qui n'est pas en mesure d'acquitter les sommes dues au fisc[4]; le patriote est dispensé de payer, il ne doit s'occuper que d'entrer en jouissance.

Les valeurs mobilières ne sont pas davantage en

---

[1] De Beaurepaire, *Georges Cuvier*.

[2] Affaire Victoire de Rohan-Soubise. (Ms. Archives nationales, BB, 1. 72.)

[3] Affaire Basset de Montchat, veuve de Longuecombe de Thoy. (Ms. Archives nationales, F, 7; 4826, dossier 18.)

[4] H. Fané, *Un fonctionnaire d'autrefois*.

sûreté; à Paris seulement, quatorze notaires sont mis à mort pour avoir refusé de livrer les dépôts confiés par des proscrits; les autres notaires sont simplement emprisonnés, mais ils n'en sont pas moins dépouillés des dépôts [1]. Peine de mort contre qui place ses capitaux à l'étranger; suppression de la Caisse d'escompte et de toutes les sociétés financières; banqueroute complète envers les créanciers de l'État qui ne se présentent pas immédiatement avec leurs titres; banqueroutes partielles et successives avec ceux qui les communiquent [2]; saisie des marchandises soupçonnées d'appartenir à des étrangers, ce qui amène la saisie des marchandises françaises à l'étranger et par conséquent la suppression de tout commerce.

Ne faut-il pas rappeler à propos de ces spoliations la légende du *milliard* des émigrés? Ce milliard a consisté en une rente 3 pour 100 de 26 millions dont les divers titres ont été répartis entre plusieurs victimes; pour que cette rente produisît le capital d'un milliard, il faudrait que le 3 pour 100 fût coté à 101 fr. 40.

Non pas la cupidité seule, mais aussi l'ignorance et

---

[1] Duval, *Souvenirs thermidoriens*, t. 1er, p. 298 et 332.

[2] Il y a quatre banqueroutes, dues presque toutes à Cambon : la première est totale contre qui ne se présente pas avec ses titres; la seconde réduit tous les intérêts à 5 pour 100, quelles que soient les conventions antérieures; la troisième réduit à 1,66 pour 100 cet intérêt, c'est ce qu'on nomme le *tiers consolidé*; la quatrième réduit cet intérêt à rien du tout, en déclarant qu'il sera payable en assignats. C'est la légende du grand-livre. On sait que M. Stourm va publier un ouvrage complet et définitif sur les finances de la Révolution.

la brutalité ont accumulé les ruines. On croirait que ces gens se ruaient avec ivresse vers la barbarie, et qu'ils ressentaient un plaisir de sauvages à frapper sur la civilisation. Deux mesures principalement rendirent la France inhabitable : les assignats et le maximum.

Les maîtres de la France croient répondre à toutes les difficultés en imprimant du papier, ils jettent ce papier avec une telle frénésie que par moments l'imprimeur est inférieur à la tâche, il n'imprime pas le papier aussi vite que Cambon le dépense[1]. L'État a en circulation 16 milliards d'assignats[2], les villes, les moindres villages, impriment et répandent des assignats, les faussaires les sèment par poignées. La France aurait pu succomber dans cette fièvre : elle succomberait en effet aujourd'hui si la crise recommençait en présence de la concurrence industrielle qui soulève tous les pays; mais, à cette époque, les particuliers seuls ont été ruinés; les fortunes ont été déplacées; les aigrefins ont fait leurs profits.

La belle pièce de 24 livres, le louis d'or poursuivi par tous les yeux devient inaccessible. Cela coûte 400 livres en floréal an IV, cela monte à 5,000 livres[3]. Cambon a cru dompter la science; il a espéré que la guillotine lui épargnerait la banqueroute : peine de

---

[1] Août 1795. Voyez Sybel, t. III, p. 422.
[2] Il y en a eu beaucoup davantage, mais il faut tenir compte de ceux qui ont été démonétisés.
[3] Rapports de police dans Schmidt, *Tableaux de la Révolution*, t. II. p. 232 à 467.

mort contre qui reçoit des assignats au-dessous de leur valeur, vingt ans de fers contre qui les cède [1]. Ridicules efforts, le louis d'or monte à 10,000 livres, il retombe à 8,000 pour se relever rapidement jusqu'à 20,000 livres [2]. Toutes les denrées imitent le louis d'or; c'est logique, c'est consolant pour ceux qui vendent quelque chose, mais les rentes, les pensions, les traitements, les fermages, les dettes antérieures à la dépréciation de l'assignat, se payent en papier. De ruineux cas de conscience se soulèvent : si mes créances me sont remboursées en assignats, ai-je le droit de payer de même mes dettes?

Le préjudice éprouvé par celui qui reçoit une valeur moindre que la dette ne saurait lui donner le droit de faire subir à son créancier un préjudice semblable, l'évêque de Clermont le déclare comme chrétien, le duc de Penthièvre, comme gentilhomme [3]. Ainsi l'homme d'honneur est ruiné à la fois par ses créanciers et par ses débiteurs. Pour lui plus de place dans sa patrie. L'État n'a de pitié que pour les « prolétaires et employés », il leur fait distribuer « de la chandelle, de l'huile et des harengs » payables en assignats au pair. Quant aux membres de la Convention, c'est gratuitement qu'ils se font distribuer « huile, sucre, riz, drap, toile ». La Revellière le raconte [4], en se vantant de

---

[1] Loi du 1er août 1793.
[2] Floréal an IV, — prairial an IV.
[3] Abbé LAMBERT, *Mémoires de famille*, p. 12.
[4] *Mémoires*, t. 1er, p. 214.

n'avoir point pris part à ces déshonorantes largesses.

Ce n'était pas que les décrets manquassent pour assurer la vie à bon marché; mais impuissantes contre l'or, les fureurs révolutionnaires ne pouvaient davantage devant les autres marchandises : elles réussissaient parfois à pousser le peuple contre un magasin [1]. C'était un pillage maladroit qui n'empêchait pas la boutiquière de cacher ses étoffes les plus fines, en bravant la mort, même quand la charrette chargée des bois de la guillotine paradait sous ses fenêtres.

« Les marchés, s'écrie Saint-Just consterné [2], cessèrent d'être fournis; le prix de la denrée avait baissé, mais la denrée fut rare. Les commissionnaires d'un grand nombre de communes achetèrent en concurrence, et comme l'inquiétude se nourrit d'elle-même, chacun prépara la famine pour s'en préserver. »

Voilà la leçon. L'assignat produit la loi du maximum. Le maximum crée la famine.

La famine règne en France pendant dix ans. Dès l'hiver de 1790, on disait déjà : « Carnaval sans chanson, pas de farine et peu de son. » Le peuple jette à la rivière les grains qu'il trouve à bord des navires, incendie ceux qu'on lui dénonce dans les greniers; les cultivateurs sont ou emprisonnés comme suspects, ou attablés dans les comités, ou enrôlés dans l'armée. Le pain devient si rare, que nul n'est assez

---

[1] QUESNÉ, *Confessions*, t. Ier, p. 73.
[2] *Moniteur* du 14 octobre 1793.

riche pour en acheter. Les municipalités saisissent les blés, distribuent elles-mêmes le pain. Alors commencent ces lamentables cohues aux portes des boulangers qui sont transformés en agents de répartition; la *ci-devant* est bafouée pendant ces heures d'attente, elle est poussée dans la boue; une jeune fille [1] revient dix-sept jours de suite sans pouvoir trouver son tour devant le guichet d'où sort la ration de pain : « Viens chez moi ce soir à neuf heures », lui dit un des hommes de la municipalité qui remarque son désespoir. « Étais-je assez malheureuse, se demande-t-elle, pour lui avoir inspiré quelque chose de plus fâcheux que la pitié? » Cet homme était un épicier; le soir, il la conduisit à sa femme, qui lui fit la charité d'un pain.

Ce pain est une masse noire et gluante qui colle au mur [2]; nul n'en reçoit pour les absents, les enfants doivent se présenter eux-mêmes; dès une heure du matin s'entassent les femmes grosses, les petits, les hommes, les mégères, sans police, sans autre ordre que celui de la justice des foules faméliques. Ceux qui sont repoussés par les plus forts fouillent dans les tas d'ordures et choisissent des débris à dévorer [3]. Avec de l'or, pas de pain; dès qu'on entre au restaurant : « Le citoyen a-t-il son pain? » c'est la première question.

---

[1] *Souvenirs de madame de...*, publiés par F. Barrière, *la Cour et la Ville*, p. 340.
[2] Duval. *Souvenirs de la réaction thermidorienne*, p. 112.
[3] Oresse. *Confessions*, t. 1ᵉʳ, p. 147.

Le notaire qui doit nourrir ses clercs ne leur donne pas de pain, mais seulement à chaque repas, toute l'année, pendant dix ans, uniquement de la bouillie de pommes de terre à l'eau [1]. Les rapports de police disent fréquemment : « On craint de passer encore un jour sans pain, comme cela est déjà arrivé [2]. » Ou bien : « Dans les rues on rencontre beaucoup de personnes qui meurent d'inanition... Boulevard du Temple, trois personnes tombées d'inanition [3]. » A Bordeaux, quand le pain manque, les sections distribuent à la cohue qui attend toute la nuit six pommes de terre ou douze noix, ou une poignée de riz [4]. La famine est telle dans le Haut-Rhin et le Bas-Rhin, que trente mille malheureux passent en Allemagne, ils sont aussitôt inscrits comme émigrés [5]. En Normandie, des bandits affamés arrêtent les diligences, pillent les fermes, tuent six personnes dans une auberge près de Barentin [6]. A Paris, en pleine rue Richelieu [7], on est réveillé plusieurs fois chaque nuit par le cri : A l'assassin ! et le boulevard du Temple « offre le spectacle du plus hideux libertinage, des filles de douze ans y promènent une révoltante prostitution [8] ».

[1] Duval, *Souvenirs*.
[2] Schmidt, t. II, p. 467.
[3] *Ibid.*, p. 318 et 333.
[4] Marquise de Lage, *Souvenirs*, p. 189.
[5] Pontécoulant, *Mémoires*, t. II, p. 173.
[6] Quesné, *Confessions*, t. Ier, p. 206.
[7] *Ibid.*, p. 172. Il demeurait hôtel de Suède.
[8] Rapports de police publiés par Schmidt, t. III, p. 230.

La famine croît constamment pendant toute la durée de la Révolution. La chute de Robespierre, l'avénement du Directoire, ne font que l'accroître. La Commune continue à être le boulanger général : si la négligence d'un commis, si un accident imprévu empêche de pourvoir un quartier, les habitants ne mangent pas. Les femmes s'attroupent.

Le comité de salut public créé après la chute de Robespierre fut constamment mis en échec par la faim. Il avait chargé du soin des subsistances Roux (de la Marne). C'était un « ex-procureur de Bénédictins, gros, court, rond, frais et joufflu [1]. Il avait de talent ce qu'il en fallait pour bien gérer les affaires d'une communauté et y assurer largement la bonne chère; on ne saurait lui contester un mérite précieux pour le moment, celui de pouvoir parler pendant un temps indéfini. En effet, lorsque deux ou trois mille femmes des faubourgs venaient demander du pain, on les envoyait au citoyen Roux, chargé des subsistances. Les bureaux et le cabinet de Roux étaient dans les combles des Tuileries. On y parvenait par un escalier très-long, très-roide et très-étroit. Du haut de son palier, Roux commençait une harangue dont la durée était de trois, quatre ou six heures et plus s'il le fallait, suivant l'obstination des pétitionnaires. Les interruptions, les clameurs, les menaces, tout était impuissant. » Même

---

[1] Larévellière, *Mémoires*, t. 1ᵉʳ, p. 250.

assurance, même succès devant le comité de salut public : « Eh bien, Roux mon ami, lui disait Cambacérès, où en sommes-nous? — Toujours même abondance, citoyen président, répondait Roux avec un air de jubilation, toujours les deux onces de pain par tête, au moins dans la plus grande partie des sections! — Eh! que le diable t'emporte! répliquait Cambacérès avec son accent, tu nous feras couper le cou avec ton abondance. » Puis un membre disait à Cambacérès : « Président, nous as-tu fait préparer quelque chose à la buvette? — Mais oui, il y a une bonne longe de veau, un grand turbot, une forte pièce de pâtisserie... » Pendant ces fêtes improvisées, arrivaient des délégués de la Convention qui apportaient des pièces à signer : deux ou trois membres du comité se levaient de table et sortaient pour les expédier... — « C'est bon, leur disaient-ils, passons de l'autre côté. Ce surcroît de convives ranimait l'appétit et ravivait la soif... J'atteste, ajoute Larévellière, que je ne charge pas le tableau, et que je dis la plus pure vérité. »

« Le pain a manqué deux jours, écrit Julie Beaumarchais[1], nous n'en recevons plus que de deux jours l'un ; j'en ai acheté quatre livres pour cent quatre-vingts francs. » Le dîner de Julie, de sa belle-sœur et de sa mère se compose d'un plat de haricots, un de pommes de terre, beaucoup de vin. On n'a pas une nappe

---

[1] Loménie, *Beaumarchais et son temps*.

parce qu'on n'aurait pas la possibilité de la blanchir.

Il n'y a pas un moment de la vie où l'on ne sente que la civilisation est en déroute : le vaincu n'est pas privé de pain seulement, il manque aussi de savon [1], les femmes en demandent dans les villes où elles espèrent en obtenir ; le linge simplement passé à l'eau n'est jamais propre ; la propreté même est suspecte, on doit faire étalage de sa crasse : plus de culotte de soie, de gilet de velours, de veste brodée, il faut cacher le point de Venise, la bonbonnière où folâtrent des bergères en or vert, l'épée à pommeau ciselé ; il faut porter un bonnet de laine rouge, une carmagnole de laine brune, une chemise grasse : le marquis de Jumilhac a des sabots « et tout le dépenaillement des bandits qu'on rencontre dans la rue » ; la marquise de Lâge porte « un casaquin de grosse indienne à grands ramages, des bas de laine, des sabots, et un bonnet rond de grosse mousseline ».

Quand madame de Genlis vient avec deux jeunes filles pour louer une maison à Colombes, le peuple l'environne, crie : A la lanterne ! la tient séquestrée une nuit entière, uniquement parce que sa robe est propre [2]. Dans la rue Saint-Honoré, on fait descendre de voiture madame de Montesson et mademoiselle de

---

[1] *Beaumarchais et son temps*. Dutard à Garat. Voy. aussi une lettre de madame Tallien, publiée dans la *République française* du 25 avril 1882.
[2] Madame DE GENLIS, *Mémoires*, t. IV, p. 5.

Montault[1], on les cerne sur les marches de Saint-Roch, on les insulte avec des gestes grossiers. Des femmes sont fouettées pour avoir porté des rubans de soie[2]. Plus de propos légers, plus de gaies réparties, plus de badinage spirituel. On se tutoie, on s'observe, on se traite de *modéré* : le tendre Berquin ne peut s'habituer aux méfiances dont il se voit entouré : la jouissance d'être aimé est encore une nécessité de la vie civilisée, il meurt de tristesse[3]. Les querelles sur la politique s'introduisent dans l'amitié, dissolvent les liens les plus chers, détruisent le charme de la vie.

On est triste, c'est surtout le moment du souper, à huit heures du soir, qui est lugubre,[4] ; les rues sont désertes, les boutiques closes. L'enfant veut rire, on le fait taire. Un bruit de pas s'entend dans le lointain, c'est une patrouille, on écoute, elle passe ; le marteau frappe à une porte voisine, c'est pour un autre, Dieu soit loué! nous voilà sauvés aujourd'hui. L'anxiété renaît le lendemain. Chaque fois que l'on quitte un ami, on pense qu'on ne le reverra plus[5]. On se conte les émotions de la veille, les bruits sinistres : tous les biens des suspects sont confisqués[6] ; les suspects vont être emmenés en troupeaux pour construire des routes ;

---

[1] Duchesse DE GONTAUT, *Mémoires*.
[2] DUVAL, *Souvenirs*, t. Ier, p. 53.
[3] BOUILLY, *Mes récapitulations*, t. II, p. 56.
[4] *Souvenirs d'Étienne*. Ces mémoires ont été malheureusement écourtés dans le livre de DELÉCLUZE sur *Louis David*.
[5] Louise FUSIL, *Souvenirs*, t. II, p. 53.
[6] Le 26 février 1794.

les parents des émigrés vont être pris comme otages [1]; les femmes et les enfants serviront de remparts aux bons citoyens qui vont exterminer les tyrans [2]; madame de Sérilly vient d'être exécutée pour avoir reçu chez elle madame de Montmorin, coupable de ce que son mari avait été massacré par le peuple [3]; madame de Quinsonnas vient d'être arrêtée parce qu'elle est « charitable [4] ».

Affolé par ces bruits et ces nouvelles, on veut rentrer, on se heurte contre un corps dont la tête vient d'être détachée par le peuple, ou l'on se trouve retenu dans une foule, poussé vers l'échafaud, comme la marquise de Lâge, qui est forcée d'assister à l'exécution d'une de ses amies d'enfance; elle ferme les yeux et, quand elle les rouvre, voit le « bourreau occupé à ranger le corps et le panier où était déjà la tête ». Veut-on voyager, la bonne femme qui tient l'auberge avertit de se méfier des gens de la pièce voisine : « Je ne sais ce qu'ils font, mais ils sont là du soir au matin à boire et à jurer, et ils disent qu'ils sont un comité [5]. »

Constante est l'angoisse, les souvenirs sont déchirants : c'est la fille de Mallet du Pan [6] qui rappelle « ces soirées silencieuses, où, assise à côté de ma mère

---

[1] Proposition de Merlin (de Thionville).
[2] Voy. MORTIMER-TERNAUX, t. III, p. 376.
[3] LOMBARD (de Langres), *Mémoires*, t. Ier, p. 87.
[4] Ms. Archives nationales, F, 7; 4827, n° 58.
[5] BERGNOT, *Mémoires*, t. Ier, p. 168.
[6] MALLET DU PAN, t. Ier, p. 268.

sur une petite chaise, je devinais ses impressions... ce roulement du tambour, ces têtes portées sur des piques, ces cris » ; c'est Lamartine [1], qui voit toujours la maison devenue sombre, quelques vieux se glissent dans les corridors, « on jouait tout bas; la partie finie, chacun allumait sa lanterne et s'en allait sans bruit » ; c'est un vieillard de quatre-vingt-seize ans qui a escorté jadis Louis XVI des Tuileries à la Convention, et qui écrit en marge d'un livre sur cet événement : « Vous croyez peut-être, vous autres du temps présent, qu'on peut repasser studieusement sur une telle époque? Non, il existe dans les veines un reste de sang qui bouillonne. »

Jamais de détente, point de relâche; nulle paix même pour le persécuteur : le montagnard Bourdon (de l'Oise) est espionné comme un ci-devant, on sait dans quel bouge il se rencontre avec une fille qui a « un grand schall à bordure de couleur, jupon blanc et sur la tête un mouchoir blanc [2] » ; le montagnard Tallien n'est pas aussi facile à surveiller, il demeure rue de la Perle, au Marais, où un observateur n'a pour s'établir que des bancs de pierre à côté des portes cochères [3]. Rien ne coûte dès qu'il s'agit de police secrète : les plus infimes détails sont considérés avec scrupule par les hommes les plus redoutables.

Ainsi Robespierre apprend que, à Passy, « la femme

---

[1] *Mémoires*, p. 11.
[2] *Papiers de Robespierre*, t. 1er, p. 368.
[3] *Ibid.*, p. 373.

Hussé, ci-devant noble, a chez elle huit à dix religieuses ; on soupçonne le prêtre Gérard d'y dire la messe. Il est d'ailleurs suspect, car il a chez lui un calice de cuivre. » Aussitôt tout le gouvernement est en branle : le comité de salut public obtient après une vaste enquête un rapport du district de *Franciade*, qui lui fait savoir que « la citoyenne se nomme Lucé et non Hussé[1] ; elle a fait tuer un porc, et on trouve que c'était un approvisionnement bien considérable pour elle ; elle a encore sept boisseaux d'*haricot* et trente-neuf livres de *castonnade* ».

Les lettres privées ne sont pas plus respectées que le garde-manger, on les décachette : sont-elles signées par un ci-devant, il doit être émigré, c'est la mort ; sont-elles non signées, « cette précaution serait sans motif » si l'on n'était pas d'intelligence « avec ceux qui méditent des complots » ; le nom est-il inconnu, il y a eu convention préliminaire et par conséquent complot[2] ; si plusieurs personnes écrivent sur la même lettre, ce sont des complices d'une conjuration. Un homme qui a flatté quarante ans tous les pouvoirs, Agier, vantait à la Commune de Paris les espions et blâmait[3] « cette mauvaise délicatesse, reste de nos anciennes mœurs, qui fait qu'on rougit de déclarer ce

---

[1] Les rapports sont publiés par Schmidt, t. II, p. 210. Je crois qu'il s'agit de la comtesse de Luçay.

[2] *Tribunal criminel de la Dordogne*, t. Ier, p. 177 et 245 ; t. II, p. 389.

[3] Note publiée par Schmidt, t. Ier, p. 129.

que l'on sait ; il est temps de déposer ces préjugés qui ne conviennent qu'à des esclaves ».

Une lettre n'est pas nécessaire ; une simple parole suffit : la mort pour des « propos contre-révolutionnaires », même si l'on est ivre, comme à Nadaillac (Dordogne), où un officier de santé, dans une noce[1], a chanté des couplets suspects ; même si personne ne déclare les avoir entendus, comme dans le cas du citoyen qui conte que Lamothe, métayer, aurait dit que Lapeycherie, ci-devant domestique, aurait dit que « les sans-culottes étaient f... ». Une dénonciation réussit même quand elle venge une autre dénonciation : un domestique d'émigré est rentré près de sa femme dans son village ; son voisin le dénonce, le fait guillotiner ; la veuve dénonce le dénonciateur pour avoir dit « que les assignats de 5 livres ne valaient plus rien », et le fait guillotiner à son tour.

Se taire ne suffit pas : il faut parler, il faut se déshonorer par des propos d'amour pour le gouvernement. A Paris, ce n'est rien ; mais dans le village on est sous l'œil de l'ennemi : « Tu vas faire un mensonge public, une vilenie, nous en rirons à jamais, ou la mort. » Aussi les réponses sont évasives : « Interrogé quels étaient ses principes sur la révolution, il répond qu'il l'a toujours considérée comme le bien général » ; ou « qu'il a toujours été malade, et qu'il n'a pu se fixer sur les événements ».

---

[1] Ce fait et les suivants sont connus par les documents du *Tribunal de la Dordogne*, t. 1ᵉʳ, p. 329 à 421.

Contre ceux qui s'obstinent à ne point quitter une patrie conquise par de telles gens, les avanies renaissent à toutes les minutes et sous toutes les formes, avec une fécondité inépuisable. Les *ci-devant* sont obligés de venir se faire voir chaque matin, chacun à sa section : une jeune fille, comme Pauline de Meulan [1], doit se présenter devant ces regards, dans cette salle, aussi bien qu'un vieillard comme le prince de Conti; « la bonne compagnie qu'il va commencer à connaître dans son district, dit de lui Camille Desmoulins, en fera un honnête homme; s'il avait été au district des Cordeliers, le président Danton lui eût fait demander pardon à genoux ». Dès 1790 les femmes sont obligées de traîner la brouette au Champ de Mars sous la direction des terrassiers : les dames de la Cour sont contraintes d'y aller, et les religieuses cloîtrées ne peuvent s'en dispenser qu'en se faisant remplacer par leurs tourières [2]. Dans la Dordogne, les femmes de la noblesse mettent les tabliers de leurs servantes et viennent travailler à la corvée sur les routes; les jeunes filles cassent les pierres; il est vrai que ce supplice ne dure que trois jours. Parce que le conventionnel Lakanal avait dit : « Je suis juste comme la Divinité, tout le monde travaillera aux routes, et elles seront réparées en trois jours », nul n'osa prétendre, après les trois jours, que les routes n'étaient pas en bon état;

---

[1] Madame DE WITT, *M. Guizot.*
[2] Duchesse DE TOURZEL, *Mémoires*, t. Ier, p. 130.

l'agent voyer s'écria : « Mettez que tout est fini, Lakanal l'a dit [1]. »

Partout la femme doit porter la cocarde dans ses cheveux [2]; il ne faut pas que cette cocarde soit en soie [3], il ne faut pas se coiffer d'un fichu en crêpe blanc, car la foule crie [4] : A bas la cocarde blanche! Sur sa porte chacun doit inscrire son nom, ses moyens d'existence, le nombre de ses enfants, tout ce qui peut intéresser les espions; l'espion se plaint quand les inscriptions sont « placées trop haut », ce qui le gêne pour les étudier [5]. Bientôt aucun suspect n'est autorisé à habiter les places frontières ni les villes maritimes [6], sous peine d'être mis hors la loi dans les dix jours. Il faut partir loin de sa maison, de ses champs, de ses amis; laisser ses meubles, ses récoltes; aller mendier des secours dans la ville où l'on est interné; la route est fatigante; on est un objet de mépris partout où l'on passe, on subit les outrages des rouliers, des aubergistes, des membres des comités et des municipalités de chaque village; les jeunes filles dont les parents sont en prison se placent dans une famille expulsée avec elles, afin de ne pas être isolées dans cet exode. Le temps se passe à faire constater son identité et

---

[1] VERZEILH-PUIRASEAU, Souvenirs, p. 194.
[2] Du 21 septembre 1793.
[3] DUVAL, Souvenirs, t. Ier, p. 53.
[4] Louise FUSIL, Souvenirs, t. Ier, p. 299.
[5] Perrière à Paré, SCHMIDT, t. II, p. 127.
[6] Loi du 27 germinal an II (16 avril 1794).

à attendre les distributions de pain dans des rues inconnues, devant des visages soupçonneux.

Se marier, on le peut si la conscience permet de se présenter devant un prêtre qui a quitté l'Église ; mais si l'on veut se faire unir par un prêtre non assermenté, on est poursuivi pour rapt, la jeune mariée est enlevée au nom de la loi, comme l'a été mademoiselle de Lavigne dès quelle eut épousé Chateaubriand [1]. D'autres fois, au contraire, c'est le peuple qui exige le mariage : M. de Livry, qui entretient une danseuse de l'Opéra, est forcé de l'épouser [2] ; la marquise de Lâge doit se cacher pour ne pas divorcer malgré elle et se remarier à un apothicaire [3] ; madame de Genlis a l'humiliation de plaire à un ancien moine qui s'était fait nommer consul de France à Tournay. « Je ne pus l'empêcher de me baiser les mains à toute minute [4]. »

Les vexations de chaque jour lassent à la fin : le vicomte de Ségur [5] réplique aux impertinences d'un comédien : « Apprenez que nous vivons en république, et que je suis votre égal ! » On vit dans un milieu d'idées vulgaires, de crédulité niaise, de phrases banales, de nouvelles ineptes, et l'on est forcé de descendre à ce niveau : on est noté, par exemple [6], comme « mau-

---

[1] *Mémoires d'outre-tombe*, t. 1ᵉʳ, p. 484.
[2] Taine, t. III, p. 361.
[3] *Souvenirs*, p. 136.
[4] *Mémoires*, t. IV, p. 155.
[5] D'Allonville, *Mémoires*, t. IV, p. 86.
[6] Rapport secret, Perrière à Paré, 27 août 1793, dans Schmidt, t. II, p. 103.

vais sujet », quand on refuse de croire qu'une mine aurait pu faire sauter dix-huit mille Autrichiens devant Valenciennes, si des traîtres n'avaient empêché d'y mettre le feu.

La nausée est continuelle. C'est une vexation encore qu'être témoin de la destruction des merveilles amassées par la civilisation de plusieurs siècles. Les livres, les bijoux, les tableaux, sont jetés au vent. Nous ne pouvons aujourd'hui avoir une idée de cette frénésie de ruine : tout ce qui est beau ou élégant est devenu haïssable. La riche abbaye de Vicogne est rasée, ses colonnes torses de marbre rose servent de rampe à un abreuvoir; les pierres tombales des abbesses de la Chaise-Dieu [1] forment un trottoir devant l'auberge du *Cheval noir;* le vieux savant Ancillon [2] ne peut retenir ses larmes en voyant « dresser devant le portail de Saint-Louis-la-Culture des échafauds pour aller dénicher les armoiries du cardinal de Richelieu, que peut-être jamais personne n'avait remarquées ». Le cœur de Henri IV est volé à la Flèche par le député Thirion [3]; les débris de du Guesclin et de Turenne sont jetés dans la rue, à Saint-Denis [4]; le peuple joue avec ces restes, il se partage les dents de du Guesclin; le botaniste Desfontaines a l'ingénieuse idée de réclamer pour

---

[1] *Bibl. École des Chartes,* t. XLII, p. 255.
[2] Ms. Archives nationales, F, 17; 1020.
[3] *Revue rétrospective,* t. XVIII de janvier 1838, p. 381.
[4] Ms. Bibliothèque nationale, fonds français, 11681, f° 105.

le Jardin des plantes le squelette de Turenne [1], il le ramasse et l'emporte; il le cache au milieu des vitrines d'animaux jusqu'au jour où Bonaparte le fait porter aux Invalides. Ils vont à Sassbach, par delà le Rhin, au milieu des ennemis, démolir le monument français qui marquait la place où Turenne était tombé [2]. Le portrait de Louis XIII, par Philippe de Champaigne, à Fontainebleau, est brûlé solennellement par les mains de la « présidente des citoyennes [3] ». La statue de Louis XIV sert à une fête où, devant des femmes qui rient, défilent des volontaires qui la couvrent d'ordures [4]. Il faut lire le rapport des citoyens commissaires de la Convention sur les dégâts commis rien qu'autour de Paris [5], sur les statues brisées en morceaux, les « figures de bronze fort belles fondues en canons », les tombeaux de Saint-Denis et de Montmorency cassés à plaisir. La liberté élève des monuments plus beaux, déclare un conventionnel, et l'on jette à la fournaise les bronzes d'art [6], depuis le tombeau de Charles le Chauve jusqu'aux bustes de Pigalle. Les livres doivent être proscrits également : le ministre de l'inté-

---

[1] Fabre, *Histoire secrète*, t. II, p. 89.
[2] Comte de Contades, *Journal de Jacques de Thiboult*, p. 92. Napoléon a fait relever le monument.
[3] Marquis de Laborde, *les Archives de la France*, p. 252.
[4] Sir Samuel Romilly, *Memoirs*, t. II, p. 28 : « ...and p. upon it. » Voir aussi duchesse de Tourzel, *Mémoires*, t. Ier, p. 112.
[5] Ms. Archives nationales, F, 17; 1263, rapport du 14 août 1793.
[6] Ms. Archives nationales, fonds français, 11681, f° 98. Le mot est de Lepelletier de Saint-Fargeau (duchesse de Tourzel, t. I, p. 112).

rieur Roland ordonne de recueillir avec soin tous les ouvrages de blason et de les brûler [1]. La pendule et la montre dont les aiguilles terminent en fleurs de lys sont cassées [2]. Le botaniste Adanson voit une foule sauvage arracher ses arbustes et saccager son jardin d'essais.

L'art nouveau ne tolère plus que des nudités ou des mascarades : tantôt des filles sont déshabillées et portées en triomphe, tantôt des délégués du genre humain. Dans la basilique de Saint-Denis, Pollart, maire et ancien prêtre, à la place où, juste une année auparavant, il avait adressé l'exhortation aux enfants de la première communion [3], fait asseoir une fille sur l'autel et entonner *Cadet Rousselle*, la *Marseillaise*, la *Carmagnole*; Laurent, qui s'est fait élire évêque de Moulins, substitue un bonnet rouge à la mitre [4]; le prédicateur de Saint-Eustache est si éloquent contre les tyrans, que « les applaudissements retentissent de tous côtés [5] ». On tient surtout à la musique, on veut exercer « les jeunes patriotes aux chants belliqueux pour prouver à l'Allemagne et à l'Italie asservies » qu'on sait chanter la liberté [6]; le peuple, écrit Méhul [7], chantera avec la grandeur et fermeté qui doit caractériser l'artiste républicain.

---

[1] Circulaire du 20 novembre 1792, publiée par Schmidt.
[2] Marquis de LABORDE, *les Archives de la France*, p. 246.
[3] Ms. Bibliothèque nationale, fonds français, 11681, f° 109.
[4] Alexandrine des ÉCHEROLLES, *Une famille noble*, p. 16, note.
[5] LOCKROY, *Journal d'une bourgeoise*.
[6] Ms. Archives nationales, D, 38 ; 5.
[7] Méhul à Payan, 17 juin 1794, Ms. Archives nationales, F, 17, 1117.

La loi des 8 et 14 août 1793 supprime toutes les sociétés savantes. La barbarie déborde. Que faire si l'on ne fuit? — « Je plains encore plus ceux qui sont restés que ceux qui végètent dans d'autres climats », écrit un émigré [1]. « Il m'a semblé, dit un autre [2], que les émigrés au milieu des privations et de la misère étaient moins malheureux que ceux de l'intérieur. »

Quelques-uns aiment mieux se cacher, d'autres se laissent mettre en prison plutôt que de quitter leur pays, et traîner leur misère sous les yeux de l'étranger.

Se cacher, mais il faut rester plusieurs mois dans un taudis au fond d'une rue de village [3], sans ouvrir les fenêtres; il faut demeurer immobile dans le silence, dans l'obscurité, dans le même air [4]. A Rennes, plus de huit cents êtres vivent cachés « dans des souterrains, dans des espaces si étroits qu'à peine peuvent-ils se retourner [5] ». Ils ne sortent que la nuit pour respirer un moment; ils ne mangent que ce dont se privent ceux qui se sacrifient pour les abriter. Le souvenir de ces lugubres journées pèse sur l'âme de ceux qui les ont subies; une femme qui a été cachée plusieurs mois à

---

[1] Ms. Bibliothèque nationale, fonds Périgord, vol. 105, f° 425. Wlgrin de Taillefer à l'abbé de l'Épine, décembre 1793.
[2] Abbé LAMBERT, *Mémoires de famille*, p. 164.
[3] Comtesse DE BÉARN, *Mémoires*, p. 173.
[4] PONTÉCOULANT, *Mémoires*, t. Ier, p. 229.
[5] PUISAYE, *Mémoires*, t. II, p. 374.

Bordeaux écrit [1] : « Je ne recommencerais pas; j'y fus entraînée pas à pas; je me laisserais arrêter, je crois être sûre que c'est le parti que je prendrais aujourd'hui que je sais ce qu'il m'en a coûté de dégoût. »

Se laisser arrêter, triste alternative quand on regarde ce qu'étaient les prisons.

VI

LES PRISONS.

Dans les prisons, on entre par troupeaux; des escouades vont de porte en porte recruter divers habitants d'une rue, le soir; ils les font descendre. Les femmes n'ont pas même le temps de quitter leurs pantoufles; il faut suivre à pied, dans la boue, sous la pluie, au milieu de gendarmes ivres, déguenillés, qui portent des torches. Quand une centaine de captifs ont été ramassés, on les pousse en colonne vers une prison entre les haies de la populace qui les guette à la porte, les hue, jette de la boue [2] : ces portes de prison ont leurs habituées qui exigent leur fête de chaque jour,

---

[1] Marquise DE LAGE, *Souvenirs*, p. 145.
[2] DUVAL, *Souvenirs*, t. Ier, p. 19. — Le 13 octobre 1793, il voit défiler cent cinquante prisonniers sous la pluie, rue de Tournon.

l'entrée de proscrits ; celles-ci trépignent des pieds, elles font pleuvoir des ordures. A Neuilly, on va prendre les suspects qui ont été chassés de Paris [1], on les fait défiler en plein soleil ; les poissardes crient en voyant quelques captives qui s'abritent sous une ombrelle : « Ces b...-là ont encore leurs parasols de l'ancien régime! »

On les accusait d'avoir voulu corrompre les patriotes. Mais aucun grief n'était nécessaire : à Paris, dans toutes les villes, dans chaque village, on est arrêté sur un caprice : parce qu'on ne fréquente « que ses pareils, des fanatiques et des prêtres », ou « qu'on ne voit que des *gens comme il faut* » ; tels sont madame de Malessy, sa fille Claire, sa sœur madame de Boisbérenger [2], madame de Launay, M. de Vieildesang, qui a soixante-dix ans, et mademoiselle Adélaïde de Saint-Chamant, qui en a quinze. Presque personne, parmi ceux qui avaient approché de la bonne compagnie, n'évita la prison durant une de ces dix années. Être anobli est un titre à l'incarcération ; être connu par son talent en est un autre. Marmontel et Morellet se cachent ; Chamfort se tue, Chénier, Lavoisier, Florian, sont arrêtés : « Vous autres académiciens, dit à Florian le commissaire qui l'emmène, vous êtes tous ennemis [3]. » On est détenu parce qu'on vend des livres girondins, comme

---

[1] Par le décret du 17 germinal. (MORELLET, *Mémoires*, t. II, p. 17.
[2] *Papiers de Robespierre*, t. Ier, p. 235 ; et t. III, p. 181 et suiv.
[3] MORELLET, *Mémoires*, t. Ier, p. 402.

le libraire de Roanne, ou parce qu'on fait un calembour, ou parce que l'on est *modéré* ou *égoïste*, comme les trois jeunes demoiselles de Vougy et madame de Sirvinges, qui « n'ont rien fait pour la révolution »; ou comme madame de Montcorbier et M. de Fautrière, qui sont « peu attachés à la révolution »; ou M. de Grosbois, qui s'est montré *froid*, et madame de Pierrefitte, *modérée*, pour la révolution; ou madame Leportien, qui ne croit pas à ses bienfaits; parce que l'on est trop riche, quoique sans influence, comme madame de Puymaret; M. de Caumont est arrêté pour avoir « le jour du 10 août passé le jour et la nuit chez sa maîtresse [1] », et mademoiselle de Chabannes « pour avoir sucé le lait aristocratique de sa mère [2] ».

La prison pour qui a déjà été atteint, comme madame de Sourdeville avec ses deux filles, arrêtées parce qu'elle a eu « son mari et son fils frappés par le glaive de la loi »; la prison, si un commissaire procède à l'arrestation « sans en donner les motifs », comme la famille de Girard tout entière à Roanne, incarcérée par le commissaire Civeton, ou comme M. de Berthelat, par le commissaire Lapalus. Souvent une longue enquête est impuissante à faire deviner les motifs de la détention : ainsi Claire d'Audigier, marquise de Bonnefoi [3], est enfermée durant plusieurs années dans

---

[1] Catalogue d'autographes, vente Étienne Charavay, 30 mai 1883, n° 09.
[2] Hamand d'Anascourt, *Souvenirs*, p. 2.
[3] Ms. Archives nationales, BB, 1; 71.

l'île d'Oléron; le ministre de la justice, le ministre de la police, les préfets, sous le Consulat, font des recherches minutieuses; tout ce qu'on peut savoir, c'est qu'elle reste en prison et que ses biens sont confisqués. Ces listes sont monotones, chaque mot est odieux, c'est un amas de ruines, un résumé de douleurs. Une lettre de la marquise de Turenne[1] donne une idée assez exacte de la France durant cette période :

« Les paysans, écrit-elle à la Convention, ont brûlé mon château, mon mari a émigré, mes biens ont été saisis, les parents auxquels j'avais confié ma fille, âgée de deux ans, sont morts dans les prisons, ma fille est livrée à la charité des âmes sensibles, moi je suis en prison avec mes deux fils, attendant ce que vous ferez de moi ainsi que de mes deux enfants. Nous n'avons plus d'amis. Tout est mort pour nous. Ceux qui causèrent notre malheur auront bien de la peine à consoler les malheureux dont nous étions la consolation. »

A Paris, il y a quarante prisons, plus quarante-huit dépôts; en province, les hôtels des principaux habitants sont convertis en prisons, sans que la multiplicité des lieux de détention réussisse à empêcher l'encombrement et l'insalubrité. A Rouen[2], Breteuil, évêque de Montauban, est vu dans la prison par un

---

[1] *Papiers de Robespierre*, t. III, p. 267. Lettre de Farge, femme Turenne, écrite de la Petite-Force, le 7 frimaire an III.
[2] P. Theiner, *Affaires religieuses de France*, t. II, p. 227.

négociant, qui le décrit « couvert de haillons et de vermine, sur de la paille pourrie, dans un cachot dont l'odeur suffocante ôte la respiration ». Il y meurt. Le maréchal de Ségur, âgé de soixante-dix ans, est enfermé à la Force, sans autre lit qu'une botte de paille infecte sur le carreau[1]. « On nous mit, dit la Sœur Angélique[2], à la paille, deux par deux, dans de grandes chambres qui ressemblaient à des caves par leur humidité; on y était couvert de vermine. » Une église du Mans sert de prison pour les femmes; on avait le soin de ne laisser à celles qui semblaient « des dames, qu'un simple jupon »; on les venait voir « couchées sur un peu de paille, dans un sombre accablement[3] ». Dans les caves du château de Foulon, à Nantes, on jette les prisonniers amenés d'Angers[4], on leur donne du pain noir, de l'eau dans des baquets, sans tasse; il faut ramper près du baquet, écarter les ordures, humer l'eau; pas de paille, pas d'air. On n'enlève les cadavres qu'une fois par jour. Sur huit cents captifs, quarante seulement sortent vivants de ce cloaque. Quelquefois les suspects sont enfermés avec les criminels qui les harcèlent, les forcent à balayer les ordures, à vider le baquet, à payer l'eau-de-vie[5]; quelquefois avec des « coquins et des coquines qui

---

[1] Philippe de Ségur, *Mémoires*, t. 1er, p. 15.
[2] Wallon, *Tribunal révolutionnaire*, t. II, p. 573.
[3] Besnard, *Souvenirs d'un nonagénaire*, t. II, p. 58.
[4] Romain, *Souvenirs d'un officier royaliste*, t. II, p. 7.
[5] Grandry, *Mémoires*. (*Revue de Bretagne et Vendée*, 1861, p. 103.)

tenaient des propos abominables et chantaient des chansons détestables. Les oreilles les moins chastes eussent été blessées [1]. »

L'isolement n'est pas moins cruel : madame Roland entend à côté de sa cellule un souper bruyant, des rires, des gros mots; ce sont les officiers de paix qui soupent avec des actrices. Pauline de Tourzel [2], une enfant, demande sa mère avec un tel désespoir, que le geôlier en est ému, il lui dit : « Je vais vous laisser mon chien, surtout ne me trahissez pas, j'aurai l'air de l'avoir oublié », tremblant d'être suspect lui-même pour cette pitié. Quand on est transporté d'une prison dans une autre, on est jeté sur des charrettes, les mains liées, hommes et femmes roulant à chaque cahot, hués dans un village, pris en pitié dans un autre, toujours prêts à se laisser massacrer [3].

A l'arrivée, il faut se déshabiller, se montrer nue aux inspectrices, c'est le *rapiotage* [4]; aux repas, on avale une nourriture nauséabonde, l'entrepreneur fait un bénéfice de 546 livres par jour sur la seule prison du Luxembourg; dans le préau, il faut flatter les délateurs, ceux que l'on nomme les *moutons;* ce sont eux qui inventent les conspirations et font des rapports secrets sur les propos inciviques.

---

[1] Duchesse DE TOURZEL, *Mémoires*, t. II, p. 259.
[2] Comtesse DE BÉARN, *Souvenirs*, p. 127.
[3] Abbé LAMBERT, *Mémoires*, p. 97.
[4] WALLON, *Tribunal révolutionnaire*, t. IV, p. 264.

On les connaît : c'est, au Luxembourg, Beausire, le mari de la fille Oliva[1]. A Saint-Lazare, c'est Pépin-Desgrouettes, qui a sous ses ordres un géant et un Juif : le géant est Mollin, ancien montreur d'ours, qui a été employé dans le vol du Garde-Meuble, qui est constamment excité contre les détenus par sa femme, une Provençale chétive, noire, huileuse; le Juif est Lévy, qui n'est pas méchant, mais a pris le métier comme une bonne affaire; à ceux-là est due la fable qui a mené à l'échafaud André Chénier. — Ah! voilà Pépin-Desgrouettes, il faut nous montrer, disent les prisonniers, quand il descend dans la cour. C'est un avorton bossu, bancal, roux; un cercle l'environne, quelques-uns marchent à reculons devant lui, on le flatte. Un enfant de douze ans, le jeune Mailly, lui jette à la figure un hareng, il est exécuté le lendemain.

Les rapports des moutons arrivent de toutes les prisons, encombrent les cartons des comités; l'un dit : « Voici ce que j'ai conjecturé »; un autre : « L'aristocratie est peinte sur les figures »; ou bien : « Il y a au moins de violents soupçons[2]. » C'est assez pour assurer la mort.

La mort se montre à chaque minute : échappe-t-on aux miasmes et aux délateurs, on est compris dans le massacre simple.

---

[1] Cette fille s'était grimée en Marie-Antoinette dans l'escroquerie du collier. Voy. Duval, *Souvenirs thermidoriens*, t. Ier, p. 24.
[2] *Papiers de Robespierre*, p. 142, 153, 159.

Le massacre est à l'origine à peu près spontané : c'est Avignon qui commence, non dans la période nommée la Terreur, mais en octobre 1791, au moment où vient de se séparer la première de nos Assemblées. Un bandit, évadé des prisons de Valence, Jouve, *dit* Lamotte, qui arrive de Paris, où, sous le nom de Jourdan, *dit* Coupe-têtes, il a pris part à l'invasion de Versailles par les femmes, se rend maître d'Avignon, fait mettre en prison les principaux habitants, les tue, jette les cadavres dans la Tour de la Glacière. Après un mois de règne, il est détrôné par les commissaires de l'Assemblée législative qui découvrent le charnier avec horreur; les parents des victimes viennent fouiller dans ces débris putréfiés pour reconnaître ceux qu'ils ont perdus. Le jeune Bigonet s'acharne à la poursuite de Jourdan, l'atteint, le lie, l'apporte, on va le juger.

« Non, disent les girondins, aimons-nous, oublions les crimes! — Quels crimes? disent les délégués des compagnons de Jourdan devant l'Assemblée; ce sont les ministres constitutionnels qui sont seuls dignes de la vengeance des lois! »

Jourdan est amnistié, il revient en triomphateur, il est nommé capitaine de gendarmerie [1]. L'Assemblée rêve toujours la concorde par la faiblesse; elle amnistie même les assassins de Simoneau, maire d'Étampes, tué

---

[1] Le 9 février 1793, toujours au temps de la puissance des girondins. Il fut chef d'escadron le 2 septembre, exécuté le 8 prairial an II. (MORTIMER-TERNAUX, t. Ier, p. 369.)

en défendant la loi. Bientôt c'est le ministère de la justice qui organise les massacres.

Danton était ministre de la justice.

Danton était un Champenois qui aimait la gaieté bruyante, les franches lippées, les voluptés grasses : ces âmes brutales n'étaient pas connues de l'ancien monde, ces épicuriens pouvaient être cruels, ils restaient délicats. Ce visage, que madame Roland trouvait « repoussant et atroce », avait tous les muscles tendus par l'envie et la soif des voluptés. Danton ne déguisait pas son goût pour les écus et riait des scrupules de conscience [1] ; il voulait le pouvoir afin de satisfaire son tempérament grossier [2], et passait pour s'être enrichi par des exactions durant sa mission en Belgique. Plus méprisable que Marat, l'hypocondriaque dépravé par la souffrance, Danton trouvait dans sa robuste santé les incitations au crime. Il a eu du moins le talent de grouper sous sa domination une bande d'hommes attirés vers lui et retenus par le prestige de ses vices : il ne cherchait pas les soldats, car, sauf Brune, ses hommes de guerre n'ont été que des incapables, comme Westermann : il n'était pas difficile sur le choix de ses administrateurs, car il n'a su trouver, pour le ministère de l'intérieur, qu'un pédant comme Garat, ou qu'un dilapidateur comme Paré ; ses hommes politiques n'étaient qu'un ramas d'ambitieux sans valeur, comme

---

[1] Miot de Mélito, *Mémoires*, t. Ier, p. 40.
[2] Arnaud, *Souvenirs d'un sexagénaire*, t. II, p. 92.

le boucher Legendre, un nain hideux [1], ou Léonard Bourdon, le maître d'école vaniteux et féroce. Ceux qu'il aimait, c'étaient les concussionnaires, les hommes aux marchés véreux, comme Lacroix, Fabre d'Églantine, Chabot, Bazire. Son parti, ainsi recruté, était cependant une force redoutable, à cause de la puissante constitution des agents secrets : comme toutes les âmes basses, Danton aimait l'espionnage. Il faisait consister la police en un réseau de délations et de fraudes ; Fouché n'a eu qu'à puiser dans son personnel pour créer le système des informations secrètes de l'Empire ; il a hérité des vieux limiers de Danton : Méhée, les Mongaillard, Perlet, tous doués d'une richesse de fourberie qui ne les abandonnera dans aucune crise.

A peine Danton s'est-il installé au ministère de la justice avec Fabre d'Églantine, l'acteur sifflé, et Camille Desmoulins, le procureur de la lanterne, pour secrétaires généraux, qu'il écrit à son ami Réal, l'accusateur public, le 1ᵉʳ septembre 1792 : « J'ai lieu de croire que le peuple ne sera pas réduit à se faire justice lui-même. » Et dès le lendemain commence la justice du peuple. Des hommes envahissent les prisons, massacrent tous ceux qu'ils y trouvent : « Pourquoi ces meurtres? demande à Danton un ami de La Fayette. — Monsieur, répond Danton [2], vous oubliez à qui vous parlez, vous oubliez que nous sommes de la canaille,

---

[1] Miot de Mélito, *Mémoires*, t. Iᵉʳ, p. 40.
[2] Philippe de Ségur, *Mémoires*, t. Iᵉʳ, p. 12.

que nous sortons du ruisseau et que nous ne pouvons gouverner qu'en faisant peur. » Pour le girondin Grandpré, qui lui adresse la même question, il emploie moins de grands airs, il lui crie avec sa voix de taureau, les yeux sortant de la tête et le geste d'un furieux : « Je me f... bien des prisonniers [1]! » Puis, quand tout sera fini, après huit jours de massacres, Danton dira à l'un des égorgeurs : « Celui qui vous remercie, ce n'est pas le ministre de la justice, c'est le ministre du peuple. »

Cette série de massacres a duré huit jours, du dimanche 2 au dimanche 9 septembre 1792.

Durant toute cette semaine on ne cesse de tuer. On mange en tuant. On colporte dans les cafés des débris humains. On se plaît à voir souffrir : Ruthières n'est frappé qu'à légers coups de pointes de pique et met une demi-heure à mourir; Marianne, femme Vincent, abat les victimes à coups de bûche; les enfants procurent plus de plaisir parce qu'ils succombent moins vite : « Vous comprenez, à cet âge, la vie tient si bien! » dit un des assommeurs [2].

Poussés à la fureur par le brandevin, le sang et l'insomnie, ces fauves n'étaient que des instruments. Les massacres sont préparés par des délibérations officielles, tolérés par les autorités régulières, payés par les deniers publics. « La résistance serait impolitique,

[1] Madame Roland, *Mémoires*.
[2] Toutefois, on paraît avoir tué seulement quarante-trois enfants.

dangereuse, injuste peut-être », écrivent à l'Assemblée les commissaires de service au Temple. Quelques gardes nationaux essayent de s'assembler, ils se trouvent dix, et les meurtriers leur disent doucement : « Citoyens, il n'y a rien à faire pour vous [1]. » En effet, c'est une « affaire administrative [2] », le travail est réparti entre des délégués réguliers pour chaque section. Ceux-ci commencent par se payer en prenant « les frais sur la chose » et en signant des bons chez les marchands du voisinage : les bons, maculés de sang, ont été payés par la Commune, bons de vin, bons de viande, bons de paille pour couvrir le sol ruisselant de sang. Humbert Henriot, journalier sur les ports, « ayant été blessé dans son travail », reçoit 50 livres d'indemnité. Si un homme étranger à la section réclame un salaire, il est écarté comme non requis régulièrement pour le service. L'opinion de Paris est favorable à la mesure : une bourgeoise aimable inscrit avec calme sur son journal, au milieu de cette semaine : « Quand on veut la fin, il faut vouloir les moyens. Point d'humanité barbare. Le peuple est levé, le peuple venge les crimes. Bicêtre a *occupé* toute la journée [3]. » Et Bazire, l'un des agents de Danton, s'excuse près de sa femme d'être éloigné d'elle par les détails administratifs de l'opération : « Vos beaux yeux n'ont pas été souillés des tableaux

---

[1] Lavaux, *les Campagnes d'un avocat*.
[2] Buchez et Roux, t. XVII, p. 403.
[3] Ed. Lockroy, *Journal d'une bourgeoise*, p. 287.

hideux que nous avons tous les jours ; il faut que l'homme sensible s'enveloppe la tête de son manteau et qu'il se précipite à travers les cadavres pour s'enfermer dans le temple de la Loi. » Même les disciples des philosophes du dix-huitième siècle restent insensibles devant cette conséquence que l'on tire de leurs utopies : « Garat en parle avec un sang-froid atroce ; Cabanis, l'homme le plus doux et le plus humain que je connaisse, paraît croire que tout ce qui est arrivé est nécessaire [1]. »

Danton, qui préparait d'autres choses, dit en donnant un passe-port à un de ses anciens confrères du palais : « Ceci est la justice nationale ; ce qui le prouve, c'est que tu respires. Le peuple fait une guerre aux traîtres, mais non aux opinions [2]. » Et comme cette justice nationale a la haine des juges et des lois, Danton la flatte en lui confiant les accusés qui comparaissent à Orléans, en vertu d'une loi spéciale, devant la haute cour de justice. Il envoie de Paris une bande de patriotes placée sous les ordres de Fournier l'Américain ; il fait allouer par l'État une gratification de 6000 livres pour ce « détachement qui s'est porté à Orléans [3] ». Le Fournier ramène les prisonniers assez lentement pour permettre les préparatifs du massacre

---

[1] Dumont, ancien secrétaire de Mirabeau, à Samuel Romilly, 11 et 16 septembre 1792. (*Memoirs of the life of sir Samuel Romilly*, t. II, p. 6.)

[2] Lavaux, *les Campagnes d'un avocat*.

[3] Ms. Bibliothèque nationale, fonds français. 7001, f° 20.

qu'on a résolu d'improviser à Versailles; le président du tribunal de Versailles, Alquier, est témoin des dispositions prises officiellement, il court vers la place Vendôme, il supplie Danton d'empêcher le crime : « Que vous importe? » répond ce ministre de la justice. Le lendemain, Danton prononce ces paroles menaçantes : « Le peuple est irrité, on ne sait encore jusqu'où ira son indignation » ; c'est l'heure même où, dans les rues de Versailles, sont égorgés les prisonniers. Et ce n'est pas assez de livrer les victimes aux meurtriers, il faut encore glorifier le crime : « Ils ont délivré la société d'hommes dangereux, et épouvanté les traîtres », dit pompeusement le *Moniteur*.

Il faut davantage encore pour plaire à ceux qui viennent de travailler : on les présente comme modèles à la France entière, on jette à toutes les communes un appel au massacre. La commune de Paris envoie une circulaire; Danton, des placards. Les placards de Danton disent : « Que toute la France soit hérissée de piques, de poignards; que dans les villes le sang de tous les traîtres soit le premier holocauste offert à la liberté [1]. »

Des cris de joie répondent dans toute la France; le

[1] Je n'ai jamais vu d'exemplaire de ces placards signés par Danton; le seul qui soit connu, je crois, est celui qu'a vu et copié Blordier-Langlois. (*Angers et Maine-et-Loire*, t. I, p. 261.) On s'explique aisément la disparition d'une pièce dont les exemplaires ont été collés sur les murs. Cependant Blordier-Langlois ne dit pas où est cet exemplaire unique; j'ai acquis la certitude qu'il n'est pas, comme l'a cru Sybel, t. I, p. 523, dans les archives départementales de Maine-et-Loire.

corps électoral des Bouches-du-Rhône est en séance quand arrive la lettre, « il fait retentir la salle de ses applaudissements [1] »; le Lyonnais veut mieux, il se fait conduire par son maire Vitet au château de Pierre-Cize, que fait ouvrir le général; il égorge les prisonniers, découpe leurs cadavres, et tresse ces fragments avec des rubans roses et bleus pour les suspendre en girandoles aux arbres de la place Bellecour [2]. Un fou interné dans le fort recouvre la raison, cache un officier de Royal-Pologne, M. Desplantes, sous une pierre d'égout et le sauve [3]. Là, c'est le général qui a livré les victimes, c'est le seul en France [4], c'est un Allemand, Charles-Constantin de Hesse-Rothenburg-Rheinfels, géant roux, infect, qui ne porte ni chemise ni bas, et découvre, à travers sa carmagnole, sa poitrine velue.

Paris et Lyon sont imités par Reims, Autun, Saint-Étienne, Cambrai. A Caen, la municipalité n'évite la même honte qu'en faisant évader les prisonniers au milieu de la nuit. A Gisors, le duc de la Rochefoucauld, qui se croyait aimé de tout le monde, est arrêté par douze gendarmes et cent gardes nationaux, qui laissent

---

[1] Barbaroux, *Mémoires*, p. 88.
[2] Abbé Guillon, *Mémoires*, t. I, p. 130.
[3] Alexandrine des Écherolles, *Une famille noble*.
[4] Le seul militaire, car les généraux, comme Santerre, Henriot, Rossignol et autres, sont des grotesques et non des soldats. Le brasseur Santerre a sauvé son traitement de général de division, en écrivant à Bonaparte, le 16 messidor an VIII : « Respect et admiration. Je ne joins aucun compliment ni éloge, je ne pourrais rien ajouter à celui de dire : Bonaparte était à Marengo. » Il se fit aussi remettre 50,000 livres sous prétexte de distribution de bière au peuple.

le peuple lui écraser la tête et jeter la cervelle au visage de sa mère, âgée de quatre-vingt-treize ans. A-t-on le droit d'obliger un homme à vivre au milieu de ces crimes? Peut-on blâmer ceux qui sortent? « Fermer les portes d'un empire où le peuple massacre sur un soupçon, c'est être responsable de tous les assassinats [1]. »

Quelquefois on sort vivant des prisons, on s'entend dire, comme Lebrun [2] : « Citoyen, tu peux retourner chez toi, on va te donner un fidèle sans-culotte que tu payeras, que tu nourriras et qui te surveillera. » Alors c'est un autre supplice. On est épié chez soi à toutes les minutes, le jour, la nuit : on est forcé d'entendre la femme du garnisaire qui vient raconter à son mari les détails des exécutions, avec une joie qui « épanouit sa figure [3] ». Il peut arriver encore, si l'on possède des terres considérables, comme le comte du Douhet [4], que les hommes influents du pays facilitent l'évasion, afin de faire confisquer les biens et de les acquérir entre eux à vil prix; puis quand M. du Douhet reparaît, on lui ferme sa porte, on lui offre une inscription sur la liste des indigents. La femme est soumise à d'autres supplices : une ancienne femme de chambre de la Reine est enfermée à Nantes, le jacobin Lamberty la guette;

[1] Dumont à Samuel Romilly, t. II, p. 8.
[2] Lebrun, duc de Plaisance, *Mémoires* (par Dumesnil,) p. 200.
[3] Alexandrine des Écherolles, *Une famille noble*, p. 133.
[4] Ms. Archives nationales, AD, II, B, 3. Rapport de Saladin aux Cinq-Cents, du 14 messidor an V (Aurillac et Mauriac).

il épie le moment où elle sera épuisée par les angoisses, le manque de lumière, l'air putride, il la prend hâve, frissonnante, lui montre le soleil, l'emmène, la regarde mourir de honte lentement en quarante jours.

Après la mort de Robespierre, plusieurs prisonniers sont mis en liberté; l'air pur leur donne le délire : « La lumière nous éblouit, dit l'un d'eux [1]. Nous partîmes à perdre haleine; pour la première fois après tant d'heures d'insomnie, nous eûmes le bonheur de dormir. Nous allions dans les chemins, admirant les arbres... » Oui, mais que manger? Tout ce que l'on possédait a été saisi, vendu; nulle ressource : « Que fais-tu là, citoyenne? » dit le commissaire de la Convention à la mère de Chateaubriand; elle reste dans la prison, on lui a pris ses biens, tué ou proscrit ses enfants, le monde est vide, mieux vaut s'étendre contre le mur, mourir. Madame de Beauharnais [2], jeune, délicate, sort sans une pièce de linge, sans un liard, sans un pain, elle va dans sa maison, rue des Mathurins; la maison est prise par un mulâtre qui est membre de la Convention. Le sauvage la recueille; elle se livre, elle l'épouse. Ils finiront sous l'Empire dans une place obscure. Une autre, ceci est le roman de Fiévée, faux et possible, sort, ne trouve pas d'ouvrage, apprend que la femme d'un fournisseur a besoin d'une servante, se présente

---

[1] Mémoires inédits cités par Louis Favre, *le Luxembourg*, p. 166.
[2] Elle était belle-sœur de l'impératrice Joséphine, et mère de l'héroïque madame de Lavalette.

toute palpitante à la pensée de tomber sous la main d'une femme. « Je craignais d'inspirer de la pitié, je craignais encore plus de ne pouvoir adoucir un air de dignité que la nature et l'habitude avaient répandu sur toute ma personne. Je redoutais surtout de ne pouvoir supporter avec résignation les questions auxquelles il fallait m'attendre. J'arrive à la porte de ma maîtresse future,... madame était encore au lit, je lui présente ma lettre en tremblant. C'était Suzette », Suzette, son ancienne femme de chambre. « Qu'étaient-ce que nos chagrins, dit Chateaubriand, qui vient de passer à Londres cinq jours sans nourriture, comparés à ceux des Français demeurés dans leur patrie? »

VII

LA GUILLOTINE.

Ainsi ne pouvait s'éviter la prison : ainsi se consommaient les prisonniers par les privations, par les massacres. La guillotine en dévorait le plus grand nombre. La guillotine, du moins, n'était pas sans poésie :

> C'est le faîte vermeil d'où le martyr s'envole,
> C'est la hache impuissante à trancher l'auréole,
> C'est le créneau sanglant, étrange et redouté,
> Par où l'âme se penche et voit l'éternité.

Mais son prestige est plutôt pour le spectateur; les

Champs-Élysées retentissaient des applaudissements du peuple qui voyait rouler les têtes [1], car de toutes les rêveries sentimentales qui peuvent détruire la civilisation, une seule était oubliée, l'abolition de la peine de mort. Le peuple de Paris, disait Marivaux [2], soixante ans auparavant, est plus peuple que les autres peuples. Il est curieux d'une curiosité sotte et brutale, il cherche à vous plaindre, à frémir pour votre vie; il dirait volontiers : Ne nous retranchez rien du plaisir que nous avons à frémir pour ce malheureux. Ce ne sont point les choses cruelles qu'il aime, il aime l'effroi qu'elles lui donnent. Cela remue son âme, qui ne sait jamais rien, qui n'a jamais rien vu.

Le peuple veut qu'on soit ému et respectueux devant ses caprices : quand Houchard déchira son uniforme de général pour montrer sa poitrine couverte de cicatrices, « le mouvement fut jugé impertinent par la canaille parisienne [3] ». Quand le girondin Clavières se tua d'un coup de couteau, ce fut un désappointement universel, les Parisiens envahirent le greffe, se firent montrer le corps, vomirent des injures « contre le scélérat qui a osé dérober leur plaisir; ils le frappèrent des pieds et des mains [4] ». Une exécution est un drame, ils ne veulent rien en perdre, ils exigent que la

---

[1] Morellet, *Mémoires*, t. II, p. 13.
[2] *Marianne*.
[3] Beugnot, *Mémoires*, t. I, p. 227.
[4] *Ibid.*, p. 256.

mise en scène soit savamment variée. Ils ne se contentent bientôt plus de voir mettre à nu les épaules des femmes, ils veulent du nouveau; Robespierre imagine la chemise rouge, dont les reflets illuminent la pâleur des visages, le jour où il envoie à la guillotine madame de Sainte-Amaranthe, fameuse par ses charmes, et madame de Sartines, sa fille, âgée de dix-neuf ans, « beauté unique que la nature s'était plu à parer; elle fut la plus belle, elle le fut complétement, sans un seul reproche; je n'ai vu, dit Tilly [1], dans aucun pays rien d'aussi absolument parfait ». Avec elles montent au supplice l'actrice Grandmaison, qui a vingt-sept ans; Nicole, sa servante, qui en a dix-huit, et Cécile Renaut, et madame de la Martinière, et quantité d'autres, toutes la gorge nue et encadrée d'une chemise rouge, fête si merveilleuse, que Fouquier-Tinville ne voulut point s'en priver et s'écria : « Il faut que j'aille les voir à l'échafaud, dussé-je manquer mon dîner! »

Lebon, à Arras, a fait placer la guillotine sous sa fenêtre, « et le complaisant bourreau, enlevant le mouchoir de la malheureuse, la présente, en cet état, assez longtemps à ses yeux »; c'est son collègue Fréron qui le raconte en ces termes [2], le même Fréron qui, pendant ce temps, à Toulon, choisissait les douze plus belles femmes de la ville, en regardait guillotiner onze, et ne faisait grâce à la douzième qu'après lui

---

[1] *Mémoires*, t. III, p. 181.
[2] *L'Orateur du peuple*, p. 80.

avoir fait essuyer de la gorge le couteau ensanglanté[1].

Même de cela on se lasse. Pour plaire, le tribunal révolutionnaire condamne à mort un chien et le fait exécuter à la barrière du Trône[2]. On retourne à la nuit du moyen âge.

La mort sous ces huées, sous ces regards impurs, sous ces haleines avinées, perdait tout son charme. L'enthousiasme de la victime se glaçait; le martyre était sans volupté; la haine même s'éteignait. Le mépris restait seul, l'indifférence qu'aurait un Européen, prisonnier des Peaux-Rouges, torturé par eux. Telle la duchesse de Gramont, « traitant ses bourreaux comme des valets[3] »; telle la princesse de Monaco, disant au peuple : « Il fallait venir me voir juger »; telle la duchesse d'Ayen : elle apprend qu'elle est condamnée à mort avec sa fille et sa mère, dans le moment où elle donne des soins à une amie malade; elle ne dit rien, continue sa visite dans la cellule, puis rentre près de sa fille et la prévient de prendre du repos pour avoir des forces le lendemain[4]. L'insouciance devient telle, que Gossin, maire de Bar-le-Duc, condamné à Paris, est oublié dans la cour; les charrettes se mettent en marche sans lui, il les suit à pied, il arrive à la place

---

[1] Sybel, t. II, p. 464.
[2] Wallon, t. II, p. 159. — Ce chien mordait le tambour de la garde nationale.
[3] Baron de Gleichen, *Mémoires*, p. 73.
[4] Comte de Mérode, *Souvenirs*, t. I, p. 172.

de la Révolution, il tend la tête [1]. On côtoie la mort :
« Il est sûr, je me rappelle, j'allais pour sortir de la vie
comme on quitterait un lieu d'ennui, de dégoût; tout
ce qui m'entourait me semblait faire partie des choses
dont j'allais être délivrée [2]. »

Fait grave. Le bourreau s'inquiète : « Les exécutions, dit Collot d'Herbois [3], ne font pas tout l'effet qu'on en devait attendre, les périls que chacun a courus ont inspiré une sorte d'indifférence pour la vie. De telles dispositions seraient dangereuses. » Les filles de la rue gagnent ce mépris de la peur : Églé, de la rue Fromenteau, a été destinée à être guillotinée avec la Reine; elle est oubliée dans la prison, puis retrouvée après la mort de la Reine et condamnée [4] « pour avoir conspiré avec la Reine ». « — Voilà, dit-elle, qui est digne d'un tas de vauriens comme vous; moi, je gagnais ma vie au coin des rues. » Et comme une de ses compagnes pleure : « Tu te déshonores », dit-elle. L'abbé Émery, un des saints les plus admirables de l'Église de France, comprend cette âme énergique, l'assiste avant l'exécution.

Mais si l'on est devenu insensible à la mort, pourquoi la fuir par l'émigration ?

---

[1] Lavaux, *les Campagnes d'un avocat*, p. 27.
[2] Cette analyse est d'un romancier, *Lettres de la Vendée*, par madame Émilie T..., Paris, an IX, mais est évidemment écrite sur des souvenirs personnels.
[3] *Papiers de Robespierre*, t. I, p. 314.
[4] Comte Beugnot, *Mémoires*, t. I, p. 242.

Mourir n'est rien. Mais cette canaille qui rit! Ces cris : « Il va mettre la tête à la chatière! Il va soûler la bourrique à Robespierre! » Cette boue que l'on jette dans la charrette : le colonel du Chastelet en a la figure couverte [1]. Ces cahots qu'on supporte les mains liées derrière le dos! Tendre sa nuque sous ces regards! Risquer, après le coup de couperet, d'être jetée sur le monceau, le tronc en bas, comme mademoiselle Thérèse de Fougère; « son jupon s'était accroché, les gens du peuple disaient : Ah! comme elle avait une belle peau! comme elle avait les cuisses blanches [2]! »

Encore tout cela n'est rien. Ce qui porte à éviter la mort, c'est l'inquiétude sur les enfants qu'on va laisser dans cet enfer.

VIII

LES ENFANTS.

Les jeunes filles ne sont pas toujours enfermées avec leurs parents : quelques-unes, comme la fille du commandant de Dax, sont livrées au peuple et succombent [3]; mademoiselle de Sombreuil, fille du gouverneur

---

[1] Comte BEUGNOT, *Mémoires*, t. II, p. 246.
[2] Rapports de police, Dutard à Garat, 19 juin 1793; SCHMITT, t. II, p. 77.
[3] Comte DE PEYRUSQUE, *Souvenirs d'un invalide*, t. I, p. 100.

des Invalides, ne trouve d'asile que chez l'honnête comédien Larive [1]; mademoiselle de Gélibert, fille du major des Invalides, va jouer de la harpe dans les soirées qui se donnent chez les fournisseurs d'armée et les conventionnels. Hardy, membre de la Commune, fait évader mademoiselle Pauline de Tourzel, qui est recueillie par Babet, la servante chargée autrefois de vider les chaises dans l'hôtel de ses parents [2]. Le conventionnel Creuzé de Latouche reste suspect, même sous le Directoire, pour avoir pris chez lui la fille de madame Roland, repoussée avec effroi de toutes les portes [3]. Quelquefois une enfant énergique tient tête seule à l'orage.

Mademoiselle Irène de Tencin reste dans son château après que son père a émigré [4], défend les terres au nom de son jeune frère qu'elle prend sous sa tutelle, recueille ce qu'elle peut des revenus, convertit les écus en assignats, rachète les champs confisqués et le mobilier. Tout à coup « il prend fantaisie à un garçon tailleur de la ville du Puy de la demander en mariage à la municipalité ». On la fait venir au Puy, on la menace de mort si elle refuse ce drôle. « La mort à l'instant! » dit-elle. On l'enferme en prison, on lui renouvelle la proposition et la menace tous les jours

---

[1] Laporte, *Souvenirs d'un émigré*, p. 189.
[2] Comtesse de Béarn, *Souvenirs*, p. 135.
[3] La Revellière-Lepeaux, *Mémoires*, t. I, p. 222.
[4] Colonel de Tencin à Antraigues, 18 juillet 1795.

pendant un an et cinq jours. Elle est mise en liberté ensuite, mais elle a encore à cacher son frère pour qu'il ne soit pas enrôlé par force, et exposé à combattre contre son père.

Mademoiselle Alexandrine des Écherolles, après l'exécution de ses parents, est aussi malheureuse dans sa lutte contre la persécution : ses fermiers se sont partagé les appartements du château et la tiennent à la cuisine, sous l'œil de Babet, une de leurs servantes. « Je voyais, dit-elle [1], les fenêtres de la chambre de ma mère s'ouvrir ; moi seule, j'étais bannie de cette chambre, reléguée à la cuisine. » Un ancien apothicaire vient lui donner des leçons de patriotisme : « Tu dois, fait-il, purifier le sang impur qui coule dans tes veines, travaille pour la nation. » Babet lui répète : « Il faut paraître misérable. »

Mademoiselle Françoise de Bouvet, âgée de seize ans [2], est obligée de se cacher parce que les paysans l'accusent « d'avoir détourné les troupes prussiennes de passer par Rouvigny, où elle résidait, pour les faire traverser Gouraincourt qui en était à deux lieues ». C'est la même niaiserie démocratique que nous avons revue, ces dernières années, dans plusieurs villages, et particulièrement dans celui où M. de Moneys a été brûlé vif, en 1870, pour avoir décidé les Prussiens à entrer en France.

[1] *Une famille noble*, p. 122 et 272.
[2] Ms. Archives nationales, BB, 1, 71.

Clémentine de Bercheny est dans une situation assez singulière [1] : elle a épousé, à l'âge de douze ans, en 1790, Emmanuel d'Hennezel, sous la condition que « les époux n'habiteraient ensemble que lorsque la jeune femme aurait seize ans » ; le mari devait voyager en Allemagne. Il est inscrit comme émigré, les parents sont mis en prison, les biens sont confisqués, la jeune enfant est isolée dans la misère. Une autre orpheline [2] cherche du travail chez une lingère ; elle déplaît à sa maîtresse qui la chasse ; elle trouve à broder des souliers de femme, mais son patron, à qui elle résiste, l'accuse de vol, la fait conduire dans la prison des filles ; elles lui disent en riant de sa douleur : « Ma belle, tu seras piloriée en Grève. »

Pour jeunes que soient les enfants, on ne laisse pas de les persécuter. Les deux petits Bourbon-Busset sont enlevés par le représentant Forestier, enchaînés et montrés de village en village [3]. Les écoliers anglais du collège de Douai sont enfermés dans la citadelle de Doullens [4]. Aussi la pensée de ceux qui s'échappent, comme de ceux qui meurent, est de cacher les enfants : Pougret de la Blinière, officier de Cambrésis, prisonnier à Orléans, prévoit qu'il va être massacré et adresse à sa mère cette lettre qu'intercepte et garde l'agent de

[1] Ms. Archives nationales, BB, 1, 72.
[2] Treilhart a conté le fait à Lombard (de Langres), et ils l'ont peut-être arrangé tous deux.
[3] Duchesse DE GONTAUT, *Mémoires*.
[4] Abbé DANCOISNE, *le Collège anglais de Douai*.

Danton[1] : « J'ai une fille d'une marchande de modes de Bayonne, Dominica Ducasse ; ayez pitié d'elle, veillez sur sa conduite... »

En général, les servantes sont remplies de dévouement pour cacher et nourrir les enfants : « On m'enveloppa dans une pelisse, raconte une jeune fille, le vieux valet de chambre me prit dans ses bras, on m'installa avec ma bonne dans une petite chambre au quatrième au fond d'une rue écartée ; une des filles du duc de Guiche était aussi chez les parents de sa bonne. » Madame du Roure[2], arrêtée à son château de Louville et conduite à Paris, lègue en partant sa fille Victorine à la nourrice ; celle-ci l'élève durant deux ans « avec ses autres enfants ». Les petites-filles du maréchal de Lévis, après l'exécution de leurs mères, mesdames de Vintimille et de Béranger, sont recueillies par Julie, la femme de chambre, qui les défend contre les grossièretés dans le village où elle les cache : les petits paysans jettent des pierres à ces enfants, on couvre une grosse vachère des dentelles de leur mère pour en faire une déesse Raison, on force les pauvres petites à chanter devant cette sale déesse et à l'embrasser. Ces enfants vont périr dans la misère, disent à Carnot des amis de leur famille : « Là-dessus il a d'abord détourné la tête, il a souri dédaigneusement, haussant les épaules comme pour dire qu'il n'y aurait pas grand mal à cela ; et tout à

---

[1] Mortimer-Ternaux, t. III, p. 567.
[2] Comtesse de Sainte-Aulaire, *Souvenirs*, p. 11.

coup, sans quitter sa plume, il s'est levé tout en colère, et avec une voix menaçante : Retirez-vous, citoyens, nous a-t-il crié, vous calomniez la République, elle a des secours pour les indigents [1] ! »

Ces jeunes filles semblent en effet avoir été nourries, ainsi que la fidèle Julie, aux frais du bureau de bienfaisance; elles ont gardé, dans les souvenirs de cette enfance lugubre, la mémoire des régals auxquels elles étaient conviées chez la portière de Cambacérès, lorsqu'il y avait des restes après les grands repas.

Ceux qui avaient émigré de bonne heure s'étaient figuré que leurs filles ne couraient aucun danger dans les couvents où on les élevait : le marquis de P.l., par exemple, croyait que ses filles Agathe et Désirée étaient en sûreté à la Visitation de Moulins; son ami M. des Écherolles réussit à les faire évader, à les cacher d'asile en asile jusqu'à ce qu'il trouvât l'occasion de les acheminer sur Chambéry, où elles retrouvèrent leur père [2].

A Paris, les jeunes filles des pensionnats furent souvent cruellement traitées; une enfant de huit ans est mise dans la rue avec les autres enfants de son couvent, les religieuses sont en prison; elle se souvient de la barrière par où l'on sort pour aller au château de sa grand'mère, marche longtemps, tombe épuisée sur la route, meurt. Le fils de Rivarol erre à demi nu dans les rues de Paris, en mendiant. Heureux encore les enfants

---

[1] Philippe DE SÉGUR, Mélanges.
[2] Alexandrine DES ÉCHEROLLES, p. 41.

quand ils ne tombent pas aux mains d'une mégère qui les accable de coups et les soumet à un travail trop pénible [1]. Le jeune R..., âgé de treize ans, laissé en France comme sauvegarde contre la confiscation, est soumis à de telles avanies qu'il part seul, à pied. Les souliers s'usent, ses vêtements tombent en lambeaux, il reçoit la charité, il couche dans les granges, il se sent dévoré par la vermine, il arrive à Vienne après trois mois de marche et retrouve ses parents, qui ont été accueillis comme Lorrains par la famille impériale.

Contre les enfants se sont acharnés le plus longuement les hommes de la Révolution. Vers la fin du Directoire, au moment où l'on parlait de pacification et d'oubli, Pons, *dit* de Verdun, le méchant poëte, vient au conseil des Cinq-Cents faire une motion d'ordre sur les enfants d'émigrés [2]. Il s'indigne qu'on en laisse auprès de leur mère qui les élève dans la haine de la Révolution, qui les fait voyager pour les montrer à leur père émigré ; il avoue qu'ils ne sont pas dangereux par eux-mêmes, « car il n'existe pas de vice de naissance », mais on les dresse, ajoute-t-il, « comme des animaux féroces, au mépris des républicains » ; les enfants doivent être enlevés à la mère qui « empoisonne une partie de la génération future » et se montre meurtrière en les laissant voir à leur père coupable.

---

[1] Les jeunes R... sont pris comme valets par une maîtresse d'établissement de bains à Caen : elle les frappe, elle les prive de nourriture.
[2] Le 15 frimaire an VI.

Époque lamentable. Quand un enfant vient au monde à travers ces angoisses, on espère du moins qu'il recueillera le fruit de tant de souffrances. Lombard (de Langres) se console en pleine Terreur quand il voit naître son fils ; il se flatte que cette tête chérie blanchira dans une période de paix, il ne prévoit pas que cet enfant sera tué avant vingt ans dans la campagne de Russie. Pour alimenter le canon, les jeunes mâles viennent au jour, génération conçue dans l'horreur, ensevelie durant la vie des mères.

IX

LES RÉGIMENTS.

Au régiment, du moins, on pouvait se croire protégé contre la persécution : plusieurs officiers gardèrent cette illusion. Nous, aujourd'hui, nous sommes tentés de blâmer ceux qui ont cherché le salut dans l'émigration, au lieu de s'abriter sous les plis du drapeau tricolore. Nous sommes tentés aussi de croire que les héros de nos guerres nationales étaient des parvenus, comme Hoche, Augereau, Lannes, Ney, Murat.

Les généraux de nos premières campagnes appartenaient tous à l'ancienne noblesse [1] : ceux des années

---

[1] Il y avait même une sorte de coterie d'officiers généraux qui a

suivantes ont quelquefois altéré leurs noms pour dérouter la délation qui s'acharnait contre leur origine, mais ce sont tous de vieux officiers, tels que les généraux du Gommier, du Merbion, Desaix de Voygoux, de Pérignon; dans l'armée d'Italie de 1794, un général écrit[1] : « Nous nous trouvons sept officiers généraux, anciens camarades d'école »; à leur tête était Schérer, autrefois major dans l'armée de Louis XVI. Les généraux de l'Empire étaient presque tous les survivants des officiers de Louis XVI, qu'avaient épargnés vingt ans de guerres, comme les généraux de Richepanse, de Canclaux, d'Aboville, de Nansouty, d'Hédouville, de Menou, de Lagrange, de Latour-Maubourg, de Gouvion-Saint-Cyr.

Quelquefois c'est l'officier noble qui entraîne son régiment vers les idées révolutionnaires, comme le marquis de Valence, qui, dans la garnison du Mans, fraternise avec le peuple et achète des biens du clergé; ou comme le marquis de Grouchy, qui conduit brusquement son régiment de Montmédy à Lunéville, pour empêcher que les soldats soient emmenés par les recruteurs de l'armée des princes[2]. Ils font plus. Ils

durant longtemps été sous le charme des illusions, tels sont La Fayette, Rochambeau, Biron, Custine, Beauharnais, Montesquiou, Dillon, La Marlière, La Bourdonnaye; quant à Narbonne, il était simplement sous l'influence de madame de Staël.

[1] *Lettres du général Dommartin*, publiées par M. DE BEZANCENET.
[2] GROUCHY, *Mémoires*, publiés par le marquis de Grouchy, son petit-fils, t. I, p. 5. Louis XVI l'avait nommé colonel à vingt-cinq ans.

luttent contre l'insubordination, les préjugés et l'ignorance, pour maintenir les traditions militaires dans les vieux régiments de Louis XVI. Le comte de Narbonne organise trois camps sous les ordres de La Fayette, de Rochambeau, le conquérant de New-York, et de Luckner, le vétéran de la guerre de Sept ans. Il inspecte ces trois armées, malgré les inquiétudes de madame de Staël, qui craint de l'y voir assassiner et le suit sous un déguisement[1]. Dès que la guerre est commencée, et durant toute la République, ce sont encore d'anciens gentilshommes qui, réunis sous le nom de *comité topographique*, luttent contre la désorganisation introduite par les conventionnels et les municipalités. Le *comité topographique* équipe, arme, nourrit les soldats, trace les plans de campagne, redresse les erreurs des généraux, soutient seul la bataille d'une nation gouvernée par des fous contre l'Europe.

Carnot en a eu la gloire. Carnot, le méchant poëte, a du moins le mérite bien rare d'avoir eu conscience de son ignorance en stratégie, et de s'être laissé guider avec une patriotique docilité par les hommes de guerre du *comité topographique*; il les a défendus avec abnégation contre ses collègues les plus sanguinaires. Les contemporains n'ignoraient pas ce fait : les émigrés eux-mêmes connaissaient la rue où se tenaient les séances et les officiers qui s'y réunissaient : « Les plans,

---

[1] Comte DE FERSEN, *Journal*, 7 juin 1792.

dit une note remise en 1793 aux frères de Louis XVI, sont faits par un comité composé de MM. d'Arçon, de Laffitte et autres officiers, qui s'assemblent à l'hôtel de la guerre, rue Grange-Batelière[1]. » Les Prussiens se souviennent encore de ces organisateurs de la victoire. Nous, nous n'avons vu que le capitaine du génie, gras et blafard, nous avons oublié Arçon, Clarke, Lacuée de Cessac, Montalembert, Laffitte[2].

Le général d'Arçon[3], l'inventeur des batteries flottantes avec blindage, avait près de soixante ans. C'était l'homme aux idées fécondes. Il fut détaché du comité topographique pour diriger Pichegru durant la campagne qui nous donna la Hollande. Bonaparte en fit un inspecteur général, mais il mourut au commencement du Consulat.

Clarke n'était que capitaine de dragons : il fut choisi par Custine pour chef d'état-major, et apprit sous ses yeux la guerre et l'administration militaire. Proscrit et traqué durant quelques années, il devint en 1795 chef du bureau topographique. On sait qu'il a la gloire d'avoir été l'un des deux ministres de la guerre durant les grandes campagnes de l'Empire.

Lacuée, comte de Cessac, était l'autre ministre des guerres heureuses de l'Empire. C'est lui qui sut utiliser

---

[1] Ms., vol. 624, f° 292.
[2] Bonaparte a fait également partie de ce comité en 1795.
[3] Une notice sur sa vie a été publiée par Girod-Chantrans. Besançon, 1801, avec portrait.

Dumouriez et Carnot sans être leur dupe, et comprendre le génie militaire de Bonaparte. A l'heure où sa supériorité le rendit suspect, il quitta le comité topographique pour commander l'armée du Midi. Ses lettres sont remarquables par la précision des ordres et la netteté des idées[1]; sa fermeté le fait écouter aussi bien de Carnot, son supérieur, que du général Dupont, son subordonné; chacun reconnait l'homme de commandement[2]. Lacuée de Cessac a montré sa valeur non pas seulement comme manieur d'armées, mais aussi comme adversaire impitoyable des fournisseurs véreux : son intégrité souleva tant de haines dans le monde puissant et hargneux des donneurs de pots-de-vin, que Napoléon lui-même ne put le défendre contre leurs rancunes.

Montalembert avait son frère dans l'émigration[3]; il était membre de l'Académie des sciences, et ses ouvrages sur la défense des places ont fait longtemps autorité en Europe.

Le marquis de Laffitte-Clavé, colonel du génie, ne figura au comité que durant les premiers mois : il est mort en apprenant sa mise en accusation.

La mise en accusation venait, en effet, frapper par derrière ces défenseurs de la patrie; quelquefois à

---

[1] Voy. notamment sa lettre du 27 février 1793, au général Marbot.
[2] Voy. sa lettre à Grouchy, du 10 mai 1794. (Grouchy. *Mémoires*, t. I, p. 227.)
[3] C'est ce frère émigré qui est le père du grand orateur.

l'heure même où ils tombaient morts sur un champ de bataille, comme le comte de Dampierre, dont les biens étaient confisqués pendant qu'il se faisait tuer à la tête de l'armée de Valenciennes[1]. Moreau était vainqueur dans un combat, le jour où l'on guillotinait son père :

> Hélas ! un même jour, jour d'opprobre et de gloire,
> Voyait Moreau monter au char de la victoire,
> Et son père au char du trépas[2].

Les armées ne sont pas plus habitables que le reste de la France. Pas d'autorité, pas de sécurité. « Il y a aujourd'hui bien du mérite à rester à son poste, écrit le général Dommartin[3], il faut tendre le dos. » Il faut organiser les comités « des amis de l'égalité » dans les villes conquises; se vanter, comme le général Valence, d'avoir changé en Charle-sur-Sambre, le nom de Charleroi; écrire comme Biron[4] : « Je désirerais savoir si la crainte de ne plus servir utilement la République ne m'autorise pas à donner ma démission, ou s'il est plus respectueux d'attendre en silence qu'elle me destitue. »

Un peloton de dragons ne peut se mettre en mouvement sans une autorisation des municipalités, qui se font montrer les ordres militaires et qui les discutent[5].

---

[1] Ségur, Décade, t. II, p. 142.
[2] Victor Hugo, les Vierges de Verdun. Mais je ne suis pas sûr que ce soit bien exact. On peut citer de même le général Desaix, dont la mère et la sœur sont arrêtées pendant qu'il est aux armées.
[3] Lettre du 22 juillet 1791, publiée par M. de Bezancenet.
[4] Biron à Lebrun-Tondu, de Nice, le 9 mai 1793.
[5] Bimbenet, Louis XVI à Varennes, p. 98.

La garde nationale ouvre ses rangs à tous les déserteurs; quelques-uns se font inscrire dans plusieurs compagnies pour toucher autant de fois la solde. Trois cents canonniers du régiment de Toul sont admis comme « canonniers soldés » de la garde nationale de Paris[1]. Si un colonel cherche à rappeler ces déserteurs, le maire de Paris intervient pour intéresser La Fayette, par exemple au nommé Rivière, qui « a déserté ses drapeaux pour se jeter dans la capitale où il a servi avec zèle et intelligence; la municipalité lui a accordé un congé absolu[2] ». Les déserteurs du régiment d'Alsace sont également libérés par le maire[3]. Les citoyennes se substituent quelquefois aux maires : quand on veut envoyer de Versailles à la frontière le régiment de Flandre, les femmes de Versailles s'attroupent, ramènent chez elles leurs soldats, les cachent, les gardent[4]. A Marseille, le peuple corrompt les régiments, les oblige à déposer dès juillet 1789 leurs armes devant le portrait du Roi; c'est, dit Mirabeau[5], « le délire de la sensibilité ». Fox, au Parlement anglais, admire, comme Mirabeau, ces soldats qui violent leur serment et se montrent vrais citoyens. « Ils déshonorent la profession, lui répond le colonel

---

[1] Général POISSONNIEN-DESPERRIÈRES, *Mémoires*, p. 17.
[2] Ms. Bibl. nat. fonds français, 11697, Bailly à La Fayette, 7 janvier 1790.
[3] *Courrier de l'Europe*, février 1792, p. 144.
[4] P. LENFANT, *Correspondance*, t. II, p. 24, avril 1791.
[5] Discours du 24 janvier 1790, p. 17. Bibl. nat., Le; 29 ; 440.

Phipps[1]; contre leur devoir ils se sont unis aux émeutiers. »

En 1790, le ministre de la guerre[2] déclare que l'insubordination est universelle, que les caisses militaires sont enlevées, que les officiers sont chassés ou tués. Mais son successeur, en 1793, défend d'infliger des punitions aux déserteurs et aux mutins : on doit se borner à des exhortations fraternelles, car « l'homme libre se persuade par la confiance et ne se soumet point par la crainte[3] ». La révolte de la garnison de Nancy est un des exemples les plus remarquables de la situation qui était faite aux officiers lorsqu'ils s'obstinaient à ne pas émigrer.

M. de Malseigne, lieutenant-colonel des carabiniers, est envoyé par l'Assemblée constituante à Nancy, pour faire un rapport sur les réclamations du régiments de Châteauvieux[4] : les soldats l'environnent dans la cour de leur caserne, et veulent le retenir prisonnier ; il tire son sabre, charge ceux qui lui ferment le passage, et s'enferme chez M. de Noue, commandant de place. Le régiment de Châteauvieux vient l'y assiéger, les régiments de Roi-infanterie et cavalerie-mestre de camp répandent le bruit que leurs officiers sont vendus à l'Autriche : c'est en août 1790, en pleine paix, à l'époque

---

[1] *Annual Register*, 1790, p. 66.
[2] Rapport de la Tour-du-Pin, le 4 juin.
[3] Sybel, t. II, p. 351. C'est Bouchotte, le 1er juillet 1793.
[4] Formé de Suisses de Genève et Vaud.

où la tradition montre une Assemblée constituante qui dicte des décrets obéis pour le bonheur du peuple. Malseigne montre les décrets de l'Assemblée, les pouvoirs dont elle l'a investi, il est hué par les gardes nationaux[1]. Il sort alors, il traverse à cheval les rangs des séditieux. Il galope vers Lunéville, d'où il veut ramener ses carabiniers, afin de rétablir l'ordre par la force. Mestre de camp selle ses chevaux et part à sa poursuite sur la route de Lunéville. Pendant ce temps, on arme à Nancy les hommes qui ont été exclus de la garde nationale, on enferme le commandant de place dans la prison. La garnison de Lunéville livre Malseigne aux révoltés ; on le blesse, on le lie, on le jette dans le même cachot que de Noue.

Bouillé, avec le régiment de Salm, accourt devant Nancy. Sous la porte de Stainville est un canon chargé à mitraille, les rebelles attendent pour y mettre le feu que la colonne de Bouillé commence à se masser devant la porte ; c'est alors que le chevalier de Silles, officier au régiment du Roi, se jette sur la lumière de la pièce, la ferme de son corps ; il est déchiré à coups de baïonnette, mais pendant ce temps les premiers assaillants arrivent jusqu'à lui, pénètrent dans Nancy. Après un combat de quelques heures dans les rues, Bouillé se rend maître des séditieux. Ceux qu'il fait condamner aux galères seront, l'année suivante, portés en triom-

---

[1] C'est CARLYLE (t. II, p. 98 à 125) qui a le mieux exposé les faits.

phe dans les rues de Paris et proclamés héros au Palais-Royal. Quant au colonel de Malseigne, il juge opportun de renoncer à ses carabiniers qui l'ont livré, il va devenir aide camp du roi de Prusse [1].

Chaque régiment a de même ses meneurs et ses émeutes : le général de Menou veut empêcher son camarade Dampmartin [2] d'émigrer : Dampmartin est un partisan des réformes, il est désolé de voir l'homme « modéré » succomber sous la haine de tous les partis, mais il renonce à une lutte impossible, il émigre, et quelques jours plus tard, son ami Menou est massacré avec quatorze officiers. A Valence [3], le comte de Voisin, commandant militaire, est assommé par le peuple, son sang est recueilli dans une bouteille, on le boit sur la place. A Lille, les régiments royal-des-vaisseaux et la-Couronne font la contrebande et assassinent les douaniers ; ils versent des larmes quant Livarot, un des colonels, leur rappelle leur gloire de Crémone et de Fontenoy, puis se mutinent de nouveau, se battent contre le régiment chasseurs-de-Normandie et finissent par mettre en prison tous les colonels. La municipalité de Lille prend parti pour les soldats contre l'Assemblée constituante. C'est encore à Lille que, au début de la campagne de 1792, les soldats assassinent le général Dillon, les colonels de Berthois et de Chaumont ; ils font

---

[1] Comte DE CONTADES, *Journal de Jacques de Thiboult*, p. 67.
[2] DAMPMARTIN, *Mémoires*, p. 262.
[3] ROMAIN, *Souvenirs d'un officier*, t. II, p. 81.

AVANT L'ÉMIGRATION.

cuire leurs débris[1], ils forcent Rochambeau, le général en chef, à se cacher dans l'abbaye de Saint-Saulve[2]. Beauharnais écrit[3] « Biron et Rochambeau, dont le patriotisme est reconnu par toutes les sociétés d'Amis de la Constitution, ont couru risque de leur vie par l'effet des soupçons que l'on a répandus dans la troupe. »

A Caen, le comte de Belsunce, major du régiment de Bourbon[4], est protégé par la municipalité, qui l'enferme dans la prison; les soldats l'en arrachent; il est « déchiré en lambeaux et mangé par des furieux ». La municipalité de Brest déclare que M. de Martinet, officier dénoncé par des soldats, est exclu à jamais de tout service militaire. Les soldats du régiment de Touraine, à Perpignan, offrent aux officiers « d'oublier » leur conduite, les officiers les chargent l'épée à la main. Royal-Pologne, à Lyon, enferme ses officiers et les laisse tuer par le peuple. Ainsi sont tués par les soldats unis au peuple quantité d'officiers : Patry, à Brest; Beausset, à Marseille; Rully, à Bastia; Rochetaillée, à Saint-Étienne; d'Arche, dans la Corrèze[5]; le colonel de Mauduit est tué de même à Saint-Domingue, les nègres profitent de la révolte des soldats, la colonie est perdue pour la France. L'amiral de Gri-

---

[1] *Courrier de l'Europe*, p. 291.
[2] Fersen, *Journal*, 25 mai 1792.
[3] Ms. Arch. nat. AF; I; 20.
[4] *Mémoire de Grimm*, Société de l'histoire de Russie, 1868, p. 358. Voir Lucien Perey et Gaston Maugras, *Dernières Années de madame d'Épinay*, p. 374. C'est en août 1789.
[5] Verneilh-Puiraseau, *Souvenirs*, p. 252.

moard, qui réussit à maintenir l'ordre dans la flotte, est guillotiné après son retour à Rochefort. La marine n'est pas mieux disciplinée : « La discipline, écrit l'illustre Bougainville [1], cette discipline sainte sans laquelle ne peut exister une armée navale, est anéantie. » M. de la Jaille, qui sur son refus vient prendre à Brest le commandement de la flotte qui doit nous rendre Saint-Domingue, est emprisonné par la municipalité [2]. Le chef d'escadre d'Albert de Rions est destitué par ses marins ; le chevalier de Ramatuelles, capitaine de vaisseau [3], est obligé, « par les clameurs applaudies dans les sociétés populaires de Toulon », de donner sa démission, de se cacher à Saint-Tropez ; « il eut le bonheur de se sauver au moment où un détachement de volontaires envahissait son habitation ». Le capitaine de vaisseau Cogolin est pris et tué par ce bataillon. La marine arrive à cet état piteux qu'a observé le père de l'historien Macaulay, qui voit arriver une escadre française sur la côte d'Afrique ; les ponts des navires sont couverts d'immondices ; les hommes, de vermine. Dans la cabine de l'amiral Lallemant entrent familièrement les matelots, ils prennent part aux discussions.

Mais la marine subissait plus rarement que l'armée de terre la présence déshonorante des membres de la

---

[1] Bougainville à Bertrand de Molleville, 22 janvier 1792. *Courrier de l'Europe*, p. 147.
[2] Duchesse DE TOURZEL, *Mémoires*, t. II, p. 19.
[3] Ms. Arch. nat. BB; 1; 77. Pétition au général Bonaparte du citoyen Cyprien-Audibert de Ramatuelles.

Convention, délégués aux armées. Un postillon comme Drouet, un poëte de bouges comme Saint-Just, un huissier comme Merlin, prennent le commandement, méprisent le général, se montrent emphatiques, luxurieux et féroces. Merlin se fait mépriser, même des cantinières; Saint-Just mène la guillotine aux campements et jusque dans les batteries. Autour d'eux grouillent les délateurs; Lafont, juge militaire à l'armée d'Italie [1], annonce que les officiers sont tous nobles et conspirent pour faire succomber les soldats, mais que « le soldat, habile à se passer des chefs, vainqueur toujours par ses propres directions, a prévu tout, paré à tout, et rendu vaines les spéculations perfides des officiers supérieurs... Le général en chef du Merbion fut chevalier de Saint-Louis, les généraux Serrurier, Pana Saint-Hilaire, Kerveleguen, Basquier, sont tout aussi nobles; le fort Montalban est commandé par un nommé Moreau, aristocrate, noble, chevalier de Saint-Louis. » Une vingtaine de généraux sont guillotinés, un plus grand nombre doivent fuir leur armée; Vernon et Barthélemy se plaignent de l'incapacité de Houchard; on tue Houchard, on tue Vernon et Barthélemy. La Marlière défend la ville de Lille, la sauve; le maire en a l'honneur, La Marlière, la guillotine [2]. Un simple caporal n'hésite pas à dire à son colonel [3] : « Vous pourriez

---

[1] *Papiers de Robespierre*, t. III, p. 163, le 7 pluviôse an II.
[2] Le 23 décembre 1793. BEUGNOT, *Mémoires*, t. I, p. 263.
[3] Général POISSONNIER-DESPERRIÈRES, *Mémoires*, p. 80.

bien penser comme ces messieurs de l'autre côté, mon premier coup de fusil sera pour vous. » Kellermann, le héros de Valmy, est tenu treize mois en prison par le caprice d'un aventurier nommé Albitte [1]; Hoche va en prison; même le légendaire La Tour d'Auvergne, le bâtard de la Bretonne Corret, bien qu'il renonce à son grade de capitaine, est réduit à écrire [2] : « On est entouré de tant d'ennemis déclarés et de tant d'ennemis cachés qui ne se bornent pas à vous haïr ! » Dans la seule armée du Rhin, sept mille officiers sont destitués comme nobles [3]; on destitue, comme noble, même Grouchy, qui avait donné tant de gages aux révolutionnaires ardents, même un certain comte de Flotte, qui avait eu les honneurs d'une séance de la Convention, pour avoir prouvé qu'il s'était montré insolent envers le Pape, et qui avait dit : « La lumière paraît, il doit périr ! » Ce mot ne le sauve pas de la tache originelle [4].

Voilà le refuge qu'offraient les armées.

Pas plus de sécurité pour les simples soldats. Le jeune La Ferté marche parmi les volontaires parisiens et fait avec eux la campagne de 1793; il est ensuite incor-

---

[1] Autographes coll. B. Fillon, n° 2711.
[2] Ibid., n° 2723. Voir aussi TAINE, Revue historique, mai 1883. C'est Bonaparte, ce n'est pas la République qui a nommé La Tour d'Auvergne premier grenadier de France. La République l'avait forcé à se cacher dans Passy.
[3] SYBEL, t. II, p. 513.
[4] Frédéric MASSON, les Diplomates de la Révolution, p. 120. — Il alla mourir de misère à Séville.

poré comme hussard au 9ᵉ régiment ; ses camarades lui présentent le journal qui annonce l'exécution de son père [1], et l'accablent dès lors de telles injures, qu'il est forcé d'émigrer. Antoine-Louis de Gramont, soldat au 1ᵉʳ de ligne ; François de Grandchamp, hussard au 7ᵉ régiment [2] ; Reymeng, tambour ; Bodin, canonnier, sont portés comme émigrés, afin que l'on puisse confisquer leurs champs. M. de Prisye [3] se plaint au conseil des Cinq-Cents, qu'au moment où il était soldat à l'armée des Alpes, une servante de sa famille le fit déclarer émigré, fit guillotiner son frère, et se fit adjuger tous les biens sous le nom d'un bâtard qu'elle prétendait avoir eu de ce frère. A Rethel, quatre engagés au 10ᵉ dragons sont arrêtés comme suspects ; les volontaires parisiens les massacrent [4].

Ce sont cependant les officiers de l'ancien régime qui ont maintenu, durant les deux premières années de la guerre, les vieux régiments, et ont sauvé le pays avec l'ancienne armée ; assassinés, traqués, ils gardaient leur poste, ils ne se lassaient pas de lutter pour rétablir la discipline ; ils reconquéraient leur autorité par le prestige de leur bravoure. Ces souffrances intérieures n'étaient pas les seules : ils se savaient en même temps soumis au mépris de leurs camarades émigrés ; c'était

---

[1] Ms. Arch. nat. BB ; 1 ; 73, au mot Papillon de la Ferté.
[2] Ibid., BB ; 1 ; 71.
[3] Ibid., AF ; III ; 36 ; 131.
[4] Mortimer-Ternaux, t. V, p. 563.

un déchirement cruel. Lorsque l'un d'eux était fait prisonnier, il était regardé avec une sorte de pitié par les nobles qui avaient quitté la France. « Je rencontre, écrit un émigré [1], Montpezat prisonnier de guerre, et suis singulièrement affecté à l'aspect d'un ancien camarade dont je blâme la conduite, mais que je me souviens d'avoir estimé. »

Mais les plus graves soucis qu'aient éprouvés les généraux et les officiers sont venus des désordres apportés dans l'armée par les volontaires. Aussi le maréchal Bugeaud a pu dire avec raison [2] : « Les volontaires ont tout dérangé; à Valmy et à Jemmapes, les principales forces étaient composées de l'ancienne armée de ligne. » Les volontaires [3] demandaient que l'on chassât « sans miséricorde tous les nobles de nos armées; il est temps que l'armée soit purgée de tous ces scélérats qui l'infectent, et qu'ils soient remplacés dans tous les grades par de vrais sans-culottes ». Dès que cette tourbe apparaît, un officier comme le comte de Noailles, qui venait d'insister avec chaleur près de Louis XVI pour obtenir la sanction des décrets contre les émigrés, émigre à son tour, en déclarant qu'on n'avait plus de plaisir à se faire tuer.

[1] Comte DE CUSTADES, *Journal de Jacques de Thiboult*, p. 23.
[2] Le 6 janvier 1834.
[3] Rapport à Bouchotte. Voy. ROUSSET, *les Volontaires*, p. 202.

X

L'ÉMIGRATION FORCÉE.

Donc ni loi ni police, ni justice ni sécurité. Le criminel, le fanatique, l'hypocrite, l'aliéné dispose à sa fantaisie des biens et des personnes. « Il n'était que trop prouvé qu'on ne pouvait plus exister sur cette terre de désolation [1]. » Lutter légalement, le comte de Vaublanc l'essaye, il est condamné quatre fois à mort; il erre à pied de village en village, inventant chaque fois une nouvelle fable pour expliquer sa détresse; caché par les uns, dénoncé par les autres, il est épuisé par les privations sans obtenir un résultat. « Vous avez tort de partir, disait à madame Le Brun la belle demoiselle Boquet [2]; moi, je crois au bonheur que doit nous procurer la révolution. » Et la belle Boquet fut presque aussitôt guillotinée pour avoir brûlé « les chandelles de la nation » tandis qu'elle était logée au château de la Muette. Une femme s'obstine-t-elle à rester dans son château, comme la comtesse de Neuilly [3], on tire des coups de fusil dans ses fenêtres.

---

[1] Grimm, *Mémoire*, Soc. hist. Russie, 1868, p. 359.
[2] Madame Lebrun, *Mémoires*, p. 20.
[3] Comte de Neuilly, *Souvenirs*, p. 35.

— « Ramenez l'ordre et la justice, dit M. de Murinais, il n'y aura plus d'émigration [1]. »

Il faut partir. Blâmera-t-on d'avoir cherché un asile à l'étranger cet abbé Goffard, qui, menacé par le peuple, se réfugie chez le juge de paix de Stenay, d'où il est tiré « par les cheveux; alors la populace s'est jetée sur lui, l'a accablé de coups et traîné à terre avec des cris d'apporter une corde pour le pendre [2] »; ou le prince de Poix, qui n'échappe de prison qu'en corrompant deux membres de la Commune [3]; ou madame de la Roquette, qui voit amener chez elle son fils, à Aix, uniquement pour le pendre à la grille de sa fenêtre, sous ses yeux [4]; ou ceux que glacent les nouvelles reçues chaque matin des incendies et des massacres; ou ceux qui se savent soupçonnés de forfaits imaginaires, comme M. des Écherolles, qui a miné la cathédrale de Moulins pour la faire sauter avec le peuple, durant la messe de minuit; ou ceux qui sont jetés dans la rue, comme Andrea des Prez, dont on a emprisonné le mari, pillé la maison, séquestré les biens, en la laissant « sur le pavé, sans pain [5] » ?

De bonne heure, les convoitises locales sont surexcitées par l'appât des biens confisqués qui peuvent être

---

[1] Duchesse DE TOURZEL, *Mémoires*, t. I, p. 160.
[2] Ms. Arch. nat. BB; 1; 72.
[3] Les nommés Martin et Daujon; ils ont agi non par honnêteté, mais par cupidité, ils ont continué leurs exactions dans l'Yonne. (MORTIMER-TERNAUX, t. IV, p. 543.)
[4] P. LENFANT, *Correspondance*, p. 127.
[5] Ms. Arch. nat. F; 7; 4826.

acquis à vil prix : chacun redouble de perfidies cruelles et d'avanies savantes pour pousser dehors ceux qui refusent d'émigrer : en vain Montyon a été le bienfaiteur de ses paysans, il n'est pas protégé par son renom glorieux d'homme bon et utile, ses champs sont désirés, c'est assez : on le porte sur la liste des émigrés, sous le prétexte qu'il n'habite pas Seine-et-Marne [1]. Quelquefois le villageois porte l'empressement jusqu'à donner un passe-port au propriétaire des bonnes terres, on le conduit de force loin du village; « et de peur qu'il échappe en route et ne reste dans le pays, on le fait accompagner par un gendarme avec ordre de le déposer à Genève [2] ». M. de Gouy d'Arcy éprouve un sort analogue [3] : il plante le premier arbre de la liberté, il verse pour la patrie le tiers de son revenu, il est pillé dans son château trois fois en dix jours; il vient à Paris, on le guillotine. Portalis a été traqué davantage encore [4]; chassé du village par ses paysans provençaux, il se retire à Lyon; de Lyon on l'expulse par le motif qu'il n'y est pas né : il se réfugie à Villefranche, on y tue son secrétaire; il fuit à Paris, on l'enferme en prison. Tous les membres du comité révolutionnaire de Wissembourg, sauf un seul, se sont rendus acquéreurs des biens abandonnés par les paysans qui

---

[1] Labour, *Montyon*, p. 101.
[2] Ms. Arch. nat. F: 7; 4829. Affaire Dufour.
[3] Taine, t. III, p. 345.
[4] Lavollée, *Portalis*, p. 40.

fuyaient la famine : « Je l'ai vu, ce malheureux pays, j'ai traversé des communes entières sans y trouver un seul habitant » ; et quand les paysans reviennent, « ils sont repoussés par les spoliateurs de leurs biens ¹ ».

Nulle nécessité d'être noble ou officier pour être soumis à la persécution; la richesse, la jalousie, une haine privée, suffisent : un receveur de douanes, qui a *été commis durant trente ans dans les bureaux de la ci-devant ferme générale*, est décrété d'arrestation comme « noble » ; il échappe, émigre, et, dit-il, « préférant la faim à la honte, je ne distraisis pas une obole des fonds dont j'étais dépositaire ² ».

Quant aux gens d'Église, comme chacun d'eux peut être déporté sur la demande de vingt citoyens, comme ce qu'on leur demande, c'est simplement l'apostasie, rien ne pouvait les dispenser de la déportation ou de l'émigration. En agissant contre leur conscience, ils auraient continué à trouver leur nourriture en France; qu'un fanatique place sa volupté à violenter les âmes, c'est triste, mais des incrédules qui cherchent de sang-froid à se procurer les jouissances de la persécution sont les pires criminels. On ne voulait pas que le clergé subît des conditions acceptables, on tenait à le déshonorer par une apostasie ou à l'exclure par la déporta-

---

¹ Ms. Arch. nat. AB, II, B, 1; opinion de Bailly (de Seine-et-Marne) aux Cinq-Cents, 17 messidor an V. Voir *ibid.*, le rapport de Harmand (de la Meuse) aux Anciens.

² Ms. Arch. nat. F; 7; 4828. Il se nomme Dalmais et est receveur à Versoix. C'est Albitte qui ravage le département de l'Ain.

tion. Cent francs à qui dénonce un prêtre, la mort pour qui le cache [1]; une fois reconnu en France ou en pays conquis, le prêtre est tué dans les vingt-quatre heures [2]. Assurément le clergé de France aurait pu, loin de la menace et en face de la bonne foi, consentir quelques transactions; mais dans la situation qui lui était faite, il ne pouvait que dire comme l'archevêque de Boisgelin [3] : « J'ai écrit au Pape que nous étions dans le danger, que le courage était la loi du danger; que c'était à lui, dans son repos, dans sa sécurité, loin du trouble et du péril, à préserver la religion par des décisions mesurées. Nous aurions pu les prendre, ces voies mesurées, si nous avions été assemblés. Nous ne le sommes pas. » Dès 1791, on commence à craindre « que les nobles réunis dans les campagnes aux prêtres non assermentés donnent plus de force à une résistance embarrassante [4] », on tient à « retenir les émigrés hors des frontières », ce qui a, en outre, l'avantage de permettre la confiscation des biens. La liste générale des émigrés commence à être imprimée en vertu de la loi du 25 juillet 1793, qui exprime naïvement les convoitises : « La vente des biens des émigrés doit procurer des ressources immenses à la République »; c'est une « vengeance nationale » qui se formule en écus,

[1] Loi du 23 octobre 1793.
[2] Lois des 17 mars, 21 avril et 23 octobre 1793.
[3] Ms. Arch. nat. C, II, 108. Boisgelin au Roi.
[4] *Correspondance de Mirabeau*, t. III, p. 264. Lettre de Pellenc, du 12 novembre 1791.

quoi de plus juste? Barère l'explique : « La patrie peut, dans le cas de danger, suspendre le droit ; l'émigrant a rompu la stipulation qui fait la base du contrat social. » Sophismes abjects. Être maître de son champ, habiter où l'on trouve la sécurité, c'est le droit de l'homme civilisé. Qui viole ce droit diminue la civilisation.

A peine créée, la liste grossit : les volumes in-folio s'entassent, puis les listes supplémentaires et « supplétives ». Lamentable lecture. Une ligne, un mot, c'est la destruction de familles charmantes, d'âmes délicates, de science amassée ; ce sont des vies ravagées, des tendresses meurtries. C'est surtout la cupidité la plus répugnante qui s'enroule dans l'hypocrisie du patriotisme : « Je puis t'assurer, écrit le directoire de Loir-et-Cher au ministre de la justice [1], que l'administration ne néglige aucune des mesures qui peuvent tendre à la prompte mise en vente des biens de ces scélérats » ; résultat capital, surtout dans les Pyrénées-Orientales, où les patriotes, « véritables sans-culottes, on peut même dire sans chemises, ne cesseront de dire : L'égalité ou la mort! »

Le produit des confiscations n'est pas toujours d'une réalisation avantageuse : on voit, par exemple, pour les saisies faites à Marseille, « trois *quirats* sur le brigantin *l'Optimisme*..., un christ en bois doré monté sur velours noir..., plantes et arbres exotiques dont la

---

[1] Ms. Arch. nat. BB; 1; 67.

valeur est un objet conséquent..., une maison de commerce en Syrie... » Aussi tout se prend, même les biens pour lesquels mainlevée a été donnée en vertu de la loi [1]; même les effets de la servante Finette, « qui a préféré les chaînes de l'esclavage [2] »; même les propriétés des étrangers qui sont sortis de France, comme [3] Xavier de Maistre, Charles de Beaulieu et autres officiers piémontais, et de ceux qui ont quitté leur pays depuis l'entrée des Français [4], comme les religieux de l'abbaye de Saint-Tron, les échevins de Ruremonde et de Liége, le chapitre de Munsterbilden, le général autrichien de Reischach, les fonctionnaires du prince de Liége et du conseil souverain de Gueldre, Tongres et Maëstricht [5]. Bien plus, les habitants de la Savoie qui restent enrôlés dans les armées de leur roi sont dits [6] « émigrés déserteurs à l'ennemi ». Les étrangers qui quittaient leur pays envahi ne s'écartaient pas uniquement par patriotisme, ils fuyaient les exactions des conventionnels en mission : à Gand, on impose aux bourgeois une « contribution fraternelle »; à Tournay, le conventionnel dit aux magistrats : « Je vous ferai prendre l'air à la petite fenêtre de notre bonne mère sainte guillotine »; à Bruges, on enlève des ota-

---

[1] Ms. Arch. nat. BB; 1 : 67, Aveyron.
[2] Ibid., Yonne.
[3] Ibid., Ain.
[4] Ibid., 68, Meuse-Inférieure.
[5] Voy. aussi département de la Lys.
[6] Ibid., Montblanc.

ges [1]. Quelquefois un soldat républicain qui est fait prisonnier de guerre par l'ennemi est inscrit comme émigré, s'il a des biens à prendre [2]. Ceux qui sont dans les prisons de la République, on en a déjà vu, sont aussi inscrits : M. de Dangeville, incarcéré « comme noble » au château de Dijon durant dix-sept mois, voit en sortant que ses biens sont séquestrés parce qu'on l'a porté comme émigré [3]; le duc de Brissac, détenu à Orléans et assassiné à Versailles, est ensuite inscrit comme émigré [4]; la duchesse, sa veuve, est obligée de solliciter Cambacérès pour obtenir du pain. Le comte de Lauraguais est porté comme émigré huit mois après sa mort [5]. Le jacobin suit sa victime au delà de la mort : Lavabre, à Marseille, fuit, la nuit, ceux qui viennent l'arrêter, glisse sur les rochers de Montredon, se noie; on le dit émigré. Mollet, à Aix, s'est tué d'un coup de pistolet dans sa maison par l'effroi d'un mandat d'arrêt; émigré : il n'a pas le droit de soustraire par le suicide ses biens à ceux qui les désirent [6]. « Y a-t-il beaucoup d'émigrés à Chartres ? demande Treilhard. — Pas trop. — Tant pis, il en faut beaucoup [7]. »

On en imagine, s'il en manque. Émigrés, les com-

---

[1] Baron KERVYN DE LETTENHOVE, le Journal des otages de Gand; — les Otages de Bruges.
[2] Ms. Arch. nat. BB; 1; 68. Loiret.
[3] Ibid., F; 7; 4828.
[4] Ibid., BB; 1; 71.
[5] Lettre de son fils à Barras, du 9 floréal an VI.
[6] Ms. Arch. nat. BB; 1; 69.
[7] ANTOINE, Histoire des émigrés français.

merçants qui vont vendre leurs produits [1], les cuisiniers français [2], les ouvriers embauchés à l'étranger [3], les enfants et jusqu'à un maître d'école avec tous ses élèves [4]; émigrés, Antoine, qui s'est enfui de Saint-Dizier pour « se soustraire à une fille qui l'accusait de lui avoir fait un enfant »; du Marché, capitaine du génie en activité à l'armée; Fabri, receveur de district en fonction à Châtillon-sur-Seine [5]; une paralytique qui « n'est pas sortie de son lit depuis dix ans », et jusqu'à des « vagabonds [6] ». M. de Quélen, arrêté en 1798 comme prévenu de conspiration [7], est acquitté; mais le Directoire lui ordonne de sortir de France, et l'inscrit sur la liste des émigrés.

La liste est toujours béante. Les diverses couches viennent s'y étendre successivement. On commence par les ennemis des réformes; puis c'est La Fayette avec son état-major; puis Narbonne, à qui l'Assemblée vient de décerner la couronne civique; le voilà réduit à se faire cacher par Fauchet, l'évêque apostat et honni, qui « lui prête jusqu'à sa maîtresse pour faciliter son évasion [8] ». — « Où peut-on être en sûreté? demande le

---

[1] Ms. Arch. nat. BB; 1; 69. Prévost, marchand de lin de Hollande.
[2] Picot, d'Abbeville, cuisinier à Londres.
[3] Sansoulier, de Douai, ouvrier en lin. Voy. aussi *Tribunal criminel de la Dordogne*, t. II, p. 252.
[4] Paul Soler, âgé de dix ans. Voy. département de Mont-Terrible.
[5] Ms. Arch. nat. F; 7; 4829.
[6] Ms. Arch. nat. BB; 1; 68. Liamone.
[7] Ms. Arch. nat. BB; 1; 73.
[8] MAMET, *Considérations sur les émigrés*, Paris, an VIII. Cette

girondin Lasource. — Ce n'est guère qu'en Pensylvanie », répond le girondin Brisson[1]. Les girondins émigrent à leur tour; émigrent ensuite les républicains qui se vantaient d'être les plus purs, comme Larevellière; il se cache d'abord avec les manuscrits de madame Roland[2] dans la forêt de Montmorency; il est suspect aux paysans : « c'est, disent-ils, un mangeur de plus dans la commune », et le malheureux n'ose manger que des escargots; il prend peur, le voilà en fuite comme un ci-devant, évitant les hôtels où trônent les délégués des comités, grelottant dans l'auberge sous ses vêtements mouillés, loin de la cheminée : « Un grand nombre de rouliers environnaient le feu et me reléguaient dans un coin où j'aimais mieux frissonner que sur le sale grabat qui m'était destiné. » Quelques-uns sont plus gais : Brillat-Savarin, le gastronome, maire de Belley, « ami chaud de la liberté », est obligé de fuir comme les autres républicains. Il dépose[3] devant le consul de France en Amérique, que, malgré son patriotisme et le courage avec lequel il a toujours défendu « les droits du peuple, l'accusateur public était son ennemi personnel »; il demande que la République « rappelle dans son sein

---

maîtresse de l'évêque Fauchet était probablement mademoiselle Coulon, la danseuse dont une seule nuit tua Mirabeau.

[1] VERGNIAUD-PUIRASEAU. *Souvenirs*, p. 170.
[2] LAREVELLIÈRES, *Mémoires*, t. I, p. 165.
[3] Ms. Arch. nat. F; 7; 4827; 44. Réclamation de sa mère madame Brillat-Savarin, née Récamier.

des patriotes qui ne s'en sont arrachés que pour soustraire des têtes innocentes aux glaives des conspirateurs ».

Ainsi tous y passent. Ceux qui ont le plus haï l'émigration sont obligés, un à un, de reconnaître la nécessité de fuir un pays qui n'a plus de loi. L'espoir de madame Roland, dans sa prison, est que les députés républicains de son parti aient « pu quitter cette terre inhospitalière qui dévore les gens de bien. O mes amis! puisse le ciel favorable vous faire aborder aux États-Unis! » Fouquier-Tinville lui-même rêve un asile à l'étranger, déplore d'être souillé de trop de crimes pour pouvoir être accueilli : « Moi qui ne trouverais dans aucun pays un pouce de terre pour y poser ma tête[1]. » Et après lui d'autres proscriptions précipitent encore de nouvelles couches sur la terre étrangère : Carnot émigre; Ramel, qui fuit la Guyane[2], est inscrit comme émigré pour « avoir quitté le lieu de sa déportation[3] ».

« Bons et crédules habitants des campagnes, disent en 1798 les administrateurs de la Sarthe[4], portion si précieuse de la société, vous ignorez, sans doute, les fâcheux effets d'une inscription; il faut vous les faire connaître : aussitôt qu'un individu est porté sur cette liste, ses biens, ceux de ses père et mère, sont séquestrés, et les revenus en sont versés dans le Trésor public.

---

[1] Ms. Arch. nat. W; 500.
[2] Ms. Arch. nat. BB; 1; 68. Lot.
[3] *Ibid.* Voy. aussi André (de la Lozère).
[4] *Ibid.*, Sarthe.

S'il est arrêté, il est conduit à une commission militaire, et, aussitôt l'identité reconnue, il est condamné à mort et fusillé. Celui qui le reçoit dans sa maison est réputé son complice et puni de mort. Ainsi parle la loi. Malheur aux émigrés, malheur à ceux chez qui ils seront arrêtés! » Seine-et-Oise fait afficher sa treizième liste sous le Consulat. Bonaparte réglemente la matière par un sénatus-consulte du 26 avril 1802, et fait inscrire au *Bulletin des lois* une liste d'émigrés le 15 novembre 1807.

LIVRE II
PREMIÈRES ILLUSIONS.

CHAPITRE IV
LES DÉPARTS.

L'émigration joyeuse. — L'émigration d'honneur. — L'émigration ecclésiastique. — Le Roi et la famille royale. — Les fuites tardives.

I

L'ÉMIGRATION JOYEUSE.

Les massacres, qui devinrent universels en France aussitôt après le 14 juillet 1789, provoquèrent une première série de départs, on les appela l'émigration de sûreté ; la seconde série fut déterminée par le point d'honneur, ce fut une émigration armée. Après que Louis XVI eut été arrêté à Varennes et ramené prisonnier à Paris, commença la dernière série des émigrations de sûreté [1].

Le comte d'Artois, frère du Roi, partit le 18 juillet,

---

[1] Abbé DE PRADT, *la France, l'émigration et les colons.*

quatre jours après le meurtre des officiers de la Bastille, mais avant celui du ministre de la marine Foulon et de l'intendant de Paris Berthier. Il se mit en route à la pointe du jour, muni d'un passe-port de La Fayette [1]. Il se dirigea vers Turin, tandis que ses deux fils, les ducs d'Angoulême et de Berry, étaient conduits par leur gouverneur M. de Sérent sur la frontière du nord, pour être ramenés de là à Turin [2]. Les descendants du grand Condé et ceux du duc de Guise [3] partent les jours suivants. Le prince de Condé, avec son fils le duc de Bourbon et son petit-fils le duc d'Enghien, ne parle encore que de « voyager avec sa famille [4] », mais il est le seul soldat de tous les Bourbons vivants, il est estimé des militaires de toute l'Europe, vers lui se dirigent les pensées de résistance contre les spoliations.

Les mois suivants, quand on apprend les meurtres commis à Versailles par les femmes de Paris, la captivité du Roi aux Tuileries et la continuation des pillages dans les provinces, les routes se couvrent de fugitifs. Les uns vont à pied avec leurs hardes au bout d'un bâton, les autres sont dans des voitures souillées de boue ; les fenêtres de chaque village se garnissent de têtes mises en éveil par cette agitation. « La route était

---

[1] LA FAYETTE, *Mémoires*, t. II, p. 319. WEBER, *Mémoires*, t. I, p. 394.

[2] CHATEAUBRIAND, *le Duc de Berri*.

[3] Le prince de Vaudémont et le prince de Lambesc. Ils sont accueillis à la cour de Vienne par l'Empereur, qui est également un prince lorrain.

[4] Ms. Arch. nat. K. 163, p. 14.

couverte de chaises de poste, au point que nous fûmes obligés de courir deux relais avec des bœufs[1]. » Ceux qui viennent à Paris tenter les chances qu'offrent les troubles se trouvent dans la même diligence que ceux qui fuient : on cause, on se lie pendant les journées du trajet, on se sépare sur la place de l'Odéon.

Le pillage de l'hôtel de Castries fait partir de Paris onze cents personnes[2] : « Il y a grande presse à l'Hôtel de ville, où l'on peut à peine avoir des passe-ports. » Bientôt sortent de Paris soixante-quinze berlines par jour[3].

« N'émigrez point, disait Talleyrand à madame de Brionne[4] ; ni Paris, ni les châteaux ne sont tenables, mais allez dans quelque petite ville, vivez-y sans vous faire remarquer. — Fi, monsieur d'Autun, paysanne tant qu'on voudra, bourgeoise jamais ! » Les femmes sentaient ce qu'il y avait de vulgarité dans le régime qui commençait ; c'était certainement l'instinct de madame de Simiane, car La Fayette écrit : « Ce que la Révolution avait de charme pour moi est empoisonné par l'effet qu'elle produit sur les objets les plus chers à mon cœur[5]. »

Mais en fuyant des spectacles méprisables, on n'était pas tenu pour cela à l'austérité. On partait en riant :

---

[1] Vernteuil-Peirisseau, *Souvenirs*, p. 122.
[2] Lenfant, *Correspondance*, t. II, p. 30.
[3] *Ibid.*, t. I, p. 106.
[4] Bengnot, *Mémoires*, t. I, p. 158.
[5] La Fayette, *Mémoires*, t. III. p. 177. on mai 1791.

Montlosier[1], qui a le droit de se faire payer des frais de poste de Paris à Clermont, juge « plus franc et plus gai » de les demander pour Coblentz; le commis de l'Assemblée nationale trouve l'idée piquante, calcule sur son livre de poste et paye joyeusement le voyage à Coblentz. Rivarol profite de son départ pour être débarrassé de sa femme et emmener à la place sa servante Nanette; elle n'a pas plus « d'esprit qu'une rose », mais il la garde huit ans, puis se fait dévot et la chasse. Madame de Florimont, en revanche, quitte son mari et part pour l'émigration « avec ses enfants et un officier appelé Saint Clair [2] ».

Chacun est sûr de rentrer aussi gaiement. On laisse sa fortune à son notaire ou à Durvet, banquier de la cour, ou à Finguerlin, banquier à Strasbourg; on ne prend qu'une faible somme pour un voyage qui doit finir promptement. Les vieux parents voient s'éloigner leurs enfants sans tristesse : ils leur remettent une poignée de louis, c'est assez pour une courte absence [3]. Les jeunes provinciaux sont heureux de quitter le triste manoir et le clocher lugubre sous lequel sont les tombeaux de leurs pères [4], ils ne se doutent guère que dans dix ans, s'ils survivent, ils ne retrouveront ni manoir, ni clocher, ni tombeau. On a vingt ans, on suit la

---

[1] *Mémoires*, t. II, p. 341.
[2] Ms. Arch. nat. BB; I; 79. Barbeaud de Florimont.
[3] Chateaubriand, *Mémoires d'outre-tombe*, t. II, p. 10.
[4] Mancillac, *Souvenirs*.

mode, on s'élance vers l'inconnu, on se laisse gagner par le plaisir du voyage [1] ; quelques-uns, comme le jeune La Selve, font des vers sur leur émigration, ils la surnomment *les voyages de l'amour* et vantent Venise :

> Séjour de paix et paradis des sens,
> Venise t'offre un bien plus doux encens :
> Là sur l'autel cent aimables prêtresses
> Sont tour à tour victimes et déesses.

Les voyages avaient été jusqu'alors un luxe regardé comme bizarre. La vie au milieu d'amis offrait tant de charmes, qu'on ne comprenait point la nécessité de voir les étrangers : quand la comtesse de Boufflers était venue à Londres, on avait admiré sa curiosité, car à l'exception des ambassadrices et des exilées, elle était la seule femme de qualité qui fût arrivée en Angleterre depuis la fille de Henri IV [2].

L'Angleterre fit fête aux jolies émigrées. Les Harcourt anglais reconnurent pour leur aîné le duc d'Harcourt [3] et lui offrirent une maison à Staines près Windsor, où se rassemblaient dans des fêtes joyeuses les Beauvau, les Fitz-James, les Mortemart. A Richmond, Horace Walpole recevait mesdames de Cambis, d'Hénin, de Lauzun, de Fleury, du Barri. « Nous nous réunissons le soir, écrit-il [4], nous jouons au loto, je les trouve tous insensés. Calonne leur envoie d'énormes

---

[1] Delaporte, *Souvenirs*.
[2] Dutens, *Journal d'un voyageur*, t. I, p. 217.
[3] Comte d'Haussonville, *Souvenirs*, p. 32.
[4] Walpole to Conway, 27 sept. 1791.

mensonges, ils les avalent, ils poussent leurs espérances jusqu'aux cieux ; le lendemain, ce sont nouvelles d'horreurs commises, et les voilà, les pauvres âmes, dans le désespoir. » Autour de ces femmes rôdent les espions de Danton, ceux qui les enverront à la mort quand elles vont rentrer en France, pleines de confiance dans la nouvelle constitution et l'amnistie qu'elle proclame: Blache, commissaire de sûreté générale, demande l'hospitalité comme émigré à madame du Barri, écrit qu'elle a fait évader le fils du duc d'Aiguillon en le prenant comme sa femme de chambre, la marque pour la guillotine.

Spa était un autre centre de brillantes réunions : là s'était retirée la princesse de Lamballe avec mesdames de Lâge et de Ginestous [1] ; elle y avait formé amitié avec la belle Georgina, duchesse de Devonshire, chez qui se réunissaient à Spa M. Crawford, colonel anglais, les Laval, les Luxembourg, « dansant de tout leur cœur pendant qu'on pillait et brûlait leurs châteaux [2]». La mère restée en France rappelle sa fille qui supplie sa mère d'émigrer ; le débonnaire duc de Penthièvre, qui nourrit des illusions sur l'innocence du bon peuple, conseille à la princesse de Lamballe, sa fille, de revenir près de la Reine. L'amnistie proclamée par l'Assemblée nationale ramène bien des femmes en France : le manque de fonds en fait rentrer quelques autres. Le

---

[1] Marquise DE LAGE, *Souvenirs*, Préface, p. 92.
[2] DUTENS, *Journal*, t. II, p. 325.

duc de Choiseul emprunte douze milles livres, le duc d'Uzès trente mille à Pereira d'Amsterdam [1]. La gêne commence, mais on va recouvrer ses biens, ce serait folie que prévoir la misère.

II

L'ÉMIGRATION D'HONNEUR.

Il ne suffit pas de « se mettre à l'abri des vexations [2] », il faut encore « opposer une digue à la révolution ». Le comte d'Artois, sur le conseil de Calonne, envoie des invitations à émigrer, plutôt pour se faire une cour que pour recruter des soldats. Mais des soldats, Condé en demande : le marquis de La Queuille fait par son ordre un appel à la noblesse pour qu'elle vienne à l'étranger « constituer des corps réguliers [3] ».

Aussitôt les jeunes gentilshommes accourent « au poste assigné par l'honneur [4] »; ils se livrent sans autre pensée que la crainte d'être blâmés pour n'être point arrivés déjà : les princes les appellent, pas de réflexion à faire [5]; chacun leur dit : « Vous n'arriverez pas à

---

[1] DE LESCURE, Rivarol.
[2] Abbé GEORGEL, Mémoires, t. III, p. 287.
[3] MARCILLAC, Souvenirs.
[4] BERNARD DE LA FRÉGEOLLIÈRE, Mémoires, p. 8.
[5] ROUAIS, Souvenirs d'un officier royaliste, t. II, p. 103.

temps, vous serez déshonorés[1]. » Quand le colonel convoque ses officiers pour prêter serment à la constitution de 1791, ceux qui ont hésité jusqu'alors devant l'inconnu, se révoltent contre un serment humiliant, ils partent le jour même[2]. Bergasse, négociant de Marseille, veut persuader à un jeune officier que l'émigration doit nécessairement attirer des calamités sur lui, sur sa famille, sur son pays[3] : « Bon, dit l'enfant, je suis soldat, les princes m'appellent, je n'ai pas à discuter, mais à obéir. »

« Conscience et honneur », c'est la devise[4] de ceux qui abandonnent leurs biens, leurs parents, leur pays. Ils sont poussés hors de France par « ce vertige d'honneur[5] », même ceux qui, comme le comte d'Haussonville[6], étaient séduits par la Révolution : son père lui donne trois cents louis avec l'ordre de rejoindre l'armée des princes : « A votre âge il faut faire ce que font les jeunes gens de sa génération »; — même ceux qui, comme Marcillac[7], prenaient les révolutionnaires pour les sauveurs du pays et enviaient leur gloire. « Il fallut partir[8] ; je me rappelle parfaitement l'agitation de nos familles, l'empressement avec lequel se communi-

[1] Marcillac, *Souvenirs*.
[2] D'Allonville, *Mémoires*, t. VI, p. 64.
[3] Rouais, *Souvenirs*, t. II, p 151.
[4] *Ibid.*, p. 159.
[5] Marcillac, *Souvenirs*.
[6] Comte d'Haussonville, *Souvenirs*, p. 23.
[7] Marcillac, p. 5.
[8] Alexandrine des Écherolles, *Une famille noble*, p. 13.

quaient les nouvelles : Quand partez-vous? Vous arriverez trop tard! Ils reviendront sans vous! »

Les femmes n'étaient pas les moins enflammées; aux indécis elles envoyaient des bonnets de nuit, des quenouilles, des poupées. Celui qui reste n'est qu'une fille. « Que veux-tu donc que je devienne? écrit une femme émigrée à son mari qui reste en France [1]; on vient sans cesse me demander quand tu arrives, je ne puis supporter de t'entendre condamner, quoique dans le fond de mon âme je ne t'approuve pas plus qu'eux, si tu ne viens pas unir ton sort à celui de tes amis. » Chaque femme est prête à dire comme la légendaire Clotilde de Surville :

> Te l'escris à regret, mais plus sens que je t'aime,
>   Plus rougirois de te voir desloyal ;
> Tels en ces temps de feu, verrons François fidèles
>   Comme l'or pur entre escume apparoir.
> Et lira l'advenir sur leurs nobles rondelles :
>   « Mourir plustost que trahir son debvoir! »

La galanterie chevaleresque se double des souvenirs classiques. Nous imitons Thrasybule, disent les jeunes, il quitta Athènes pour s'armer avec les bannis contre Critias et délivrer sa patrie des trente tyrans... — Et puis, s'écrie Chateaubriand, « nous avions notre rapière au vent, et ce n'est pas nous qui aurions profité de la victoire ».

A côté de cette ivresse des jeunes qui se précipitaient

---

[1] Lacr·n, *Montyon*, p. 95.

vers les aventures avec l'enthousiasme de leurs seize ans [1], il y avait les déchirements des séparations, les larmes des mères, la pâleur des fiancées... « Je vois encore cette robe blanche se déchirer sous mon pied, je la vois flotter mollement et dessiner les contours enchanteurs de ce beau corps, je vois cette tête d'ange se retourner pour me consoler d'un sourire que des yeux mouillés rendaient plus touchant... » Il y avait la matrone que cette fureur laissait insensible, qui se flattait de traverser les malheurs sans être atteinte, qui ne voulait pas laisser ses armoires au pillage, et préférait la mort à « ce vagabondage en pays étranger ». Il y avait enfin, pour achever de rendre cruel le déchirement, le Roi.

Le Roi ne mettait pas obstacle à l'émigration : il accorda la permission de partir aux princes de Lambesc et de Vaudémont [2]; il en donna l'ordre au baron des Cars, aux ducs de Duras et de Villequier [3], et, ce qui dut lui sembler plus pénible, à tous ses aumôniers [4]. Il écrivit des lettres pour recommander quelques émigrés, comme le comte de Chamisso [5], mais il n'aimait pas l'influence que prenaient ses frères. Il semble avoir partagé quelquefois l'avis de la Reine, qui écrivait à

---

[1] C'était l'âge de MM. d'Haussonville, de Marcillac, Corbehem, de Neuilly...
[2] Ms. Arch. nat. C, II, 117.
[3] Duchesse DE TOURZEL, *Mémoires*, t. I, p. 275.
[4] Le cardinal de Montmorency et MM. de Roquelaure, évêque de Meaux, et de Sabran, évêque de Laon.
[5] Karl FULDA, *Chamisso und seine Zeit*, p. 16.

Fersen [1] : « Nous gémissons depuis longtemps du nombre des émigrants; ce qui est affreux, c'est la manière dont on trompe et a trompé tous ces honnêtes gens. » Elle blâmait non l'émigration, mais l'empressement à grossir la cour du comte d'Artois. « Vous êtes à nous », disait-elle à ceux qui annonçaient leur départ pour un pays où il n'y avait pas de prince français. On peut croire avec Goguelat, un des confidents de la Reine à cette époque [2], que Louis XVI changeait fréquemment d'opinion sur les inconvénients de l'émigration; « tantôt il était persuadé que les émigrés feraient sagement de rentrer; la minute d'après, c'était du concours de l'émigration qu'il attendait la puissance ».

III

ÉMIGRATION ECCLÉSIASTIQUE.

Pour les gens d'Église, ni déchirement, ni doute, mais aussi ni enthousiasme, ni espoir. Rien que la misère à prévoir.

C'est la misère, non comme pour tous les autres après les illusions et les déceptions, c'est la misère inévitable

---

[1] FERSEN, *Journal*, t. I, p. 199.
[2] GOGUELAT, *Mémoires*, p. 336 du t. III des *Mémoires de tous*.

et immédiate. Néanmoins, tout ce qu'il y a d'honnête dans le clergé s'écoule promptement au delà des frontières, quelques héros refusent de partir, comme l'abbé Eymery, pour exercer secrètement leur ministère et braver le martyre ; la plupart de ceux qui restent ainsi ne peuvent éviter d'être jetés dans les prisons, assassinés, noyés, guillotinés.

A Rome, le pape Pie VI reçoit deux mille ecclésiastiques émigrés, et les répartit entre les couvents et les évêques d'Italie. Les prélats espagnols en recueillent trois mille : cinq cents chez l'archevêque de Tolède, deux cents chez Quevedo, évêque d'Orense, deux cents chez l'évêque de Valentia, cent à Siguenza, et ainsi des autres. La Suisse est plus hospitalière encore : une jeune veuve, madame de Souris, recueille cinq cents prêtres [1] ; des parents placent leurs filles comme servantes pour pouvoir loger et entretenir des prêtres [2]; à Fribourg, la bourgeoise s'énorgueillit de recueillir un de ces exilés, elle le montre à ses voisines, le promène au marché, dit : « Voilà le mien, il est mieux portant que le vôtre [3]. »

Le sort des religieuses fut plus pénible. Quelques-unes essayèrent dans les premiers jours de fuir le cloître, mais plusieurs revinrent repentantes, « colombes [4] qui

---

[1] ANTOINE, Histoire des émigrés, t. I, p. 30.
[2] HENRY JERVIS, The gallican church.
[3] FAUCHE-BOREL, Mémoires, t. I, p. 84.
[4] LEMANT, Correspondance, t. I, p. 93.

à la vue de la fange se sont réfugiées dans l'Arche. J'en sais une de l'*Ave Maria* dont la faute passagère est réparée avec accroissement de ferveur. » Leurs revenus sont promptement saisis, les Carmélites de la rue Chapon ne vivent plus que de pommes de terre [1]; puis les chapelles sont fermées. Quelquefois le peuple force les portes et se livre à la violence sur les pauvres filles [2]. Enfin en juillet 1793, les couvents de femmes doivent être tous évacués.

Que pourraient devenir à l'étranger ces malheureuses qui ont choisi une vie de retraite, de silence, d'abnégation? Plutôt que d'errer à tous les vents, elles s'attachent avec désespoir aux murs où elles avaient cru trouver un abri. Quelques-unes refusent de s'éloigner, meurent de faim dans le cloître silencieux et vide. Mademoiselle Rose de Saint-Hubert, âgée de vingt ans, reste comme maîtresse d'école à Fontevrault quand on la chasse de l'abbaye. Plusieurs se réunissent dans une maison éloignée pour continuer leur vie en commun : un espion signale au comité de salut public [3] des ci-devant religieuses à Bourg-Égalité; d'autres religieuses, à Saint Mandé, « vivent aux dépens de la République, sous le prétexte de soigner les malades ». Sous ce prétexte suspect, restent les religieuses dans les hôpitaux de la marine [4]; elles bravent la fièvre

---

[1] Lespinx, *Correspondance*, t. I, p. 272.
[2] A Gourdon (Lot), *ibid.*, p. 109.
[3] Sciout, *Tableaux*, t. II, p. 209.
[4] Alfred de Musset. *Discours de réception à l'Académie française.*

jaune jusque dans les marais de la Guyane pour soigner les garnisons et les déportés. D'autres rejoignent leurs villages; Catherine Delort, ci-devant religieuse, reçoit chez sa mère à Saint-Silain un ci-devant prêtre; on les guillotine tous les trois [1]. L'abbesse de Fontevrault, Gillette de Gondrin de Pardaillan d'Antin, prend les habits d'une servante de ferme, fuit vers Paris, arrive épuisée de fatigue et de privations, est recueillie à l'Hôtel-Dieu, elle y meurt. Les Ursulines de Valenciennes [2] avaient trouvé asile chez leurs sœurs de Mons. Elles rentrèrent dans leur maison quand les Autrichiens prirent Valenciennes; elles ne jugèrent pas nécessaire d'émigrer de nouveau, après la réoccupation de la ville par les Français [3], puisque Robespierre était mort, et que la Terreur devait, disait-on, cesser. Elles étaient quinze. Elles furent arrêtées et comparurent devant un tribunal improvisé sous la présidence de Roger-Ducos. La supérieure, Clotilde Paillot, fit évader la plus jeune, puis se présenta devant le juge : « Ces filles, dit-elle, étaient forcées de m'obéir, c'est moi qui leur ai imposé l'obligation d'émigrer à Mons, puis de rentrer à Valenciennes : vous n'avez pas le droit de les trouver coupables, je dois être jugée seule. » — « En notre âme et conscience, répondent Roger-Ducos et ses assesseurs, ces femmes ont toutes

[1] Tribunal criminel de la Dordogne, t. II, p. 209.
[2] Paillot. Récits d'un grand'père, p. 123 et suiv.
[3] En septembre 1794.

mérité la peine de mort. » Elles se rasèrent la nuque les unes aux autres, puis se laissèrent lier les mains ; Clotilde monta la première, tendit la tête, les treize autres suivirent, le même jour[1].

Des Ursulines et des Carmélites[2] débarquent dans le dénûment d'une fuite précipitée à Gênes, à Civita-Vecchia, elles se jettent aux pieds des religieuses italiennes, invoquent la charité du Pape, cherchent en pleurant un asile. Il leur faut peu de chose. Une troupe errante de Capucines reçoit du Pape vingt francs[3]. Des religieuses françaises de la Visitation avaient fini par obtenir la promesse d'une maison à Vienne[4], elles se préparaient à s'y rendre, mais à ce moment, « l'affreux régicide a inspiré tant d'horreur pour tout ce qui porte le nom de Français », qu'on refuse des passe-ports à ces malheureuses. Un grand nombre de religieuses sont nourries à Rome par les filles de Louis XV.

IV

LE ROI ET LA FAMILLE ROYALE.

Les filles de Louis XV apprennent le 18 février 1791 que les femmes de Paris vont venir le lendemain

---

[1] Le 13 décembre 1794.
[2] Père THEINER, *Affaires religieuses de France*, t. II, p. 387 et 392.
[3] *Ibid.*, p. 635.
[4] *Ibid.*, p. 411.

les maltraiter dans leur château de Bellevue. Elles se jettent la nuit même dans une berline, avec leurs dames d'honneur, mesdames de Narbonne et de Chastelux, arrivent le matin à Moret. Là elles sont arrêtées par le peuple; la garde nationale prend les armes; les cris : *A la lanterne!* se font entendre; on descend déjà le réverbère de la porte. A ce moment, le vicomte de Ségur faisait avec un escadron de son régiment chasseurs-de-Lorraine, de la garnison de Fontainebleau, une promenade militaire. Il culbute les gardes nationaux, fait atteler les chevaux de poste et escorte la voiture à travers la ville et au delà des ponts [1]. Mais à Arnay-le-Duc, les princesses sont arrêtées de nouveau, on les enferme à la mairie; le danger est pressant : les pauvres Filles de France écrivent au président de l'Assemblée nationale [2] : « Ne voulant être que citoyennes, nous réclamons la justice de l'Assemblée. Nous vous prions, Monsieur le président, de vouloir bien nous obtenir d'*Elle* les ordres nécessaires. » Et elles signent, il faut bien être délivrées, elles signent : « Nous sommes avec respect, Monsieur le président, vos très-humbles et très-obéissantes servantes. »

L'Assemblée vote un décret pour qu'elles sortent de captivité, mais Arnay-le-Duc refuse d'obéir à l'Assemblée. Il n'y a plus d'autorité, plus de loi. Deux

---

[1] Édouard DE BARTHÉLEMY, *Mesdames de France*, p. 407.
[2] Ms. Arch. nat. C. I. 573.

commissaires de l'Assemblée accourent à Arnay-le-Duc, ils sont bafoués. Enfin les princesses distribuent des écus aux meneurs du peuple, et peuvent s'échapper après douze jours de captivité ; elles n'avaient ni malles ni linge, on blanchissait la nuit leurs chemises. Pendant ce temps, l'expédition projetée sur le château de Bellevue s'exécutait librement, le pillage s'effectuait sans trouble : le général Berthier, qui voulut l'empêcher, faillit être assassiné par ses soldats.

Ces princesses se réfugièrent à Rome, où les rivalités de madame de Narbonne et de madame de Chastelux divisèrent en deux partis qui se haïssaient la petite cour réunie autour d'elles.

Le Roi et son frère le comte de Provence ont songé de bonne heure à se mettre eux-mêmes en sûreté. Mounier, l'homme froid à l'esprit pratique, avait conseillé au Roi l'émigration dès le 6 octobre 1789, au moment de l'invasion de Versailles[1]. En 1790, un plan avait été conçu par la société du *Salon français* pour faire évader le Roi à peu près comme son aïeul Henri IV avait échappé à Catherine de Médicis : une partie de chasse devait être organisée à Fontainebleau, le Roi, sous ce prétexte, partait à franc étrier jusqu'à Avallon, là il était attendu par trois hommes dévoués, MM. des Pommelles, de Jarjaye et de Chapponay, qui l'escortaient jusqu'à Lyon, où il devait être acclamé par

---

[1] Ms. vol. 588, f° 57, conversation entre Louis XVIII et Mounier.

la garde nationale, dont le chef Imbert-Colomès était royaliste[1]. Est-il possible d'imaginer que l'opinion publique aurait pu à cette époque secouer le joug? L'enthousiasme avec lequel chacun aspirait à des réformes et embrassait les espérances infinies de l'ère nouvelle aurait promptement rejeté le Roi hors de Lyon, hors de France. Une tentative sur Lyon faite à ce moment même par le prince de Condé prouve que toute chance de réaction était perdue.

En réalité, le principal obstacle était la répugnance du Roi à prendre une résolution aussi décisive. Louis XVI comprenait la nécessité de la fuite; il adoptait les projets proposés, mais tout en ajournant leur exécution, et en subissant d'heure en heure un changement dans ses impressions. — « Vu le Roi, écrit en janvier 1791 Fersen avec dépit[2]; il ne veut pas partir, il s'en fait un scrupule, ayant si souvent promis de rester. Il a cependant consenti à aller avec des contrebandiers toujours par les bois et se faire rencontrer par un détachement de troupes légères. Il m'a dit : Je sais que j'ai manqué le moment, c'était le 14 juillet, il fallait alors s'en aller, et je le voulais; le maréchal de Broglie me répondit : — Oui, nous pouvons aller à Metz, mais que ferons-nous quand nous y serons? »

Que feront-ils? L'armée n'est pas pour eux. La

---

[1] Abbé Guillon, *Mémoires*, t. I, p. 67.
[2] Fersen, *Journal*, 15 janvier 1791.

PREMIÈRES ILLUSIONS.

France veut le régime nouveau : nul abîme où elle ne se laisse entraîner par ceux qui l'étourdissent de promesses. Les clairvoyants sont honnis comme ennemis publics s'ils cherchent à arracher le voile qu'on garde sur les yeux jusqu'à la catastrophe. Louis XVI comprend cependant qu'il est tenu par un devoir rigoureux de courir la dernière chance qui reste pour épargner à la France les hontes de l'avenir. Il se décide à partir. Il se soumet au projet qu'on prépare pour le sauver, il en donne avis à son frère le comte de Provence.

Ce projet est élaboré par deux personnages de roman, le comte de Fersen et madame Sullivan.

Fersen est un Suédois beau, froid, aventureux, passionnément amoureux de la Reine. Madame Sullivan, une Anglaise vaporeuse, partage sa tendresse entre la famille royale de France et le colonel Crawford. « Je connais le colonel Crawford et sa prétendue madame Crawford », disait l'empereur d'Autriche[1].

Madame Sullivan se fait donner un passe-port sous le nom de la comtesse russe de Korff, et remet cette pièce à la Reine. Puis elle fait construire sur les dessins de Fersen, pour la fuite théâtrale qu'on prépare, une calèche tout à fait extraordinaire. Il ne manquait pas de voitures de poste à Paris : la Reine, sa belle-sœur et sa fille avaient des robes. Mais on

---

[1] Fersen, *Journal*, août 1791. Elle épousa plus tard Crawford et le retint constamment dans les intérêts des Bourbons.

tient à avoir des robes spéciales et une calèche d'apparat. Couturières et carrossiers reçoivent des commandes. La voiture, commencée le 22 décembre 1790, est livrée le 26 mars suivant pour le prix de six mille livres : elle attire l'attention des Parisiens; ceux-ci viennent la regarder comme une curiosité dans la cour de Fersen [1]; puis on la mène rue de Clichy chez Crawford, avec qui demeure la fausse baronne de Korff; c'est là dedans que devra se grouper comme dans un tableau d'ensemble toute la famille royale, pour être plus facilement reconnue dans le moindre hameau. La fameuse voiture a des lanternes à réverbère, elle sera attelée de six chevaux. Fersen commande sept paires de pistolets à deux coups et fait fondre des balles par ses gens. Voilà cinq mois qu'on agite le projet, et rien n'est arrêté : « Je demande, écrit Bouillé, dont le Roi doit rejoindre l'armée [2], que le jour fixé soit irrévocable, et ne dépasse pas le 1ᵉʳ juin. » Le départ est fixé au 12 juin, puis [3] on prévient tardivement Bouillé qu'il est reculé au 19, ensuite au 20, à cause d'une « mauvaise femme de chambre dont on ne peut se défaire que le 20 au matin » ; c'est la Rocherette, qui est maîtresse du marquis de Gouvion, major général de la garde nationale, et l'avise de ce qui se fait aux Tui-

---

[1] Bimbenet, *Fuite de Louis XVI*, p. 21.
[2] Fersen, *Journal*, 9 mai 1791.
[3] Le 7 juin.

leries. Enfin le départ est décidé pour le 20 juin à minuit, et l'on est sur le point de renoncer à tout quand on apprend que M. de Valori, un des gardes du corps qui doivent accompagner le Roi avec les fameux pistolets à deux coups, avait conté la chose à « mademoiselle sa maîtresse, qui l'était aussi de M..., un enragé ».

Enfin les robes sont prêtes; on part à minuit. Trois gardes du corps garnissent les siéges [1]. Les relais de poste se franchissent lentement, car la voiture est pesante. Le Roi frappe l'attention des postillons en leur donnant quatre livres dix sous de pourboire, il monte les côtes à pied, on le regarde, on remarque l'équipage. Les hussards de Bouillé échelonnés à partir de Pont-de-Sommevesle étonnent les patriotes. Au milieu des soupçons qu'ils éveillent et après qu'ils ont cru prudent de se retirer, apparaît la berline fantastique. Elle arrive ainsi à Sainte-Menehould. C'est là que Drouet, fils du maître de poste, reconnaît la famille royale, selle un cheval, et arrive au galop à Varennes par un chemin de traverse; il éveille l'épicier Sauce, officier municipal, et quelques gardes nationaux; il vient avec cela se présenter à la portière de la berline, qui pénètre lourdement à l'entrée de Varennes. Les trois gardes du corps avec les sept paires de pistolets à deux coups suffisent; il est minuit. Rien n'est perdu. Le Roi, au lieu d'ordonner le feu, montre ses passe-

[1] MM. de Valori, de Moustiers, de Maldent.

ports, descend de voiture, entre chez l'épicier Sauce, se met à table, mange.

Une heure après arrivent Choiseul-Stainville et Goguelat avec les hussards allemands, qui ont attendu le Roi toute la journée et ont dû quitter la grande route pour ne pas entrer en lutte contre les gardes nationales. Une barricade de charrettes intercepte déjà le pont, mais on peut passer la rivière à gué [1], on peut surtout abandonner la berline fatale, sauter sur les chevaux des hussards, courir la nuit par les champs, jusqu'aux avant-postes de Bouillé. Que n'est là le vicomte de Ségur avec ses chasseurs de Lorraine qui venaient de si lestement entraîner Mesdames de France à travers les remparts, les rues, les ponts de Moret? Goguelat essaye la même prouesse, il prend le commandement des hussards, mais par derrière, les gardes nationaux l'abattent de deux coups de feu. Le Roi s'attendrit devant les paysans qui le conjurent de rester au milieu de son bon peuple. La Reine espère que Bouillé va apparaître avec son armée.

Ceux qui arrivent sont les aides de camp de La Fayette, MM. de Romeuf et de Latour-Maubourg; ils suivaient le Roi à la piste sur cette route où il s'est laissé reconnaître à chaque village. Les aides de camp circonviennent le Roi, lui persuadent que le bonheur des Français exige son retour, le remettent en voiture, le

[1] GOGUELAT, *Mémoires*; duchesse DE TOURZEL, *Souvenirs*, t. 1, p. 319.

livrent aux commissaires de l'Assemblée. Les aides de camp connaîtront à leur tour les angoisses de la fuite, ils se rappelleront peut-être avec amertume cette heure où ils auraient pu atteindre avec le roi de France l'armée française de délivrance.

Dès lors le Roi est un captif échappé qui se laisse piteusement reconduire sous les verroux. « Le Roi a manqué de fermeté et de tête », écrit Fersen [1]. Durant le lugubre trajet vers Paris, le marquis de Dampierre vient saluer le Roi devant son château : les gardes nationaux de l'escorte le laissent approcher, puis s'éloigner, et ils le tirent « comme un lapin », vont le ramasser, reviennent à la voiture les mains rouges, ils portent la tête au bout d'une baïonnette, le Roi n'a pas le droit de baisser les stores.

Si Louis XVI avait rejoint l'armée, il aurait été sans doute acclamé par les régiments ; les troupes de quelques garnisons de l'Est et du Nord se seraient ralliées à lui. Il aurait réuni une quarantaine de mille hommes : les jeunes gentilshommes auraient à peu près doublé le nombre. Quoi après ? comme disait le maréchal de Broglie. L'horreur du sang, les conflits avec ses frères, l'impossibilité de choisir une décision auraient tenu le Roi immobile durant plusieurs semaines, l'argent aurait manqué, les soldats auraient déserté, les gentilshommes auraient senti qu'ils n'étaient point commandés. Crom-

---

[1] Fersen, *Journal*, 23 juin.

well a bien pu tenir l'Angleterre avec cinquante mille soldats, mais c'était à la sortie, non à l'entrée d'une révolution; Cromwell d'ailleurs avait tous les dons du commandement et tous les vices nécessaires à un despote militaire. Louis XVI n'avait ni prestige, ni autorité.

La suite du comte de Provence et de sa femme est en contraste avec celle du Roi pour le soin des préparatifs et le sang-froid dans l'exécution.

Le roi Louis XVIII a le mérite presque unique dans l'histoire de s'être perfectionné durant l'exil. Un homme qui est banni au milieu de troubles civils, qui passe à l'étranger les meilleures années de sa vie, fait preuve d'une remarquable sagacité, en se montrant apte dès l'heure de la rentrée à diriger le gouvernement. La valeur politique de Louis XVIII a été acquise entièrement durant l'émigration. Au moment du départ, il est presque un enfant. Le comte d'Avaray, qui lui mettait ses habits, avait conquis son amitié, bien qu'il eût le défaut, à ses yeux, de ne point savoir le latin; il avait le vice, aux yeux des favoris du comte d'Artois, de parler anglais, de porter les cheveux et le costume comme les Anglais. C'était presque un libéral. D'Avaray et Decaze sont à peu près le même personnage, les deux amis, l'un de la jeunesse, l'autre du déclin de Louis XVIII, haïs tous deux des fanatiques de l'ancien régime.

D'Avaray se fait passer pour un seigneur anglais qui

s'éloigne de Paris avec son domestique. Le comte de Provence se laisse mener sous ce déguisement avec une docilité d'enfant, avec une naïveté béate, mais aussi avec une tendresse reconnaissante qui fait le plus grand honneur aux deux hommes [1]. Autre sentiment également respectable : le comte de Provence, qui comprend depuis longtemps la nécessité de s'éloigner, laisse partir seule madame de Balbi, refuse de bouger tant que son frère ne lui aura pas donné une autorisation formelle. Il s'ébranle seulement à la même heure que la berline du comte de Fersen.

Il s'était couché. D'Avaray entre à minuit, l'habille, le pousse dehors. En ce moment, « je me souvins, dit le prince, que j'avais oublié ma canne et une seconde tabatière que je voulais emporter. Je voulais les aller chercher. » D'Avaray le retient et « peste contre les princes ». A peine est-on au premier relais, que le comte de Provence s'aperçoit qu'il a oublié une image de dévotion que Madame Élisabeth lui a donnée la veille : « Cette perte me faisait bien plus de peine que celle de ma canne et de ma tabatière », et en effet une roue se brise en ce moment; tandis qu'un charron la répare, le prince ouvre le portefeuille du comte d'Avaray, « et j'y trouvai, écrit-il, l'image que je croyais avoir laissée

---

[1] D'Avaray emmenait en outre un véritable Anglais, le fidèle Sayers. Le compte rendu de cette évasion a été rédigé par le prince lui-même : *Relation d'un voyage à Bruxelles et à Coblentz*, Paris, Beaudoin, 1823.

à Paris ; mais ce qui acheva de combler ma surprise, ce fut qu'Avaray m'assura qu'il ne se souvenait nullement de l'y avoir mise ». Tout le récit est de cette puérilité. A mesure qu'on s'éloigne de Paris, la gaieté vient, on chante des couplets d'opéra-comique, on ouvre le panier aux provisions, « mais nous avions oublié le pain ; aussi en mangeant la croûte avec le pâté, nous songeâmes à la reine Marie-Thérèse[1], qui répondit un jour que l'on plaignait devant elle les pauvres qui n'ont pas de pain : — Que ne mangent-ils de la croûte de pâté ?»

On n'avait emporté que trois cents louis, mais dès son arrivée à Bruxelles, le comte de Provence reçut de Bouillé près de sept cent mille francs qui restaient disponibles sur les fonds préparés pour la fuite du Roi[2].

Le prince avait eu le soin de ne point se mettre dans la même voiture que sa femme, et même de ne pas suivre la même route. La comtesse de Provence se confia à sa favorite, la dame de Gourbillon, dont le mari était directeur des postes à Lille. Cette femme était adroite, un peu intrigante ; on la verra plus tard retenue par la bonne princesse malgré la volonté du comte de Provence qui prétendra la chasser. En ce moment, elle sait affermir fortement son crédit près de sa maîtresse, en s'occupant de tous les détails de sa

---

[1] On voit que ce propos attribué par les jacobins tantôt à Marie-Antoinette, tantôt à la princesse de Lamballe, est antérieur de plus de cent ans et dû à une Espagnole ignorante, innocente et débonnaire.

[2] De Beauchamp. *Histoire de Louis XVIII*, t. I, p. 51.

fuite. « J'étais bien sûr, écrit le prince à sa femme [1], que l'intelligence et le zèle de madame de Gourbillon vous tireraient d'affaire. Restez à Namur. » La pauvre Gourbillon perdit ce qu'elle possédait, son mari fut porté d'office sur la liste des émigrés [2].

Ainsi réussissaient les évasions isolées : Louis XVI aurait pu facilement faire enlever son fils, abdiquer et transférer ainsi la légalité à côté de ses frères : François Ier a de ces pensées. Louis XVI est l'homme qui assiste à la fin d'un monde. Les girondins s'inquiètent bien inutilement, ils savent que les émigrés préparent un enlèvement du jeune prince [3]; mais quand le marquis de Laqueuille arrive à Paris avec son cabriolet pour prendre le Dauphin et l'emporter à Mons [4], il y a contre-ordre, l'enfant reste pour le supplice.

V

LES FUITES TARDIVES.

Déjà l'évasion était devenue une opération dangereuse. Les cauteleux, comme l'agioteur Sainte-Foy,

---

[1] Ms. vol. 588, fol. 34.
[2] Ms. Arch. Nat. BB. I; 72 au mot Florent de Gourbillon, 24 floréal an VII.
[3] Ms. vol. 648, f° 89. Rutteau, agent secret, à Delacroix, ministre, Lille, 6 août 1792.
[4] MARCILLAC, *Souvenirs*, p. 38.

ami de Talleyrand, se faisaient élire à une fonction municipale dans une ville frontière pour partir aisément [1], ou, comme Talleyrand lui-même, obtenaient une mission à l'étranger. Dès mars 1792, des passe-ports sont exigés pour sortir de France, et l'on court le risque, si l'on se présente à la mairie pour demander un passe-port, d'être traité en suspect. Bientôt les girondins s'acharnent contre les émigrés; ils voient des victimes qui échappent, ils veulent les ressaisir par des décrets, et comme ils ne peuvent les tuer plusieurs fois, ils se donnent la jouissance de les condamner plusieurs fois à mort pour toutes les formes de leur crime. Peine de mort contre les émigrés pour s'être assemblés au delà des frontières (9 novembre 1791), pour être rentrés en France (23 octobre 1792) ou dans les colonies (8 novembre 1792), pour n'y être pas rentrés (23 mars 1793); puérile répétition des mêmes anathèmes comme dans l'excommunication du moyen âge, féroce persécution contre ce qu'ont laissé en France les émigrés, contre leurs femmes et leurs enfants (15 août 1792), contre leurs parents (7 décembre 1793), contre leurs débiteurs s'ils tiennent leurs engagements (5 mars 1794). Les enfants, s'ils ont plus de dix ans, sont des émigrés (23 octobre 1792). Le mariage est dissous de plein droit par l'émigration (15 octobre 1794). Les dénonciateurs ont des primes (23 mars 1793). Il faut,

---

[1] Lord Auckland, *Correspondance*, t. II, p. 430.

disait le capucin Chabot, qu'un enfant puisse envoyer
un émigré à la guillotine.

Où cesse la sécurité, chaque homme reprend ses
droits. La confiscation n'est qu'un crime de plus contre
qui n'a de défense que la fuite devant les criminels.
Quand Beugnot se demande avec angoisse, dans une
délibération solitaire au fond du Jardin des plantes,
s'il doit émigrer, il se dit : « La raison me conseillait de
fuir, je connaissais les hommes à qui le destin venait
de livrer ma patrie. Je savais bien qu'ils étaient trop
stupides pour la gouverner, mais je savais aussi qu'ils
étaient assez féroces pour essayer de la dévorer. »

Bien des émigrés sont d'ailleurs emportés par les
événements.

Le comte de Vaugiraud est traqué par un comité
jacobin dans le château de M. de la Lézardière où il
s'est réfugié, les paysans le délivrent, il vient devant
l'Assemblée se plaindre de cette violence : on ordonne
son arrestation. Il émigre.

Thellier de Poncheville[1], procureur fiscal de la séné-
chaussée de Saint-Pol en Artois, va être pendu à l'arbre
de la liberté. — C'est souiller cet arbre sacré, crie un
homme généreux. Le peuple se contente d'enfermer en
prison son ancien magistrat. — « Le lundi saint, écrit
celui-ci, je parvins à gagner la cour, le factionnaire
tournait le dos, me voilà dans la rue en robe de cham-

---

[1] *Vieux Papiers et vieux souvenirs.* Valenciennes 1877.

bre, à jeun, sans argent. Je gagnai le bois, je m'enfonçai dans le taillis. La cloche d'alarme de la ville, les tambours se faisaient entendre... » Traqué comme une bête, éperdu, le malheureux court, se perd, s'aperçoit au milieu de la nuit qu'il est revenu près de l'église Saint-Michel où il s'était déjà caché le matin. Les chiens aboient. Il arrive enfin au jardin de sa tante, escalade le mur, se montre à la vieille, qui le fait repartir aussitôt avec un guide pour la frontière.

Ceux qui ont le plus hésité finissent par céder à cette loi inexorable. Il faut partir. Cazotte, qui a placé son point d'honneur à demeurer près de la Reine, et Hector de Galart vont après le 10 août 1793 s'enrôler comme simples soldats dans le régiment *Loyal-Émigrant* [1], avec l'espoir de revoir encore leur souveraine, avec la fierté de se dire : « Nous nous sommes faits soldats pour la venger. »

Partent ensuite les habitants des villes que les Autrichiens ont occupées un moment, puis évacuées : il y a peine de mort contre qui a exercé des fonctions municipales dans ces villes durant la présence de l'ennemi. Or l'Allemand n'aime pas les refus chez les vaincus : à Valenciennes, le major envoie chercher un bourgeois par un caporal [2] : — Je vous donne vingt-quatre heures, lui dit-il, pour choisir le nouveau *Conseil de*

---

[1] CAZOTTE, *Témoignage d'un royaliste*, p. 149 et 186.
[2] THELLIER DE PONCHEVILLE, *Vieux Papiers*.

Magistrat, ceux qui refusent reçoivent cinquante coups de verge sur la place de ville.

Mais quand reviennent les Français, il faut fuir : le tanneur Paillot, qui était maire de Condé [1], « recommande les intérêts de son commerce à ses ouvriers », emmène sa femme enceinte de sept mois et trois filles de moins de six ans; il en cache une quatrième chez une paysanne; la route était couverte d'émigrants, la chaleur était étouffante, les voitures soulevaient un nuage de poussière, « nous entendions le grondement du canon, et si près de nous, que nous craignions à chaque instant de voir la route interceptée ». Dans les haltes, la foule est si nombreuse qu'on ne trouve pas de logement; quelquefois un fermier permet de passer la nuit dans son verger, on étale pour les enfants un matelas sur une charrette, on continue la fuite le lendemain, on fuit durant un mois, lentement, dans la cohue, à travers les cantiniers; on attend son tour pour franchir le pont de bateaux improvisé sur le Rhin. Au delà du Rhin, on se croit en sûreté, on apprend que l'enfant laissée au pays est morte, que la tannerie est saisie, que les Français approchent; il faut fuir plus loin.

L'évasion est encore aisée pour qui part de Condé; par mer, c'est déjà plus difficile : les matelots prennent plaisir à épouvanter les émigrés en leur montrant à la fois en pleine mer les côtes d'Angleterre et celles de

---

[1] Paillot, *Récits d'un grand-père.*

France : « Il fait joli frais; dans deux heures nous serions en France [1] »; on vide ses poches, ils rient, ils abordent à la côte anglaise. Quelquefois le passage coûte deux mille cinq cents francs, c'est ce que paye la sœur de la vicomtesse de Sesmaisons pour une chaloupe qui vient la jeter sur le rivage à Newhaven avec ses trois enfants de trois à huit ans, « les plus jolis du monde », et leur bonne [2]. Madame de Sesmaisons était venue de même en chaloupe à Eastbourne avec ses quatre enfants et ses femmes de chambre, et s'était trouvée aussitôt à la mode parmi les belles baigneuses. A Brighton, lord Malmesbury [3] aperçoit de la jetée une barque de pêche qui aborde, il approche, un marin français lui tend un enfant dans ses langes, la mère n'a pu encore s'échapper, elle a confié l'enfant au marin. L'homme d'État anglais rapporte l'enfant, envoie des fonds à la mère, elle arrive au bout d'un mois. C'était la comtesse de Noailles. Des hommes risquent leur vie en reculant leur départ, pour protéger dans les dangers de la fuite les femmes, même s'ils les connaissent à peine, comme le marquis de Jumilhac, qui attend à Bordeaux que madame de Lâge soit prête à s'embarquer.

---

[1] ABSARD, *Souvenirs d'un sexagénaire*, t. I, p. 331.

[2] Le nom paraît mal imprimé. Lord AUCKLAND, *Correspondence*, t. II, p. 448, lord Sheffield to lord Auckland, 3 october 1792 : « Madame de *Bulbanie* with her three children as fine brats as ever were seen... as an instance how these poor creatures are pillaged, I mention that they were obliged to pay 2,500 livres for their passage. »

[3] John Harris, earl of MALMESBURY, *Diary*, t. III, p. 283, note.

PREMIÈRES ILLUSIONS.

Mais de l'intérieur de la France, l'émigration devient de bonne heure fort dangereuse. « J'allais à pied, répond à ses juges M. de Bournissac [1], un bâton à la main, conduisant ma femme sur un âne, parce que les chemins étaient affreux. » Cette manière de promenade déplait, les accusés sont « convaincus d'aristocratie » et condamnés à mort. Les passe-ports coûtent jusqu'à dix mille livres [2]; des Suisses viennent épouser à la municipalité les femmes qui veulent émigrer, les font inscrire sur leurs passe-ports et les emmènent hors des frontières, puis reviennent pour simuler un nouveau mariage. L'un d'eux est arrêté à son dix-huitième. Des guides volontaires dirigent les fugitifs à travers les patrouilles et les douaniers. Par exemple, dans le Jura [3], on a la Françoise, dite *l'Aricote,* elle est soupçonnée par les patriotes et menacée d'avoir les cheveux coupés; la Jeanne-Claude, née à Bailly-les-Vignes, fille rude, aux traits grossiers, qui avait eu pour métier d'ensevelir les morts, fille héroïque qui menait la nuit les prêtres aux mourants, et avait reçu de l'évêque de Fribourg le pouvoir de porter sur elle des hosties consacrées. On avait encore la famille Michel, trois frères et deux sœurs, cinq géants qui cachaient les émigrés, les nourrissaient, faisaient sécher leurs vêtements et savaient, quand ils étaient surpris par une bande de

---

[1] Ms. Arch. nat. BB; I; 76. Aix, 6 nivôse an II.
[2] D'Allonville, *Mémoires,* t. III, p. 253.
[3] Abbé Lambert, *Mémoires de famille,* p. 113.

volontaires, parlementer éloquemment, abandonner l'or et les bagages, faire échapper les proscrits [1].

Madame de Staël [2], qui avait déjà sauvé des prisonniers pendant les massacres, fut infatigable dans ses soins pour faire évader les suspects ; elle choisissait en Suisse une femme dont le signalement pouvait ressembler à celui de l'amie qui devait s'échapper, elle la faisait partir pour Paris avec un passe-port suisse. Le passe-port était cédé à la Française, et plus tard la Suissesse se faisait réclamer par ses magistrats. Madame de Staël procura ainsi l'évasion de mesdames d'Hénin et de Poix, et de madame de Simiane, « la plus jolie personne du temps » ; elle facilita également les départs de Mathieu de Montmorency et de François de Jaucourt. Elle ne cessait d'offrir ses services à ses amies laissées dans la fournaise.

Même de prison on pouvait être tiré par la corruption : un prêtre irlandais [3] s'introduit près de madame du Barry, offre de la sauver si elle a de l'argent. — Bon, dit-elle, voici un ordre sur mon banquier anglais, partez pour Calais, vous y trouverez la duchesse de Mortemart cachée dans un grenier ; vous l'emmènerez.

Même la Reine aurait pu être sauvée. Le fidèle Jarjaye s'était entendu avec un certain Toulan pour la faire échapper avec sa belle-sœur sous des costumes d'offi-

---

[1] FAUCHE-BOREL, *Mémoires*, t. II, p. 53.
[2] Vicomte D'HAUSSONVILLE, *Madame Necker*, t. II, p. 259.
[3] DUTENS, *Journal*, t. III, p. 115.

ciers municipaux, mais les enfants ne pouvaient être emmenés en même temps. — « Je ne peux consentir à me séparer de mon fils, écrit la Reine le 6 octobre 1793, en décommandant le Toulan [1], je ne pourrais jouir de rien sans mes enfants, et cette idée ne me laisse pas même de regret. »

A peine la frontière franchie, on ne pouvait résister aux « transports d'une joie qui tenait du délire [2] ». Les amis informés de la délivrance ne trouvaient pas de terme pour féliciter d'une telle fortune [3]. Le réveil après une première nuit sur un sol où l'on commençait à jouir de la sécurité et de la liberté était une véritable ivresse. Pontécoulant [4] ouvre sa fenêtre, trouve que le ciel est pur, que l'air est sain, les arbres de la grande route lui semblent poétiques, le silence et le calme le réconfortent.

Le Directoire annonce [5], dans un message du 3 ventôse an V, qu'il possède des listes d'émigrés pour deux cent vingt mille personnes, mais il n'a pas celles de tous les départements ; toutefois il y a un nombre considérable de doubles emplois.

[1] Gogrelat, *Mémoires*.
[2] Comte de Costades, *Journal de Jacques de Thiboult*.
[3] S^{ir} Samuel Romilly to madame G..., t. II, p. 38.
[4] *Souvenirs*, t. I, p. 262.
[5] Ms. Arch. nat. BB. 1 ; 66.

CHAPITRE V

ESSAIS D'ARMEMENT.

Turin et Bruxelles. — Le prince de Condé. — Les favoris des frères du Roi. — Les corps d'élite.

I

TURIN ET BRUXELLES.

Le comte d'Artois rallié à Turin par une centaine de jeunes gentilshommes [1] ne tarda point à reconnaître qu'il était un embarras pour le Roi, son beau-père, et pour les courtisans. Les mœurs étaient bien différentes de celles de Versailles : c'était la « foire du sigisbéisme [2] » ; la galanterie était transformée en une servitude idéale qui n'exigeait pas de la jeunesse parce qu'elle ne comportait pas les faveurs; et si « chacune avait son chacun », avec des « survivances et des demi-places », le goût des habitudes réglées ne se trouvait pas moins bouleversé par la pétulance des jeunes Français. — Nos gens vont en être détraqués, disait le roi de Sardaigne [3]; quant à cette ligue dont mon

---

[1] Abbé Guillon, *Mémoires*, t. I, p. 70.
[2] Costa de Beauregard, *Un homme d'autrefois*, p. 270.
[3] Sybel, t. I, p. 106 et 196.

gendre est fou, il peut bien l'organiser s'il veut, mais hors d'ici.

Ce fut à Bruxelles que se réunirent tout d'abord les émigrés les plus riches : ils se faisaient envoyer leur argent, leurs chevaux, leurs costumes. Les femmes se montraient au *Parc* en grande parure [1], passaient la nuit dans des bals et des soupers. — « Je fus à la comédie, dit Fersen [2], j'y trouvai tous les Français qui y sont d'ordinaire, même les femmes. »

Les jeunes gens ne renonçaient à aucun divertissement : le duc de Duras avait amené la comédienne Charlotte qui réunissait chez elle quelques hommes d'esprit [3]; d'autres se rencontraient à l'auberge de la *Charrue d'Or*, où ils improvisaient à table des couplets de régiment sur un rhythme assez connu de chacun pour pouvoir les chanter immédiatement en chœur [4] :

> Il n'est pas de printemps
> Sans violette,
> Ni d'amour, ma brunette,
> Sans amants.

L'été, on se retrouvait avec les gens de plaisir de toute l'Europe à Aix-la-Chapelle : « Nous arrivâmes à Aix-la-Chapelle, écrit une émigrée, j'avais la taille la plus svelte et la plus élégante, des yeux presque bleus, pleins d'expression, un teint d'une grande blancheur,

---

[1] Comte de COSTADES, *Journal de Jacques de Thibouli*.
[2] *Journal*, p. 83.
[3] ARNAUD, *Souvenirs d'un sexagénaire*, t. I, p. 409.
[4] Comte de NEUILLY, *Souvenirs*, p. 78.

des cheveux du plus beau blond, j'ajouterai un grand désir de plaire et un enthousiasme pour tout ce qui est élevé, qui donnait de l'éclat à ma conversation. Je trouvai à Aix-la-Chapelle le prince Louis-Ferdinand de Prusse, il s'occupa extrêmement de moi. Quoique de pareils hommages n'atteignissent pas mon cœur, ma vanité les sentit peut-être. Cependant, comme mon mari recevait mes confidences, il me dit que rien ne flétrissait plus une femme que les hommages d'un prince. » Il ne faut pas chercher à se procurer des moyens d'existence : un jeune magistrat qui s'est fait clerc d'un avocat à Tournay est rudement traité par un notaire émigré : « Je rougirais, dit le notaire, de travailler chez mon égal [1]. » Le marquis de La Queuille commence des enrôlements : mais est-ce bien nécessaire de faire un effort? Les souverains se coalisent pour rétablir l'ordre en France, ils vont apparaître.

« J'ai été, dit un jeune officier [2], envoyé à Ostende, et j'y suis resté six semaines à attendre l'arrivée de la flotte russe, portant l'armée d'opération. » D'ailleurs, ces émigrés de Belgique sont des élégants, « ceux qui ne peuvent marcher que comme aides de camp [3] », ils méprisent les petits nobles de province qui se présentent gauchement : lorsque les jeunes Corbehem d'une famille de robe veulent faire partie du régiment qu'orga-

---

[1] THELLIER DE PONCHEVILLE, Vieux Papiers.
[2] MANCILLAC, Souvenirs, p. 20.
[3] CHATEAUBRIAND, Mémoires d'outre-tombe.

nise à Tournay le comte de Cunchy, ce colonel répond :
« Que cela ne se peut, attendu qu'ils ne sont pas reconnus pour gentilshommes par les États d'Artois [1]. »

Chacun a ouvert tout à coup les yeux sur les mièvreries sentimentales qui le berçaient : les incendies et les massacres ont repoussé brusquement les victimes vers les idées de répression violente. Avant la terreur des derniers mois de 1789 et de l'année 1790, on aurait difficilement trouvé, dans la noblesse, des partisans d'une monarchie absolue. Mais subitement chacun se jette dans l'extrême opposé et veut comprimer les âmes sous « le trône et l'autel ». Cette maladroite association des deux mots entre déjà dans le vocabulaire politique. On ne renie pas seulement les aspirations libérales des premiers jours, on oublie qu'on les a eues, on se prend de haine contre les modérés, on attribue tous les maux à ceux qui ont espéré rédiger une constitution libérale. Montlosier et Mallet du Pan ont eu la témérité de se promener au *Parc*, ils regardent comme un prodige de n'avoir point reçu d'outrage [2] ; un secrétaire de Marie-Antoinette est traité de révolutionnaire et de *monarchien*, « c'était à Bruxelles l'esprit de tous les Français [3] ». Le devoir commun était de croire que l'Ancien Régime allait être reconstitué intégralement et promptement par les soins de M. de Calonne, « prôné

---

[1] Corberen, *Dix Ans de ma vie*, p. 37.
[2] Bardoux, *le Comte de Montlosier*, p. 85.
[3] Atchard, *Mémoires*, p. 268.

par toutes les bouches du *Parc* comme le plus beau génie de l'Europe [1] ». Le moindre doute sur le succès est une pensée révolutionnaire ; un jeune abbé, émigré à Rome, écrit à son frère émigré à Bruxelles [2] de lui créer un « titre clérical sur la petite seigneurie » délaissée en France.

II

LE PRINCE DE CONDÉ.

Les esprits sont moins frivoles autour du prince de Condé, mais l'horreur de toute contradiction et la foi dans l'ancien régime sont aussi implacables.

Orné de belles blessures, mêlé aux grandes guerres du continent, connu des officiers généraux de toutes les armées, Condé jouissait d'une solide réputation parmi les gens de guerre. Aux dons et à l'habitude du commandement, il joignait un tact très-fin, un esprit malin, une courtoisie sévère. Il se trouvait à Stuttgard et à Worms avec son fils le duc de Bourbon, adonné uniquement jusqu'alors à des galanteries bruyantes, et son petit-fils le duc d'Enghien, dont la bonne grâce et l'héroïsme sont restés dans les souvenirs.

Condé n'avait en 1791 que cinquante-cinq ans : il présentait les officiers qui arrivaient à Worms pour

---

[1] AUCKARD, *Mémoires*, p. 268.
[2] THELLIER DE PONCHEVILLE, *Vieux Papiers*.

prendre du service sous ses ordres, « à la princesse Louise, sa fille, et à la princesse de Monaco », établies avec lui dans le château de l'électeur [1].

La princesse Louise de Bourbon est une des âmes les plus charmantes, une des femmes les plus exquises de ce monde qui s'effondre. Elle avait été destinée au comte d'Artois [2], qui n'aurait jamais su comprendre ce cœur épris d'idéal, avide de dévouement. Ses passions généreuses illuminaient sa beauté ; toute la cour admirait sa grâce, elle la nommait la belle Condé, « la déesse blanche à face ronde », et l'année où elle tomba malade, le poëte Dorat s'écria au nom de tous :

> Filles du Styx, que le Temps se repose
> Et qu'il s'endorme au bruit de vos fuseaux !
> Hébé-Bourbon est du sang des héros,
> Et le laurier doit garantir la rose.

Elle rencontra aux eaux de Bourbon M. de la Gervaisais, « humain, compatissant aux hommes », s'attacha à lui par les liens d'une tendresse délicate et romanesque, se plut aux longues causeries, aux douces rêveries, puis crut sa dignité intéressée à ne plus même tolérer cette chaste intimité, et ne conserva avec son chevalier qu'un commerce de lettres : « Je suis bonne, et mon cœur sait bien aimer, lui écrivait-elle, mais voilà tout. Vous avez beaucoup d'esprit, moi point du tout. Je crois aussi qu'une femme qui aime

---

[1] Romais, *Souvenirs*, t. II, p. 187.
[2] Violet, dans le *Correspondant* du 25 juillet 1878.

bien véritablement est plus constante qu'un homme. »
Pleine de pitié pour les débordements de son frère, elle
poussa l'abnégation jusqu'à consentir à devenir marraine d'une de ses bâtardes. C'est avec les mêmes sentiments de générosité qu'elle habitait à Worms sous
le même toit que la princesse de Monaco.

Catherine Brignole avait épousé à quinze ans le prince
Honoré III de Monaco, celui qui avait été blessé à
Fontenoy :

> Monaco perd son sang, et l'amour en soupire.

Rebutée par les incessantes infidélités de son mari,
contre lequel elle était soutenue par le roi de France [1],
elle s'attacha à Condé. Elle l'aimait depuis plus de vingt
ans, au moment de l'émigration ; elle le suivit dans
toutes ses campagnes, elle l'épousa enfin à Londres
en 1801. Son fils aîné, le prince Joseph, épousa mademoiselle de Choiseul-Stainville, qui, laissée par lui en
France, durant l'émigration, se cacha deux ans, fut
dénoncée, fut avertie qu'elle sauverait sa vie si elle se
déclarait enceinte, préféra la guillotine à un mensonge
déshonorant. Le second fils, Honoré-Gabriel, marié à
la dernière des Mazarin [2], fut baron de l'Empire,

---

[1] Voir lettre de Louis XV au prince de Monaco, catalogue d'autographes Eugène Charavay, vente du 12 mai 1882. Le Roi refuse de reconnaître les décisions des juges de Monaco, et d'intervenir personnellement : « Encore une fois, je ne veux point me mesler de votre différend d'aucune façon. »

[2] On sait que les princes de Monaco sont de la famille normande des Matignon.

chambellan de Joséphine, et récupéra sa souveraineté en 1815. L'ancienneté des liens et la fidélité dans l'attachement rendaient respectable la présence de madame de Monaco au milieu des volontaires de Condé : ils offraient avec empressement leurs hommages à cette femme de grande taille, de grand air; on ne pouvait, dit Gœthe [1], rien voir de plus gracieux que cette blonde vive, fine et charmante. Elle ne tarda guère à vendre ses diamants et son argenterie pour payer les fournisseurs de l'armée de Condé [2].

La misère commença de bonne heure pour les volontaires de Condé; ils étaient regardés comme des insensés par les Allemands qui les voyaient manœuvrer le sac au dos, sous la bise : « Vous aviez de bons gages, disait l'Allemand au chevalier français, vous ne deviez pas y renoncer [3]. » C'est la pensée de l'âme basse. Le jeune Français lit « un chapitre de Bayard pour prière du matin [4] », les cent premiers enrôlés à Worms se prétendent seuls purs et déclarent « à l'unanimité déshonoré et indigne de servir le Roi tout ce qui n'est pas sur ce contrôle sacré [5] »; ils chassent le colonel de Saint-Mauris, fils d'un ancien ministre de la guerre, parce qu'il arrive le cent unième; le

[1] *Campagne de France.*
[2] Romain. *Souvenirs d'un officier royaliste*, t. II, p. 187 et 315.
[3] Romain, *Souvenirs*, t. II, p. 220; d'Allonville, *Mémoires*, t. II, p. 289.
[4] Las Cases, *Mémoires*. C'est l'auteur du Mémorial de Sainte-Hélène. Ses Mémoires sont peu connus et fort intéressants.
[5] Marcillac, *Souvenirs.*

malheureux rentre à Paris pour y être guillotiné; ils chassent le général d'Arçon, qui retourne organiser dans le comité topographique la défense nationale [1]; « à la table du prince, ils disent que nous n'étions que trop pour entrer en France [2] ». Du reste, cent mille Russes coalisés avec cent mille Turcs sont en marche pour rétablir la religion en France [3]. La crédulité et la suffisance [4] sont poussées à un tel degré que Condé lui-même va jusqu'à dire à Augeard, le secrétaire de Marie-Antoinette : « Votre maîtresse est un peu démocrate [5]. »

On finit cependant par tolérer les nouveaux arrivés, mais on les « voit avec jalousie [6] », on se méfie d'eux jusqu'à ce qu'ils aient fait leurs preuves en montrant à leur tour de l'aigreur contre ceux qui arrivent encore plus tard. La foule s'accroît; des certificats d'émigration sont sollicités et accordés comme des titres d'honneur [7]. Bientôt il y a rivalité entre Worms et Coblentz.

[1] DAMPMARTIN, *Mémoires*, p. 283; ANTOINE, *Histoire des émigrés*, t. I, p. 112.
[2] LAS CASES.
[3] CHAMBELAND, *Vie de Louis de Bourbon-Condé*, t. II, p. 170 et 181.
[4] LAS CASES.
[5] AUGEARD, *Mémoires*, p. 260, février 1791.
[6] LAS CASES.
[7] Voir celui du douanier cité par TERNAUX, t. IV, p. 530.

III

LES FAVORIS DES FRÈRES DU ROI.

Tant que le comte de Provence demeura à Paris, les émigrés qui ne s'enrôlaient pas auprès du marquis de La Queuille dans les Pays-Bas, ou du prince de Condé à Worms, étaient le jouet des brouillons qui s'agitaient autour du comte d'Artois. Ce prince avait quitté Turin en y laissant sa femme, au commencement de 1791, et s'était tenu à demi caché à Vérone, pendant que Calonne se cachait à Vienne, dans l'auberge du *Bœuf blanc*, pour solliciter la protection spéciale de l'Empereur. Tous deux avaient fini par arriver à Coblentz en 1791. Le comte d'Artois confia le soin de la politique à Calonne, de l'organisation militaire à Mirabeau le jeune, des intrigues à l'évêque Conzié et au marquis de Vaudreuil.

Calonne, qui avait des biens immenses et qui venait depuis sa disgrâce d'épouser une des veuves les plus riches de France, vint tout déposer aux pieds du comte d'Artois. Sa fortune fut dévorée sans émotion en quelques mois. Il reçut en échange l'ombre d'une autorité éphémère sur des bannis indociles à côté de favoris insolents.

Le vicomte de Mirabeau, frère du grand orateur, disait quand on lui reprochait son ivrognerie : De tous les vices de la famille, c'est le seul que mon frère m'ait laissé. Il avait en outre le défaut d'être irritable et hautain ; il organisa un corps de volontaires qui n'obéissait qu'à lui seul, il les tint avec une telle brutalité que l'un d'eux lui passa son épée au travers du corps.

Marc-Hilaire de Conzié, évêque d'Arras, philosophe et esprit fort, ami de madame du Deffand et d'Horace Walpole, qui le peint « sensible, aimable, affranchi des préjugés [1] », avait l'ambition pour « passion dominante [2] ». Caractère impérieux, allures altières, taille haute, épaules carrées, voix forte, figure sévère. On lui trouvait des manières plutôt brusques que nobles. Une attaque d'apoplexie affaiblit de bonne heure ses facultés, sans nuire à son influence près du comte d'Artois.

De tous ces favoris, celui qui avait les sentiments les plus élevés était le marquis de Vaudreuil. C'était un ami chaud et constant, loyal et droit [3]; il avait une figure charmante que la petite vérole avait gâtée; « jamais homme n'a porté la violence dans le caractère aussi loin, la moindre contrariété le mettait hors de lui ». Il passait pour changer facilement d'avis, toute-

---

[1] Walpole to the misses Berry, 18 nov. 1790 : « void of prejudices. »
[2] Duc DE LÉVIS, Souvenirs et portraits.
[3] BEZENVAL, Mémoires, t. II, p. 331.

PREMIÈRES ILLUSIONS.

fois il est demeuré fidèle pendant vingt ans à la duchesse de Polignac; il a eu le courage d'oser défendre Marie-Antoinette contre les émigrés de la cour du comte d'Artois : « Si la Reine, écrivait-il [1], a l'air d'écouter les enragés, c'est à coup sûr pour les endormir. Elle est mère et elle est femme; serons-nous assez barbares pour ne pas lui pardonner des terreurs que ses ennemis n'ont que trop justifiées? D'ailleurs, c'est Louis XVI et Marie-Antoinette que nous voulons replacer sur le trône; il faut donc dissimuler leurs torts et non les exagérer. »

Voilà comment il fallait protéger la couronne contre les soupçons des émigrés. Le comte de Provence n'était pas beaucoup plus en faveur.

Le comte de Provence arrive à Coblentz le 7 juillet 1791; il déplaît tout d'abord par l'excès de ses éloges pour d'Avaray [2]. Il est trop fin observateur pour ne pas remarquer la défaveur dont il est l'objet, il comprend qu'on lui reproche tout autant qu'à Louis XVI et qu'à la Reine des « apparences de démocratie ». Il jette un mot d'une bonhomie railleuse au milieu des fanatiques qui discutent sur l'utilité d'une entrevue entre lui, ou bien le comte d'Artois, et l'Empereur : — Il n'y a pas à délibérer, s'écrie-t-il [3], le comte d'Artois est pur, je ne le suis pas!

---

[1] Vaudreuil au comte d'Antraigues, 22 août 1791.
[2] Fersen, *Journal*, 27 juin 1791.
[3] Lenfant, *Correspondance*, t. II, p. 410, du 2 sept. 1791.

L'électeur de Trèves [1] avait prêté aux princes son château de Schonburnlust près Coblentz. L'aile droite était partagée entre la comtesse de Provence, le comte d'Artois et madame de Balbi; l'aile gauche était occupée par le comte de Provence seul. La comtesse d'Artois restait délaissée à Turin. Tous les soirs la chambre de madame de Balbi était ouverte aux gentilshommes présentés. La jeune femme changeait de toilette, « on la coiffait près d'une petite table, on lui passait sa chemise », en présence de tous; le comte de Provence ne semblait ni ému, ni jaloux; « il demeurait le dos tourné, assis dans un fauteuil devant la cheminée, la main appuyée sur sa canne à pommeau; il avait la manie de fourrer le bout de cette canne dans son soulier [2] ». Tant que durait la toilette de madame de Balbi, la conversation était fort joyeuse, le prince contait des anecdotes, les jeunes officiers remplissaient des bouts-rimés ou tiraient au sort des sujets d'impromptus, puis la table de toilette était emportée, on se rassemblait autour de la favorite : Jaucourt et Puységur semblaient les préférés. C'était une fête enchantée pour tous les officiers qui n'avaient jamais quitté leur garnison et pour les hobereaux qui arrivaient de leurs pigeonniers, que cette image de la bonne compagnie.

Anne-Jacobée de Caumont La Force, comtesse de Balbi, était laide avec des yeux brillants d'intelligence,

---

[1] Louis Wenceslas de Saxe, frère de la mère de Louis XVI.
[2] Neuilly, *Souvenirs*, p. 44.

un esprit d'enfer, fécond en saillies, nourri de la lecture
« des esprits forts du siècle [1] », une gaieté intarissable.
Le mari était enfermé comme fou dans un hospice de
Senlis, par sentence du Châtelet [2]. Elle haïssait la
cour rivale [3] que tenait en même temps à Coblentz
madame de Polastron.

Autant madame de Balbi aimait le bruit et l'éclat,
autant la comtesse de Polastron était douce, réservée,
silencieuse [4]. Elle se nommait Louise d'Esparbès de
Lussan [5]; elle avait plu à la duchesse de Polignac, qui
l'observait dès l'âge de douze ans au couvent de Pan-
themont « où tout ce qu'on connaît a été élevé », et
qui la désigna comme épouse à son frère. La duchesse
mena ce frère à la grille du parloir, le montra à la
jeune fille, puis dit : A présent que les jeunes gens se
plaisent, on peut fixer le jour du mariage, j'ai obtenu
une place de dame du palais de la Reine, avec logement
au château, pour ma charmante belle-sœur. Louise
était « agréable sans être jolie », sa taille était souple,
ses traits avaient une expression touchante et triste, le
timbre de sa voix était enchanteur; toutes les femmes
qui l'ont connue ont conservé d'elle un souvenir

---

[1] Neuilly, *Souvenirs*, p. 44 et suiv.; Duters, *Journal*, t. 1, p. 285;
baronne d'Oberkirch, t. II, p. 94.

[2] Ms. Arch. nat. BB; I; 79. Il était patricien génois.

[3] Neuilly, p. 47.

[4] Las Cases, *Mémoires*, p. 5.

[5] Sa sœur, madame de Malaret, ne fut à la mode que sous l'Empire, à l'époque où Ségur était grand maître des cérémonies.

exquis ¹, elles s'attendrissent en parlant de cette figure languissante. Dès sa présentation à la Cour, madame de Polastron fut remarquée par le comte d'Artois, soutenue par lui contre les railleries qu'excitait sa timidité : elle se sentit, dans sa reconnaissance, envahie par une passion romanesque et jalouse. Elle ne put supporter la séparation, elle vendit tout ce qu'elle possédait, et accourut à Coblentz avec des sacs d'or. Son entrée fut humiliante, les jeunes volontaires entouraient sa voiture, jetaient sur elle des regards curieux; le comte d'Artois arriva enfin, fit prendre l'or, dit froidement : « Madame, je vous remercie au nom de tous. » Mais il s'habitua bientôt à passer toutes ses soirées auprès d'elle.

Il ne faudrait pas croire que les membres de la Convention se livraient durant ce temps à l'austérité. Si les émigrés français conservaient leur bonne humeur et leur galanterie, s'ils se montraient d'une gaieté dont ne seraient capables dans une situation semblable, au dire de lord Malmesbury ², ceux d'aucune autre nation, à Paris, Vergniaud était en liaison avec quatre femmes à la fois, Buzot avec la femme de son meilleur ami, Barbaroux prétendait loger chez lui Zélis, Anna et Julia.

¹ Voir surtout les mémoires de la duchesse de Gontaud et ceux de la marquise de Lâge.
² *Diary*, t. II, 20 oct. 1791.

IV

LES CORPS D'ÉLITE.

Le point capital est la réorganisation de la maison du Roi : elle a été supprimée depuis une douzaine d'années pour soulager les contribuables. Plus de soulagement désormais, plus de pitié, on va rentrer en conquérants, comme les Francs dans les Gaules. On se couvre de soie et de panaches, on ne daigne servir que dans la cavalerie. Les quatre corps de la maison du Roi, mousquetaires, chevau-légers, grenadiers à cheval, gendarmes, sont rapidement formés, ils sont commandés par le marquis du Hallay, le comte de Montboissier, le vicomte de Virieu, le marquis d'Autichamp. A ces quatre corps officiels s'ajoutent les chevaliers de la couronne, sous le comte de Bussy; la compagnie de Saint-Louis des gardes de la porte, sous le marquis de Vergennes, puis la maison militaire de Monsieur, dirigée par le comte d'Avaray et le comte Charles de Damas, et celle de M. le comte d'Artois, sous le bailli de Crussol et le comte François d'Escars.

Tous les uniformes sont taillés pour le bal, ce ne sont que couleurs fraîches, broderies, boutons armoriés. « Notre uniforme était galant, dit un enfant qui vient d'être accueilli dans un de ces corps[1], bleu de ciel avec collet et parements orange ; toutes les tresses du shako, du dolman et de la pelisse étaient en argent, nous étions tous très-jeunes et le plus grand nombre était beau et joli. » Ce monde finit, il ne cesse pour cela de rire.

De toutes ses grimaces, les seules qu'il délaisse sont celles de la prétentieuse sensibilité : les roturiers n'entrent pas dans les bataillons où les gentilshommes se sont enrôlés comme simples soldats. La noblesse bretonne s'est formée en sept compagnies, « on en comptait une huitième de jeunes gens du tiers état : l'uniforme gris de fer différait de celui des sept autres, couleur bleu de roi avec retroussis d'hermine[2] ».

Si l'on est dur envers les petites gens, on est impitoyable contre ceux qui ont eu des tentations libérales. Quand deux émigrés se rencontrent, ils s'épurent, c'est un dicton[3] ; et phénomène moral qu'il faut observer, chez ces victimes des passions d'envie, c'est encore l'envie, en dépit de leur enthousiasme, qui les passionne ; des hommes supérieurs avaient espéré substituer en France, dans la nouvelle constitution, à une noblesse privilégiée et turbulente une aristocratie gouvernante. Pas d'aristocratie, s'écrient ces jeunes nobles avec fureur, pas de pairs. C'est comme une diète de Pologne qui s'étend de Coblentz à Worms, qui exige

---

[1] Neuilly, *Souvenirs*, p. 73.
[2] Chateaubriand, *Mémoires d'outre-tombe*.
[3] D'Allonville, *Mémoires*, t. II, p. 289.

l'égalité des priviléges entre les chevaliers, l'horreur des familles dirigeantes, l'anarchie.

« Mounier, écrit le bouillant Vaudreuil [1], aura à traverser bien des villes remplies par des Français auxquels le *pair* Mounier pourrait avoir affaire. Les chemins sont peu sûrs pour les pairs futurs. On ne retient pas aisément la rage des Français victimes d'une révolution dont le vertueux Mounier et compagnie ont été les premiers auteurs. » Et quand l'abbé Louis vient trouver à Bruxelles le comte de Mercy-Argenteau pour négocier au nom des modérés de l'Assemblée la rentrée des émigrés, c'est encore la haine d'une Chambre des pairs qui soulève tous les esprits; *point d'accommodement*, s'écrie le café des *Trois Couronnes* à Coblentz [2].

« M. l'abbé Louis a su que sa mission serait au moins inutile, écrit Vaudreuil [3], et qu'elle pourrait même être dangereuse pour lui, et il est sur-le-champ retourné à Paris. » Lorsque l'on voit arriver Cazalès, l'un des royalistes les plus dévoués et le partisan le plus éloquent d'une Chambre des pairs, on fait la facétie à l'aubergiste qui doit le recevoir, de dire qu'il faut absolument *deux chambres* à M. de Cazalès. Montlosier, son ami, évite de le voir; « il avait bien assez de sa défaveur, je n'avais que faire de la renforcer de la mienne », dit-il [4]; Cazalès passe en jugement avant

---

[1] Ms. vol. 645, Vaudreuil à Antraigues du 22 août 1791, f° 79.
[2] D'Allonville, *Mémoires*, t. II, p. 290.
[3] Ms. vol. 645, f° 78, Vaudreuil à Antraigues, 19 août 1791.
[4] Barrot, *Montlosier*.

d'être déclaré digne de servir comme simple soldat.

Ce qui manque, c'est le général. A Worms, ils ont le prince de Condé ; à Coblentz, ils en sont réduits à crier[1] au comte d'Artois : « Monseigneur, accourez à la tête de la noblesse française! » Évidemment le doute sur le succès eût été regardé comme criminel[2] ; on avait la certitude que les partisans de la révolution attendaient avec remords leur supplice. Mais c'était une exaltation un peu brutale de demi-paysans qui se trouvaient transformés en courtisans. De Falaise, par exemple, et d'Argentan étaient arrivés quantité de gentilshommes pauvres[3], les d'Argouge, les Carrouge, les Basmont, les Montpinson, les Bois-Tesselin, les hobereaux de Beauvain, de qui l'on disait : *Noble de Beauvain se couche avec la faim*; ils étaient privés de leur cidre, de leurs quartiers de mouton, de leur vieille eau-de-vie, avec une solde mal servie, le sac au dos, le mousquet sur l'épaule, parce que Maury, Cazalès, Mounier ont voulu être pairs de France : on le leur dit, ils le répètent. Surtout ils ne se sentent pas commandés ; ils sont témoins des rivalités entre Worms et Coblentz, à Coblentz entre les deux frères, chez les deux frères entre les favoris; « il faudrait cependant avoir un lit avant de tirer à soi la couverture[4] ».

[1] *Almanach des émigrants*, Bibl. nat. L. 22, c. 32.
[2] Las Cases, *Mémoires*.
[3] Comte de Costades, *Journal de Jacques de Thiboult*. Préface.
[4] Ms. vol. 645, f° 185, Vaudreuil à Antraigues, 28 sept. 1791.

CHAPITRE VI

CONFLITS AVEC LA POLITIQUE EUROPÉENNE.

Insouciance de l'Europe. — Les petits princes d'Allemagne. — L'Autriche. — La Russie. — La Prusse. — L'Angleterre.

I

INSOUCIANCE DE L'EUROPE.

Une période nouvelle dans l'histoire du monde avait commencé à l'avènement de Frédéric le Grand et de Marie-Thérèse (1740). A partir de ce moment déclinent la maison d'Autriche et la maison de France, grandissent la Prusse et la Russie, disparaît la Pologne, naissent les États-Unis et l'empire des Indes. Dans cette ère nouvelle, la Révolution française est un épisode sanglant. « La France, écrivait un diplomate anglais [1], est hors de ligne, elle n'a plus à compter ni comme amie, ni comme ennemie, elle peut seulement être utile à nos intérêts ou agréable à nos préjugés. » Elle s'est au contraire montrée ennemie formidable,

---

[1] Lord MALMESBURY, *Diary*, t. II, p. 402, october 1701 (to the duke of Portland) : « ...As a Power quite out of the line and it is no worthy to be reckoned either as a friend, or foe... however it may serve our interests or gratify our prejudices. »

mais sans avantage pour elle, sans profit pour la civilisation. Ses efforts frénétiques durant ses longues guerres contre le monde n'ont ni empêché, ni retardé l'agrandissement de ses voisins, la diminution de ses forces, la disparition de son autorité.

Les émigrés et les républicains se sont également trompés sur l'importance que l'Europe pouvait attribuer à notre Révolution : ils ne se sont imaginés les uns ni les autres le soulagement qu'a éprouvé l'Europe quand on lui a dit : « Le roi de France ne compte plus. »

— C'est la liberté que nous offrons aux peuples, disaient les républicains, tout en ayant si peu d'idée de la liberté, qu'ils déchaînaient toutes les licences, déchiraient toutes les lois, et répondaient à l'opposition par la confiscation des biens et la mise hors la loi. Le monde connaissait mieux qu'eux ce qu'est la liberté : Talleyrand, qui étudiait à Londres la constitution anglaise, s'efforçait d'expliquer à nos révolutionnaires stupéfaits que la première condition de gouvernement est le respect de l'opposition [1] : « L'opposition est une partie nécessaire de la constitution, aussi nécessaire que le ministère ; en Angleterre, on s'inquiète peu de qui l'emportera, on est sûr que dans tous les cas les libertés publiques sont respectées. »

— Nous défendons la cause de tous les gouverne-

---

[1] Oscar Browning, *Fortnightly Review*, febr. 1883. Lettre du 23 mai 1792.

ments, disaient à leur tour les émigrés, toutes les institutions s'écrouleront si on laisse la France dans ses ruines!

— Que chacun commence par se garder soi-même, répondait un frère de Marie-Antoinette, l'électeur de Cologne [1]. Vous n'auriez point bougé s'il s'était agi de défendre mon frère l'Empereur. N'avez-vous pas armé l'Amérique, soulevé la Hollande et la Belgique? Aujourd'hui que les pierres tombent sur vous, vous criez au secours! — Aucun souverain, ajoutait l'autre frère, l'empereur Léopold, ne peut s'occuper de la constitution choisie par des voisins; tant mieux pour lui si elle les affaiblit, il en profitera.

Le profit est le but des puissances : l'Autriche veut la Bavière, une part dans la Turquie, une autre dans la Pologne, elle se souvient que ses princes ont régné sur la Lorraine. La Prusse n'ose encore demander qu'un nouveau morceau de Pologne, mais elle le veut gros. La Russie veut la Pologne tout entière, elle consent à céder un bout de Turquie à l'Autriche, mais elle veut reléguer la Suède dans les glaces. Et à travers ces convoitises se viennent heurter les agents du gouvernement français, ceux des princes, ceux de Louis XVI. Dix mille émigrés français s'organisent en régiments, deviennent tous les jours plus nombreux, on dit dans les capitales que c'est déjà une armée de trente mille hommes d'élite, un danger pour l'Alle-

---

[1] ATGELND, *Mémoires*, t. I, p. 234 et 240.

magne. Les petits princes s'agitent, se sentent troublés dans leurs jouissances : cette Allemagne féodale est bouleversée par l'invasion des émigrés.

II

LES PETITS PRINCES D'ALLEMAGNE.

L'Allemagne était encore dans la barbarie : les trois mille hommes du contingent de Souabe étaient fournis par dix-huit prêtres, quatre abbesses et soixante-quatorze seigneurs ou communes. Il y avait à peine cinquante ans qu'on venait de perdre le margrave Charles-Guillaume de Bade, qui avait un régiment de cent soixante filles costumées en hussards, elles le servaient, l'habillaient, dansaient, chassaient ; disciplinées à coups de verges par celles qui servaient de caporaux et de lieutenants, elles écoutaient la Bible avec leur maître, communiaient en même temps que lui et se partageaient l'honneur de ses caprices [1].

Le duc de Wurtemberg avait non un harem, mais une série rapide de favorites dont les fils recevaient le nom de Franquemont [2]. Il faisait donner en 1783 vingt-cinq coups de bâton à un conseiller du trésor qui

---

[1] Rambaud, *les Français sur le Rhin*.
[2] Baronne d'Oberkirch, *Mémoires*, t. II, p. 240.

n'avait pas salué un factionnaire. Le bâton venait d'être supprimé dans la Hesse-Cassel, il était remplacé par les verges. Le margrave d'Anspach essayait de persuader qu'il comprenait la civilisation ; il était fils d'une sœur du grand Frédéric, on l'avait envoyé à Paris pour se faire décrasser, il en rapporta mademoiselle Clairon qu'il installa dans son palais, en écartant sa femme.

La princesse de théâtre prit son rôle au sérieux malgré ses cinquante ans ; elle régna avec une autorité sans limite sur les margraviats d'Anspach et de Bayreuth. Elle avait environ soixante-sept ans quand une rivale se hasarda contre elle.

Cette rivale était lady Craven. Elle venait de divorcer après la naissance de son septième enfant ; elle avait une physionomie piquante, un peu perfide, la peau éblouissante. Elle se fit l'amie de Clairon qui lui avoua sa lassitude : elle consola le margrave des airs tragiques de la Française et des larmes de la margravine ; car l'épouse légitime, quoique « née mourante », ne laissait pas que de vivre : c'était une Saxe-Cobourg languissante, froide, épileptique, fade « comme un lys qui jaunit ». On renvoya la Clairon. L'Anglaise fut installée en souveraine. Elle se souvint d'avoir connu dans ses voyages un aubergiste de Paris, Mercier, qui tenait l'*hôtel de l'Empereur*, elle le fit venir et le nomma président de l'Académie des sciences du margraviat. Le roi de Prusse s'empresse de la surnommer *sa sœur* et obtient par son influence que le margrave imbécile vende à la Prusse les margraviats d'Anspach et de Bayreuth, à l'insu du Saint-Empire.

Voilà la Prusse subitement agrandie. Voilà le margrave et son Anglaise bien rentés : ils se retirent à Londres où ils se marient [1]. Ils ont à Hammersmith un théâtre où ils jouent la comédie; leur table est ouverte aux émigrés [2]; à leur château de Chiswick demeure le comte de Tilly, un Français déjà chassé de la cour avant l'émigration, qui se fait donner par elle les écus du margrave, la dompte à coups de cravache, et montre des lettres d'elle ainsi conçues : « Jamais je n'ai été si nécessaire au margrave, son âme timide se réfugie auprès de la mienne. Quand je suis venue auprès du lit pour le faire lever, il réfléchissait au lieu de dormir. Je te prie de m'envoyer dans ta lettre une croix dans un coin, que tu auras baisée avec ta bouche, que j'y place mes lèvres. Tu ne sais pas comme j'aime quand j'aime. Je ne me donne pas la peine de le tromper, car je ferai tout ce que je voudrai de lui [3]. »

Sans estimer, comme la baronne d'Oberkirch, que l'état valétudinaire de la margravine rendait le mari « excusable d'avoir cherché ailleurs des distractions », on peut remarquer que ces Allemandes devaient déplaire

---

[1] Mémoires de lady Craven et de la baronne d'Oberkirch.
[2] GAUTHIER DE BRECY, *Mémoires*, p. 284.
[3] TILLY, *Mémoires*, t. III, p. 227 et 232.

par leur négligence à suivre les perfectionnements dans la toilette que les autres femmes de l'Europe avaient adoptés depuis longtemps : lorsqu'un ambassadeur anglais vint chercher la princesse de Brunswick [1] fiancée au prince de Galles, il ne put s'empêcher d'écrire qu'elle n'avait aucune idée de la *toilette de propreté* [2]; au contraire, « elle néglige tellement ces soins qu'elle est *offensive* par cette négligence » ; et il se crut obligé de le lui déclarer. « Le lendemain elle sembla s'être bien lavée, mais j'ai su qu'elle portait des jupons sales, des chemises crasseuses et des bas de fil qui n'étaient jamais bien lavés et trop rarement changés. »

La répugnance contre l'épouse légitime n'était pas seulement due au manque de linge, elle était également une étiquette. Le souverain allemand se croyait tenu à avoir une Pompadour, comme les grands. La maîtresse est un des attributs de la souveraineté ; elle fait partie du cortége ; elle est un apanage tellement nécessaire que les prélats eux-mêmes, pour vieux qu'ils soient, sont tenus de s'en donner les apparences, dès qu'ils ont des sujets. Non le prince-évêque de Würtzbourg et de Bamberg, François d'Erthal, qui couche sur une planche, ne mange que du pain et des légumes,

---

[1] C'est la célèbre Caroline.
[2] Ces mots sont en français. MALMESBURY, *Diary*, t. III, p. 193 à 204 : « I knew she wore coarse petticoats, coarse shifts and thread stockings and these never well washed or changed often enough. »

distribue aux pauvres tous ses revenus [1]; mais son frère, l'archevêque-électeur de Mayence, a deux maîtresses, mesdames de Foret et de Condenhoven; sa dignité n'est en rien diminuée, sa conscience n'est pas inquiète: mais qu'un prince épouse par amour une de ses sujettes, voilà ce qui lui semble dégradant; aussi son cousin le jeune duc de Wurtemberg qui est marié à la comtesse de Hohenheim est mal à l'aise quand il doit faire un voyage à Mayence : « L'électeur fit répondre qu'il ne connaissait pas la duchesse de Wurtemberg [2]. » Une autre fois, le bon prélat consentit, après de longues négociations, à recevoir le duc et sa femme, comme s'ils étaient simplement comte et comtesse de Hohenheim; il « n'est pas allé à la porte de l'appartement, la comtesse lui a présenté sa dame d'honneur comme une parente, le comte a conduit sa femme à table, ce qui a évité à l'électeur de la conduire [3] ».

Ce scrupuleux homme d'Église ne fut pas moins embarrassé quand il dut recevoir les trois Condé. Les précédents ne manquaient point : durant la guerre de sept ans, le maréchal de Broglie et le maréchal de Soubise avaient été accueillis à Mayence comme des souverains, « avec des honneurs si extraordinaires qu'il serait impossible d'en faire une règle pour l'avenir »;

---

[1] Mérode, *Souvenirs*, p. 60.
[2] Ms. Aff. Étr. O'Kelly à Montmorin, 4 févr. 1791.
[3] *Ibid.* Il est vrai qu'elle n'était pas veuve quand elle a épousé le duc de Wurtemberg.

PREMIÈRES ILLUSIONS.

d'autant mieux qu'ils étaient à la tête des armées d'un roi puissant, tandis qu'aujourd'hui des proscrits ne peuvent avoir le même prestige devant des yeux allemands. On imagina de tirer au sort les places à table [1]. Mais l'embarras recommença à l'arrivée du comte d'Artois : on décida que les places seraient tirées encore au sort, mais que l'électeur présenterait au prince français toutes les femmes de la cour [2]. Les maîtresses de l'évêque étaient moins sourcilleuses ; l'une d'elles, la Condenhoven, s'adoucissait pour les émigrés [3].

Le cardinal d'Auersperg, prince-évêque de Passau, offrait une hospitalité plus complète, il présentait les émigrés à sa maîtresse la comtesse de Guilsberg et au grand doyen du chapitre, le baron de Thurn ; il les menait avec la comtesse dans sa loge au théâtre pour entendre le *Don Juan* de Mozart, puis donnait un bal en leur honneur ; là, « à mesure que la colonne de valse passait devant nous, le cardinal appelait à lui la dame ou la demoiselle, me la nommait, me disait son âge, m'en faisait remarquer la taille, la figure fraîche, et chacune, après avoir reçu de Son Éminence une petite caresse et un compliment, continuait sa valse ».

Maximilien, archevêque-électeur de Cologne, frère de l'Empereur et de Marie-Antoinette, était fameux parmi les Français pour son mot à Buffon qui lui

---

[1] Ms. Aff. Étr. O'Kelly à Montmorin, 21 avril 1791.
[2] *Ibid.*, 13 juin 1791.
[3] Barthélemy à Delessart, 4 février 1792.

offrait ses œuvres le jour où il était venu visiter le Jardin des plantes : « Je ne veux pas vous en priver ! » Il était absorbé dans sa liaison avec la femme du ministre d'Angleterre, se tenait toujours seul avec elle, excepté aux heures des repas.

Tous ces princes avec leurs grands maîtres de la cour, leurs grands veneurs, leurs grands aumôniers, prêtaient à rire aux émigrés : les plus fameux de ces Allemands avaient envoyé leurs enfants à Paris pour les dégrossir ; on les avait vus gauches et mal façonnés ; les rieuses pensionnaires avaient chiffonné dans leurs couvents les filles de tous ces souverains : « Nous nous rappelions comme nous avions tapoté ses filles au couvent ; sa sœur Cunégonde a une figure incroyable, sa dame d'honneur ressemble à un perroquet gris avec son collier couleur de feu », telle est la description de la cour de l'électeur de Trèves, Clément-Venceslas de Saxe, « que nous trouvions si petit seigneur à Paris[1] ». Mais quelque mince figure que fissent jadis tous ces gens à Versailles, ils avaient une cour ; cela se ruinait pour les émigrés, cela donnait des fêtes ; tout ce qui était quelque chose devait figurer à ces fêtes, même au prix de concessions quelquefois pénibles : ainsi à Manheim, l'électrice palatine, qui n'était qu'une Neubourg, avait la prétention de se faire baiser les mains par les femmes : les petites Françaises s'écartèrent avec

---

[1] Marquise DE LAGE, *Souvenirs*, Préface, p. 98.

horreur; mais dès qu'elles entendirent parler d'un bal, elles s'adoucirent et vinrent apporter leurs lèvres aux mains de la Neubourg [1].

Son mari, Charles-Auguste, duc de Deux-Ponts, chef de la maison aujourd'hui régnante en Bavière, était noté par nos agents diplomatiques [2] comme « prince faible et tracassier, soupçonneux et craintif, devenu le jouet des caprices de ses favorites. Il veut tout faire et il ne termine jamais aucune entreprise. Tout est *grand, illustre, sérénissime* à sa Cour. » Son premier ministre est le baron d'Esebeck, dont tout le mérite est dans l'art avec lequel sa femme a su écarter les autres favorites [3] et surtout la plus redoutable, la Gamache, danseuse à Paris et comtesse de Forbach dans les Deux-Ponts [4], exiler l'épouse légitime [5], tolérer le favori, un Français, l'abbé de Salabert. L'abbé de Salabert, dit la note de la diplomatie française, « courtisan de longue main, épicurien aimable, se prête à toutes les humeurs du maître, n'oublie jamais ces formes soumises dont il le sait idolâtre ». Cet abbé fait la faute de prendre pour secrétaire un Français né d'une Allemande, le baron de Mongelas; « celui-ci porte une de ces figures de réprobation qui sont le type des sentiments du cœur. Vil et bas, il serait dange-

---

[1] Mérode, *Mémoires*, t. I, p. 43.
[2] Ms. vol. 651, f° 305, note du 21 novembre 1794.
[3] Gambard, *les Français sur le Rhin*.
[4] Oberkirch. t. II, p. 55.
[5] Ségur. t. II, p. 104.

reux s'il avait du caractère. » Le Mongelas sera dangereux pour son abbé ; il se fera nommer premier ministre quand le maître deviendra roi de Bavière et reléguera dans un faubourg de Munich l'imprudent Salabert.

III

L'AUTRICHE.

L'empire d'Allemagne s'entourait à Vienne d'une étiquette aussi décrépite. Un seul homme y gardait une valeur réelle, l'Empereur Léopold.

Léopold était suspect comme son frère Joseph II et comme son beau-père Charles III : il était loué par les philosophes, honni par les partisans de l'ancienne Société de Jésus [1]. Il passait pour ennemi des priviléges, pour adversaire des ordres monastiques. Sous ce masque il cache l'ambition la plus ferme, la politique la plus tenace. Quand il succède [2] à son frère Joseph II, qui meurt épuisé par sa lutte fiévreuse contre les institutions vermoulues de l'Empire, Léopold se trouve subitement en présence de sujets mécontents et ignorants, d'une France importune, d'une Pologne menacée.

[1] LANGERON, *Mémoires*, Ms. Aff. Étr. Russie, t. XX, p. 291.
[2] Le 10 février 1790.

A l'intérieur, la police de Marie-Thérèse avait conservé, malgré les réformes de Joseph II, une telle prépondérance que la chasteté était encore une institution administrative [1]; les romans étaient si bien interdits que le *Werther* de Gœthe fut révélé par hasard au public par une inscription flamboyante dans un feu d'artifice allumé au Prater [2]. Toute la vie, ou, comme dit Fersen, « le but de toutes choses ici est manger et boire ».

Le ministre est Kaunitz, qui a près de quatre-vingts ans. Il est grand, maigre, droit; il est glorieux de son talent d'écuyer [3]; il tient son mouchoir sur sa bouche quand il traverse la cour de son manége. Sa perruque qui tombe jusqu'aux sourcils, son habit rouge, sa manie de nier qu'il est sourd, sa répulsion contre les odeurs, prêtent à rire [4]. Sa maison est tenue par madame de Clary et le peintre Casanova, qui le rendent heureux en répétant ses propos avec admiration et en lui faisant « avaler » des compliments. Casanova « lui jette la flatterie à la tête d'une manière dégoûtante ». Kaunitz mange beaucoup, se tient au lit toute la journée, y écoute la lecture des dépêches en brossant ses bijoux; il est insolent même avec les archiduchesses. Il déteste les Français.

---

[1] Casanova, *Mémoires*.
[2] Sybel, t. I, p. 152.
[3] Madame Le Brun, *Mémoires*, t. I, p. 273.
[4] Fersen, *Journal*.

Léopold déteste surtout les émigrés ; il ne tarit pas sur les voyages du comte d'Artois, sur madame de Polastron « qui se pâme »[1], sur les « mauvais conseillers » ; il regarde tout ce que font les princes français comme « peu important »[2] ; il ne fait aucun cas de Calonne, dont il trouve inconvenant que les princes aient fait un premier ministre, après que le Roi leur frère l'avait renvoyé[3] : C'est, dit-il[4], un emporté et un étourdi ; quand on réfute ce qu'il propose, il s'écrie : Ah ! il me vient une idée sublime ! et c'est une nouvelle folie.

Cependant l'Empereur ne s'oppose pas à ce que le roi de Suède vienne rétablir l'ancien régime en France, s'il le trouve bon. Il accepte qu'une flotte suédoise arrive au Havre, mais il ne prêtera point Ostende à cette flotte pour la ravitailler, et il donne pour prétexte de ce refus que la Russie pourrait lui demander un autre port si elle envoyait aussi une flotte. Sa sœur Marie-Antoinette est en danger, il le reconnaît, il dit même : J'ai une sœur en France, mais la France n'est pas ma sœur[5]. La maison d'Autriche ne recule jamais devant le sacrifice d'une archiduchesse, elle va dans quelques années livrer Marie-Louise à un soldat haï, divorcé, héritier des meurtriers de Marie-Antoinette.

[1] Malouet, *Mémoires*, t. II. p. 61.
[2] Fersen, *Journal*, t. II, p. 15.
[3] Augeard, *Mémoires*.
[4] Fersen, t. II, p. 23.
[5] Antoine, *Histoire des émigrés français*, t. II, p. 22.

Léopold ne refuse pas les bonnes paroles : il laisse aller les promesses; « il a, dit Langeron [1], constamment trompé nos princes et n'a jamais eu l'intention de rien faire pour eux. Lorsque M. de Gallo, ambassadeur de Naples à Vienne, témoigna à l'Empereur son étonnement de la manière dont il s'engageait, l'Empereur répondit : Vous croyez donc à tout cela ? » Et voilà les émigrés persuadés que les Suédois et les Russes vont cesser en leur faveur leurs longues guerres, que l'Autriche va s'unir à eux; une flotte est prête à débarquer une armée d'invasion en Normandie : « Il faut descendre à la Hougue, rade excellente, non défendue », ils l'affirment [2]; les troupes camperont à Saint-Waast; « si on veut débarquer plus près de Caen, il faut aller à la Fosse de Colleville, à l'embouchure, et à l'ouest de l'Orne, rade grande... » Les émigrés qui n'ont bougé de Coblentz racontent à ceux qui arrivent de Vienne, la marche des armées autrichiennes : « Tout le monde veut tout savoir, les princes n'en sont plus les maîtres [3]. »

L'Empereur avait un plan trop vaste pour le confier au comte d'Artois et à ses confidents. De grandes catastrophes auraient été épargnées si Léopold avait assez vécu pour réaliser son projet.

Il voulait rendre héréditaire la couronne de Polo-

---

[1] LASCERIS, dernier fragment, vol. 651, f° 386.
[2] FERSEN, Journal, t. I, p. 184.
[3] Ibid., t. II, p. 31.

gne, la placer dans la maison de Saxe, créer ainsi un fort État, une puissance catholique, qui s'étendrait du centre de l'Europe aux frontières de la Russie, séparerait l'Autriche de la Prusse, reléguerait la Prusse protestante dans ses sables, la Russie grecque dans l'Orient, défendrait la civilisation contre les invasions des affamés du Brandebourg. Malheureusement la noblesse polonaise ne comprenait point ce rôle. De plus, Léopold heurtait par ces pensées le génie le plus vigoureux, le plus viril du siècle, la grande Catherine.

IV

LA RUSSIE.

Catherine II a modelé la Russie de ses mains; étrangère, luthérienne, privée de tout titre à la souveraineté, elle a su régner. Elle s'est montrée supérieure à tous ses contemporains. La froideur du jugement, la fermeté des vues, l'équilibre des facultés les plus rares, la signalent comme une âme extraordinaire.

L'Impératrice Élisabeth, après avoir fait venir de Lübeck Pierre de Holstein-Gottorp qu'elle destinait à lui succéder, voulut marier cet avorton à une Allemande; elle fit chercher dans la principauté d'Anhalt-Zerbst la princesse Sophie, lui imposa le nom de Cathe-

PREMIÈRES ILLUSIONS.

rine et la religion russe : « Comme je ne trouve presque aucune différence entre la religion grecque et la luthérienne, je suis résolue de changer », dit l'enfant [1], qui se hâta de peindre à Élisabeth le désir qu'elle avait de se trouver à ses pieds.

Dès son arrivée, Catherine remarqua que la Souveraine avait le caractère aigri par les habitudes de la toute-puissance et de l'intempérance. Elle tenait ses courtisans et ses filles d'honneur comme des esclaves; la jeune Catherine dut s'humilier comme les autres [2]. Le fiancé ne se sentait à l'aise qu'avec les laquais [3], il savait commander l'exercice à la prussienne et jouer à la poupée; il flattait Élisabeth « en entrant dans son esprit quand elle se fâchait contre quelqu'un [4] », et il ne se servit, durant les premiers mois de son mariage, du lit de sa femme que pour cacher ses joujoux et ses chiens. Les deux époux se trouvaient entourés d'espions [5]. Catherine laissa bientôt son mari jouer à la poupée avec la demoiselle Worouzow, « assez sem-

---

[1] Notes de la princesse sa mère, Soc. hist. Russie, t. VII de 1871.

[2] Herzen, *Mémoires de Catherine*. Il est impossible de nier l'authenticité de ces Mémoires, depuis que les lettres, notes privées et pensées de cette princesse ont été publiées par la Société d'histoire de Russie; elles sont en complète concordance pour le style et pour la précision des détails, qui n'étaient connus de personne à l'époque où furent publiés les Mémoires. Toutefois il a bien pu y avoir des interpolations. Je me défie surtout des passages sur Soltikow.

[3] Stellis, *Mémoires* publiés dans le supplément des Mémoires du prince Pierre Dolgoroukow.

[4] *Mémoires de Catherine.*

[5] Soc. hist. Russie, t. I, p. 282, Catherine à madame Geoffrin.

blable à une servante d'auberge¹ », et se mit en relation avec divers politiques qui lui firent connaître les anecdotes des familles, les caractères des personnes, les ressorts des intrigues. Elle cachait dans ses bas ces lettres reçues secrètement. Les lettres de madame de Sévigné, les premières œuvres de Voltaire, même les romans de chevalerie mûrirent peu à peu, grandirent la princesse délaissée. On la voit par des questions ingénieuses, par des espiègleries de pensionnaire, se soustraire, comme Catherine de Médici, à la servitude, s'élever au-dessus des avanies, étudier le train du monde, acquérir l'amour de la Russie et l'instinct de ses ressources. De son abjection même, elle tire la leçon du respect de la personne humaine : cette lectrice de Sévigné devait trouver étranges des galanteries comme celle du prince de Liéven qui disait en la regardant : « Voilà une femme pour laquelle un honnête homme pourrait sans regret recevoir quelques coups de knout². » Elle forme le projet de ravir à la verge sa prépondérance en Russie.

Élisabeth meurt. L'époux de Catherine règne. Il s'entoure des « cordonniers allemands³ », il soulève la répugnance nationale, il succombe à des accès d'aliénation mentale⁴. Alors Catherine se montre aux

---

[1] Albert Vandal, *Louis XV et Élisabeth*, p. 289, lettre de Breteuil.
[2] *Mémoires de Catherine*, p. 287.
[3] Princesse Dascakow, *Mémoires*, p. 57.
[4] *Ibid.*, p. 94.

soldats en uniforme de cavalier de la garde : elle les entraîne à l'église Cazanski, ils la proclament souveraine et écoutent son *Te Deum*[1]. En deux heures la révolution est faite sans que l'Empereur en ait la moindre nouvelle. Le soir seulement, Catherine part avec quelques bataillons pour l'enlever dans sa maison de plaisance de Péterhof. Le pauvre monstre demande grâce. Le surlendemain, les agents diplomatiques reçoivent le manifeste suivant[2] : « Les ministres de l'Empire informent les ministres étrangers que le ci-devant Empereur, après une violente colique occasionnée par les pilules qu'il prenait fréquemment, est mort hier. » — « En vérité, écrivait-elle plus tard[3], j'aurais beaucoup aimé mon mari si faire se serait pu et s'il avait eu la bonté de le vouloir. »

Catherine assiste aux séances du Sénat, écarte Poniatowski, son amant, « un fat[4] », par la promesse du trône de Pologne[5], semble déjà si bien assise que l'Angleterre n'hésite pas à lui communiquer les dépêches secrètes du cabinet français[6]. « L'Impératrice, dit le diplomate anglais[7], est par ses talents,

[1] Robert Keite to lord Grenville, 12 july 1762. *Soc. hist. Russie*, t. XII de 1873.
[2] *Ibid.*, 20 july 1762.
[3] Catherine à madame de Bielcke, *Soc. hist. Russie*, t. X de 1872, p. 103.
[4] Albert VANDAL, *Louis XV et Elisabeth*, lettre de L'hôpital du 14 mai 1758.
[5] Buckingham to lord Grenville, 7 oct. 1762. *Soc. hist. Russie*, t. XII, p. 40.
[6] *Ibid.*, p. 23.
[7] Buckingham to lord Halifax, 23 nov. 1762.

son instruction et sa vigilance, grandement supérieure à tout ce qu'il y a dans ce pays. »

Bientôt des mécontents se montrent : ils parlent de l'héritier légitime, le prince Ivan, dépossédé et enfermé par Élisabeth. Les agents diplomatiques reçoivent alors un second manifeste; les ministres de l'Empire les informent cette fois [1] qu'un certain capitaine Mirowitz aurait proclamé le prince Ivan et enfoncé la porte de son cachot, ce qui avait obligé les gardes à tuer ce prétendant involontaire. Ce second tour sembla un peu fort; madame Geoffrin, qui était en correspondance intime avec Catherine, ne cacha pas l'impression du dégoût général : « On glose chez vous sur mon manifeste, lui répond Catherine [2], on y a glosé aussi sur le bon Dieu; ici on glose aussi quelquefois sur les François. Mais il n'en est pas moins vrai qu'ici ce manifeste et la tête du criminel ont fait tomber toutes les gloseries. Or donc le but était rempli, et mon manifeste n'a pas manqué son objet. *Ergo* il était bon. »

Mais en même temps Catherine est infatigable contre la barbarie et les abus. « Plus je travaille, plus je suis gaie », écrit-elle [3]. Elle crée une flotte : la flotte russe n'existait pas avant elle, ou du moins « elle

---

[1] Buckingham to lord Sandwich, 20 july 1764.
[2] *Soc. hist. Russie*, t. I, p. 264. Cette correspondance avec madame Geoffrin est charmante. Il serait curieux d'en donner une édition française avec les lettres de Catherine à madame de Bielcke qui sont aussi fort intéressantes. On sait que même la correspondance avec Voltaire a été notablement altérée par les éditeurs français.
[3] A madame de Bielcke, 9 nov. 1766, t. X, p. 136.

avait l'air de la flotte pour la pêche des harengs[1] ». Elle assemble les notables à Moscou : « Cela m'a paru une farce, écrit l'ambassadeur anglais[2], mais l'Impératrice veut s'appuyer sur eux; il est à peine possible d'avoir plus d'activité, de posséder mieux le sentiment du génie de ses sujets. Le bonheur de la nation dépend de la durée de son règne. » Le seul reproche que lui adressent les Anglais, c'est, même après l'atroce répression de la révolte de Pougatchew[3], « trop de clémence : ils oublient l'autorité dès qu'ils n'en sentent plus le poids ».

Elle contrecarre avec esprit la politique des royaumes de la maison de Bourbon qui venaient d'imposer au Pape la suppression des Jésuites. Catherine s'empresse d'accueillir les proscrits en Russie et d'assurer la perpétuité de l'Ordre en appelant les novices et en entretenant les noviciats dans la Russie Blanche[4]. Elle défend de publier le bref d'abolition et oblige ses évêques catholiques à lutter contre le Pape pour les Jésuites. Cette lutte est piquante : le nonce du Pape à Varsovie, qui chérit les Jésuites, est forcé par devoir professionnel de traquer les débris de la « ci-devant compagnie » au fond des États de Catherine et de condamner le noviciat qui prétend perpétuer la com-

---

[1] Soc. hist. Russie, t. X, p. 23, du 8 juin 1765.
[2] Ibid., t. XII, Henry Shirley to lord Weymouth, 28 february 1768.
[3] Ibid., t. XIX, sir Robert Gunning to lord Suffolk, 6 february 1775.
[4] De 1773 à 1780. Soc. hist. Russie, t. I, p. 460 et suiv.

pagnie « en dépit de la suppression formelle et notoire qui en a été faite par l'autorité du Saint-Siége ». Ces subtilités ne plaisent point à Catherine, elle dicte cette réponse tranchante [1] : « Dès que Sa Majesté a daigné une fois approuver tout ce que l'évêque catholique de la Russie Blanche a jugé à propos d'instituer pour l'utilité des écoles dans ces provinces, elle ne peut que désirer que le Saint-Siége ne voie en cela qu'un arrangement fait par l'autorité et de la pleine connaissance de Sa Majesté. »

Le nonce n'est pas seul à se réjour d'être si rudement rabroué; la joie gagne la cour de Rome tout entière; plus Catherine la frappera pour la défense des Jésuites, plus elle bénira sa main. Le pape Pie VI n'y peut tenir davantage, il écrit à Catherine, le 2 janvier 1783, une lettre en langue italienne, contre l'usage de sa chancellerie, lettre si tendre sur la protection accordée aux Jésuites, que le ministre russe Stackelberg dit en la transmettant à sa Souveraine : « Je mets aux pieds de votre trône le repentir du Pape. Son obéissance est une réparation qui fournit à l'histoire... — On a beau dire, fait Catherine [2], ces coquins-là veillaient aux mœurs et au goût des jeunes gens. »

Elle n'est pas aussi complaisante pour les Polonais.

---

[1] *Soc. hist. Russie*, t. I. 18 oct. 1779. Voir la note désolée du chancelier Panin sur cette rudesse contre le Pape : « Enfin, dit-il, quoi qu'il en soit, il faut bien passer par là. »

[2] Catherine à Grimm, 27 sept. 1790. *Soc. hist. Russie*, t. XXIII de 1878, p. 500.

Le roi de Prusse rêvait depuis longtemps un démembrement de la Pologne, car il écrivait en 1763 : « Ce n'est pas sur la fin de ma carrière que je dois m'occuper ou m'engager dans de vastes projets. Ces temps sont passés. Je désire descendre au tombeau sans troubles et sans guerre [1]... » S'il se concerte avec Catherine, c'est pour le bonheur des Polonais et des « pauvres Suédois », il veut lui « ouvrir son cœur », il reçoit d'elle des melons d'Astrakan, et répond avec une allusion à la pensée secrète : « La même main qui dispense des melons donne des couronnes [2]. » La cour de Vienne paraît disposée à protéger la Pologne, mais bientôt Frédéric annonce à Catherine que Marie-Thérèse se rallie « à la bonne cause, va faire amende honorable et solliciter, Madame, aux pieds de votre trône la participation aux avantages [3]... » — « Les mêmes sentiments d'humanité et d'amour pour la tranquillité de l'Europe, répond Catherine, disposeront Votre Majesté à apporter de sa part toutes les facilités convenables. » Tendresses féroces. Elles n'empêchent pas Frédéric de raconter [4] des détails sur les favoris de Catherine et sur les inconvénients qu'ils lui amènent. Elles suffisent pour duper les diplomates anglais à un tel degré qu'ils soupçonnent seulement en

---

[1] Le 3 novembre. *Soc. hist. Russie*, t. XX de 1877, p. 182.
[2] *Ibid.*, p. 183.
[3] *Ibid.*, p. 316 et 318.
[4] Ségur, *Mémoires*, t. II, p. 137.

juin 1772 les projets de démembrement[1], et qu'ils écrivent, quand Frédéric est nanti de son morceau[2] : « On n'est pas sûr qu'il veuille le conserver, car la dureté, la brutalité avec laquelle il traite cette province, ferait croire qu'il ne s'attend pas à en rester le maître. »

Catherine a promptement regret d'avoir abandonné des fragments de la Pologne à la Prusse et à l'Autriche, et d'en avoir laissé la plus grande partie indépendante. Elle veut la Pologne entière ; la Prusse et l'Autriche veulent s'étendre chacune sur les débris de ce qui reste ; telle est la véritable politique des trois puissances au moment où la France cesse d'avoir une politique en Europe.

Catherine avait les yeux bleus et les sourcils noirs, le regard doux, le sourire enchanteur ; « son excellente tête s'appuyait sur un beau bras[3] ; » elle était petite et grasse, et portait des robes largement drapées.

Elle n'aimait l'esprit ni dans la conversation, ni dans les galanteries ; là se retrouve l'Allemande.

Ses réparties étaient pesantes[4] ; ses citations souvent ridicules[5].

---

[1] *Soc. hist. Russie*, t. XIX. Le 12 juin 1772 : « extraordinary transaction. »
[2] *Ibid.*, p. 250. Lord Cahtcart to lord Suffolk, 28 june 1772.
[3] Prince de Ligne, t. I, p. 285.
[4] Voir notamment la réponse dont elle se vante dans sa lettre à madame Geoffrin, *Soc. hist. Russie*, t. I, p. 274.
[5] Par exemple, elle écrit à la princesse Daschkow (*Mémoires de la*

La dynastie de ses amants est connue : on croirait même qu'elle a entrepris une revanche de la femme contre Louis XV. De Potemkin elle a fait, comme le dit un émigré, une Pompadour. Favori toujours, il présente ou fait disgracier à son gré les autres favoris. Louis XV renvoie ses favorites en les mariant à des colonels, Catherine donne à ceux dont elle se lasse beaucoup de roubles, quelques milliers de paysans, ou le château de Frohsdorf, comme à Yermolow[1]. On peut croire que ces favoris n'avaient pas besoin d'être des épicuriens : elle ne leur demandait aucune imagination et gardait, dit-on, auprès d'eux sa sérénité et son sang-froid. On peut surtout répéter ce qu'elle écrivait à madame Geoffrin[2] : « C'est le bon ton de tous vos gens en place de dire et d'entendre dire le plus d'horreurs qu'ils peuvent de moi, ils ne sont pas engagés à les prouver. »

On ne peut reprocher à Catherine son manque de tendresse pour son fils. Le malheureux avait le corps plus grotesque, l'intelligence plus délabrée que son père dont il rappelait les travers, les infirmités, la

---

princesse Daschkow, t. III, p. 106) : Madame Deshoulières dit :

> Je suis charmé d'être né ni Grec ni Romain,
> Pour garder encore quelque chose d'humain.

On peut croire qu'elle songeait aux vers de Corneille :

> Je rends grâces aux dieux de n'être pas Romain,
> Pour conserver encor quelque chose d'humain !

[1] Il y meurt en 1836.
[2] *Soc. hist. Russie*, t. I, p. 278.

décadence. Il était sujet à des hallucinations[1] qui le tenaient parfois deux jours dans une sorte de stupeur et le faisaient prendre en pitié par les ministres étrangers[2]. Il était veuf d'une première femme; on se hâta de lui en procurer une seconde, de la lui acheter pour ainsi dire : on envoya quarante mille roubles à la princesse de Montbéliard pour s'habiller et amener sa fille à Pétersbourg. « Les quarante mille roubles sont un vrai restaurant », répondit la princesse qui se hâta de faire changer de religion à sa fille, et de donner congé au fiancé aimé de la jeune Allemande. Ce fiancé, écrivit le roi de Prusse, épousera la jeune sœur; « dans le fond, cela revient au même ». Ce fiancé était un prince de Darmstadt, dont la sœur était la première femme du Russe. Ainsi il cède sa fiancée pour qu'elle remplace sa sœur : la tendre Allemande élevée dans son jardin de Montbéliard, où les allées sont bordées de buis et les grottes ornées de divinités en plâtre, n'a qu'une pensée : « J'ai bien peur de l'Impératrice! »

Catherine garda longtemps des illusions sur ce couple : elle lui témoigna de l'amour, écrivit des lettres charmantes[3]; puis elle se lassa.

---

[1] Oberkirch, *Mémoires*, t. I, p. 191.
[2] *Soc. hist. Russie*, t. XIX de 1876, p. 451. Sir Robert Gunning to lord Suffolk, 16 march 1775 : « His conduct of late has in many respects so much resembled that of his father... fresh instances of levity and imprudence... » *Ibid.*, p. 515, Richard Oakes to William Eden, 15 april 1776 : « Has been for two days in inexpressible distraction. »
[3] *Soc. hist. Russie*, t. IX de 1872, p. 38 et suiv.

PREMIÈRES ILLUSIONS.

Le prestige en Europe de Catherine avait grandi à la suite des guerres contre les Turcs. C'est vers cette victorieuse qu'accoururent tout d'abord les émigrés, les jeunes, les impatients des fêtes de l'épée, Richelieu, Damas, Langeron, Boismilon [1]. On leur avait conté des combats fantastiques dans des pays inconnus : ils furent accueillis avec allégresse. « Je sais que Henri IV était invincible à la tête de sa noblesse », leur dit Catherine en les envoyant sur le Danube [2], avec des grades supérieurs à ceux qu'il avaient en France. Leur arrivée à l'armée fut célébrée par l'assaut d'Ismaïl, où ils franchirent la brèche en bas de soie et en souliers de bal, au milieu de trente mille morts; ils reçurent la croix de Saint-George et des épées d'or [3]. Catherine offrit au marquis de Bouillé son grade avec son ancienneté en Russie et vingt deux mille roubles de traitement [4].

Si les émigrés croient à Coblentz qu'elle va leur envoyer une armée de secours, c'est simple naïveté, car elle ne cherche point à les tromper. « J'ai, dit-elle à M. de Saint-Priest [5], une guerre avec les Turcs,

---

[1] Ms. Aff. Ét. Russie, 132, Genet à Montmorin, 31 mai 1790.
[2] *Mémoires de Langeron*.
[3] Ms. Aff. Ét., vol. 134. Genet à Montmorin, 15 mars 1791. Les détails de cette période héroïque seront prochainement connus par l'*Histoire du duc de Richelieu*, que va publier M. le duc d'Audiffret-Pasquier.
[4] Catherine à Grimm, juin 1791, p. 549.
[5] Baron DE BARANTE, *Correspondance de Louis XVIII et de Saint-Priest*.

je veux en attendre la fin. » D'ailleurs, à son avis, les étrangers ne doivent pas jouer un rôle dans le rétablissement de l'ordre en France : « Laissez les princes rentrer en France, forts de leur cause[1] »; il leur faut pour réussir, non les armées de l'Europe, mais « courage, fermeté, jugement[2]... Quant à la jacobinière de Paris, je la battrai en Pologne[3]. »

Elle reçoit avec empressement les émigrés qui viennent la solliciter pour la France, elle se les fait présenter par Genet, l'agent officiel du gouvernement français. Ce Genet était une manière de pédant, frère de madame Campan; il venait de publier, sans l'excuse d'être ou l'auteur ou la dupe, deux odes fausses d'Horace[4]. Il était un peu honteux de la situation que lui faisaient à la cour de Russie les nouvelles de France : « Moins vous aurez occasion d'en parler, mieux ce sera », répondit philosophiquement à ses plaintes notre ministre des affaires étrangères[5]. — Mais, soupirait Genet[6], « quand viendra donc cette régénération si urgente que nous annonçons à l'Europe? »

Son rôle d'introducteur des émigrés ne le gênait pas

---

[1] Catherine à Grimm, p. 573, t. XXIII.
[2] *Ibid.*
[3] *Ibid.*, 9 mai 1792.
[4] L'auteur était le prince Pallavicini; Genet remit les vers à Ansse de Villoison, qui les publia en 1778; plusieurs éditeurs d'Horace ont inséré ces odes. Voir ROSTAIS, *Une imposture littéraire*, Lyon, 1815.
[5] Ms. Aff. Étr. Russie, vol. 131, Montmorin à Genet, 27 janvier 1790.
[6] *Ibid.*, Genet à Montmorin, 9 février 1790.

moins; il trouvait « fort désagréable d'avoir à présenter des gens qui ne voyagent que pour dénigrer la France [1] ». Bientôt il est invité à ne plus paraître à la cour, puisque le Roi qu'il représente est tenu en captivité, et, ce qui lui semble plus pénible encore, il sait que « l'on a fait insinuer à plusieurs femmes dont l'amitié » faisait sa *consolation*, de cesser de le voir [2]. « L'Impératrice, écrit-il [3], reçoit l'émissaire des princes, revêtu des marques de la rébellion, tandis qu'elle m'exclut. »

Cet accueil, un peu d'argent, des conseils virils, c'est tout ce qu'elle offre aux émigrés. Les dons en argent remis aux princes français par elle, ne semblent pas avoir dépassé quatre millions de francs [4].

Quant à la promesse d'une expédition en Normandie, elle paraît avoir surtout existé dans l'imagination du roi de Suède et dans celle du comte de Nassau-Siegen, un paladin d'un autre âge, un Hercule fils d'une Française [5]. Une flotte aurait jeté en Normandie les Russes et les Suédois qui se faisaient une guerre acharnée; Pahlen, si fameux sous le règne suivant,

---

[1] Ms. Aff. Étr. Russie, 136, du 9 sept 1791.
[2] *Ibid.*, des 27 août et 13 sept. 1791.
[3] Genet à Delessart, 9 décembre 1791.
[4] Genet (*ibid.*, 2 déc. 1791) connaît 300,000 livres envoyées par la maison Tourton et Ravel, et 1,960,000 livres par Hope d'Amsterdam; en outre, le prince de Nassau-Siegen a remis environ un million de la part de Catherine. Il a remis quatre millions de sa fortune personnelle. (*Mémoires de Langeron*.)
[5] Fils légitime d'un Nassau et de mademoiselle de Mailly.

devait commander l'armée de débarquement[1] ; mais Genet lui-même n'était pas très-effrayé de ce projet[2], il voyait bien vers quel but Catherine dirigeait sa pensée.

L'histoire moderne de la Russie, disait Pozzo di Borgo, est d'être en contact avec l'Europe par la Pologne.

Écartée de Constantinople par la défection de l'empereur Léopold, Catherine se rejette sur la Pologne. La prendre, elle n'y songe pas encore, elle se contente de la protéger. Mieux vaut la protection de la Pologne entière qu'une possession partagée comme la première fois avec la Prusse et l'Autriche.

Elle s'occupe donc d'offrir aux deux puissances rivales des dédommagements et tout au moins de les occuper dans une guerre contre la France. « Je me casse la tête, dit-elle[3], à décider les cabinets de Vienne et de Berlin contre la France. Je les voudrais voir enfoncés dans des complications, et garder les mains libres; j'ai tant d'affaires à terminer pendant qu'ils seront occupés. » Cette politique est si claire, que Genet lui-même, tout confiné qu'il est dans son hôtel, ne manque pas de la comprendre : Catherine, écrit-il à Dumouriez[4], veut « saisir la Pologne tandis qu'elle

---

[1] *Mémoires de Langeron.*

[2] Genet à Montmorin, 20 sept. 1791; Genet à Delessart, 13 décembre 1791.

[3] Lettre citée par Smrt, t. II, p. 379, décembre 1791.

[4] Ms. Aff. Étr. Russie, 137, du 14 juin 1792.

occupera la Prusse et l'Autriche contre la France; elle a eu l'adresse de faire prendre le change à ces cours par l'intérêt qu'elle a témoigné à nos émigrés ».

A l'Autriche on peut en outre offrir la Bavière qu'elle convoite. Mais la Prusse ne détache pas ses yeux de Danzig qu'elle regrette de n'avoir pas arrachée lors du premier partage de la Pologne, qu'elle ne laissera jamais occuper par la Russie.

V

LA PRUSSE.

Le grand Frédéric avait pour héritier un fils de son frère [1] et d'une sœur de sa femme; il le méprisait; il lui reprochait d'être « abandonné à une vie crapuleuse » [2]; il le maria à sa nièce Élisabeth de Brunswick, mais sans pouvoir le soustraire à la domination de Wilhelmine Enkel. Cette fille, que le prince héritier avait prise dès l'âge de douze ans, fut persuadée par Frédéric d'épouser, moyennant des écus, le fils du jardinier du château. Elle ne perdit point son influence en devenant madame Rietz, la jardinière, elle fit promouvoir

---

[1] Auguste Guillaume, mort en 1758, époux de Louise-Amélie de Brunswick.
[2] *Mémoires de Frédéric*, t. II, p. 331.

son mari au rang de trésorier de la cassette et fit si bien délaisser Élisabeth de Brunswick que celle-ci chercha des consolations. Frédéric prit le parti de la Rietz contre l'épouse qui se donnait trop souvent des torts; il ordonna au mari de répudier Élisabeth de Brunswick, et d'épouser Louise de Darmstadt.

Ce mari, Frédéric-Guillaume, était en outre épris d'une jeune fille noble, mademoiselle de Voss, au moment où la mort du grand Frédéric l'appela au trône [1]. Il avait alors quarante-deux ans. Sa taille de géant, son front fuyant, sa vigueur exceptionnelle faisaient l'admiration de ses officiers. Il obtint, pour quelques cadeaux, que sa seconde femme, la reine Louise, consentît non à le laisser revenir à la première, la Reine répudiée, mais à lui permettre d'en épouser une troisième, mademoiselle de Voss, sans divorcer avec la seconde. On sait que les théologiens allemands admettent ces subtilités, à l'exemple de Luther, qui autorisa la polygamie, sous la condition qu'elle fût profitable à un prince riche et puissant. Cette fille était, selon l'opinion de lord Malmesbury [2], plus artificieuse que belle, et plus belle qu'intelligente; elle prit le titre de comtesse d'Ingenheim, mais mourut au bout de deux ans. La Rietz s'était fait donner, comme compensation, le titre de comtesse de Lichtenau, et n'avait rien perdu de son influence; elle accueillit elle-même la belle

---

[1] En 1786.
[2] Malmesbury, *Diary*, t. II, p. 204.

Frédérique de Doenhoff, la surnomma *Hébé la Blonde*, la fit épouser également par le Roi, toujours du vivant des deux Reines. Elle eut même la discrétion de quitter Berlin afin de ne pas troubler les tendresses des nouveaux mariés, elle partit pour Naples avec un émigré français, le chevalier de Saxe [1]. Le chevalier était un neveu de la mère de Louis XVI; il émigra d'abord en Russie, se querella avec le favori de Catherine, arriva à Berlin pour plaire à la favorite de Frédéric-Guillaume, trouva que « sa taille, sa gorge, ses bras et ses mains auraient paru de riches modèles à un sculpteur [2] », et l'enleva jusqu'à Naples. Mais à Naples, il conquit les bonnes grâces de la Reine et laissa la Prussienne à lord Bristol, évêque de Londonderry.

Durant cette absence de la Lichtenau, Frédéric-Guillaume se querella avec sa nouvelle épouse, l'Hébé acariâtre, divorça et rappela la voyageuse. Celle-ci revint de Naples avec son évêque anglais et un nouvel émigré français, le comte de Saint-Ignon; elle trouva le Roi occupé de projets de guerre contre la France.

Il était animé par son favori Bischoffswerder, un aventurier dont il avait fait un colonel parce qu'il était de sa taille, qu'il lui fabriquait une eau de jouvence et des *diavolini* à effet merveilleux, et qu'il l'avait affilié à la société des *Rose-Croix*. Les Rose-Croix voulaient, comme les révolutionnaires français, réformer l'huma-

---

[1] Dampmartin, *Mémoires*, p. 351.
[2] Dampmartin.

nité, mais ils prétendaient y parvenir par un mysticisme religieux, tempéré par les caresses des épouses spirituelles ; c'était une de ces fusions du libertinage et de la dévotion comme on en a essayé encore plus récemment en Prusse [1]. L'une des adeptes les plus précieuses, mademoiselle Bethmann, persuada au Roi qu'elle l'aimait dans le ciel, refusa de devenir sa cinquième femme sur la terre, mais lui accorda les menues faveurs que ne refusaient jamais les épouses spirituelles ; elle était laide, mais très-bien faite [2].

Les révolutionnaires français étaient de la sorte des concurrents haïssables. Mais la cupidité avait au moins autant d'influence que le mysticisme pour entraîner la Prusse contre la France. — Que fera-t-on de l'Alsace et de la Lorraine ? demandait le roi de Prusse [3]. — Qu'importe ! répondait Catherine ; tenez Paris, je me charge de Varsovie, nous compterons ensuite.

Que pouvaient les sollicitations des émigrés au milieu de ces convoitises universelles ? Ils croient à une croisade chevaleresque pour le trône et l'autel, ils entendent déjà le pas des armées en marche, et pendant ce temps Léopold veut prendre la Bavière [4] et créer un

---

[1] Hepworth Dixon, *Spiritual wives*.
[2] Lord Malmesbury, *Diary*, t. III, p. 20 à 43 : « Is well made... all the licentious latitude it is said the illuminés allow themselves. »
[3] Sybel, t. I, p. 305 à 308.
[4] L'électeur de Bavière n'avait pas d'héritier légitime : sa succession était disputée par la maison des Deux-Ponts et par l'Empereur. En attendant, l'électeur, âgé de soixante-cinq ans, apoplectique, monstrueusement gros, passait quatre heures à chaque repas, faisait des

royaume de Saxe et Pologne, Catherine convoite la Pologne et la Turquie, Frédéric-Guillaume veut Danzig et Thorn, il ouvre « la gueule », comme l'écrit Grimm à Catherine [1], il regarde l'Alsace et la Lorraine. — Je ne pourrai rien pour vous, dit-il au baron de Roll que lui a envoyé le comte d'Artois, tant que je ne connaîtrai pas la solution sur la Pologne et la Turquie [2].

VI

L'ANGLETERRE.

Les Anglais avaient aussi leurs raisons pour laisser la France aux prises avec ses révolutions; c'était le moment de la grande lutte entre lord Cornwallis et Tippo-Sahib; l'empire des Indes grandissait.

Chacun sert son pays, développe ses forces. La France se berce de phrases, se déchire.

La seule annonce de l'approche d'un courrier des Indes fait hausser la Bourse de Londres; l'Espagne menacée de perdre la Californie s'humilie. Le peuple

---

économies pour doter ses bâtards et laissait administrer ses États par un Américain de génie qui est connu dans la science sous le nom de Rumford.

[1] Le 12 août 1790, p. 246.
[2] Sybel, t. I, p. 301.

anglais fait parade d'une sympathie théâtrale pour les révolutionnaires français, un peu par joie de l'effacement momentané de la France et de la revanche facile de la guerre d'Amérique, beaucoup par cet esprit de fausse philanthropie qui lui tire des paroles complaisantes pour les turbulents de tous les pays. Dans l'orgueil de leur force, les Anglais croient mieux jouir de leur sécurité en se parant de sollicitude pour les sauvages dont ils ne se sentent point menacés.

Le roi Georges III cependant fit savoir à Louis XVI qu'il prenait « un vif intérêt à sa position [1] ». Stérile sympathie. Le ministère tient à n'avoir aucune relation avec les princes français [2], il sait fort exactement qu'ils ont obtenu de bonnes paroles et qu'ils les ont prises pour des secours, il sait également que ces promesses sont chimériques, que chaque cabinet suit ses intérêts égoïstes, est jaloux des puissances voisines, ne songe ni à une coalition, ni à des combinaisons de mesures [3]. Aussi le comte de Breteuil, qui traverse toutes les Cours

---

[1] Ms. Arch. Nat. C. II; 117, Calonne à Louis XVI, 9 avril 1790.

[2] Lettre de lord Grenville du 20 sept. 1791, citée dans *Fortnightly Review*, february 1883; l'auteur de l'article, M. Browning, indique comme se nommant Bintinaye, l'agent des princes à Londres : je ne connais de ce nom qu'un capitaine de vaisseau amputé d'un bras à la suite d'un combat naval contre les Anglais, il est mort en 1792. L'agent véritable est le duc d'Harcourt.

[3] Lord Malmesbury, *Diary*, Coblentz, 20 oct. 1791 : « They seem to have forgot that as yet they have obtained nothing but professions; that each of these courts is actuated by different interests; that they are jealous of each other; that there is no coalition between them and no union of measures. »

au nom du Roi, déclare que « Pitt est un pauvre homme pour toutes les affaires extérieures [1] ».

L'illusion sur notre Révolution dura jusqu'au mois d'août 1792; à cette époque, lord Gower écrit de Paris à lord Grenville, six jours avant la captivité du Roi [2], que la canaille de Paris est pourvue d'armes et qu'elle prépare le sac des Tuileries : « Exprimez au Roi, répond lord Grenville, nos sentiments de considération, d'amitié, de bon vouloir. Mais rien d'écrit ». Cependant les Anglais commencent à s'aigrir en voyant éclater le coup contre les Tuileries. Ils veulent la paix, ils redoutent un agrandissement de l'Allemagne [3]; du reste, toute pensée politique disparaît devant l'horreur soulevée par le massacre des Suisses et l'incarcération du Roi. La milice, les sociétés politiques, la presse s'unissent en un élan national contre les sociétés révolutionnaires. L'opinion publique devient subitement si irrésistible que dans le Parlement la majorité de l'opposition se rallie au ministère : la vieille aristocratie, les fondateurs de la liberté anglaise, l'ossature de la nation, les chefs wighs tendent la main aux tories; le cabinet de Pitt, Grenville et Dundas s'ouvre pour les chefs libéraux, le duc de Portland, lord Fitzwilliam, lord Spencer.

---

[1] Fersen, *Journal*, p. 68.
[2] *Fortnightly Review*, febr. 1883. Lettre du 4 août 1792.
[3] Lord Auckland, *Correspondence*, t. II, p. 55; Stanhope, *Life of Pitt*.

CHAPITRE VII

CONFLITS AVEC LA POLITIQUE ROYALE.

Divisions dans la maison de Bourbon. — Entrevue de Pilnitz. — Missions à l'étranger. — Ébranlement de l'Europe.

I

DIVISIONS DANS LA MAISON DE BOURBON.

Les États où régnait la maison de Bourbon ne semblaient pas mieux disposés à intervenir dans les événements de France.

Ferdinand, le Bourbon de Naples, avait épousé l'archiduchesse Caroline, sœur de Marie-Antoinette; il était passionné pour la pêche, fanatique de chasse au point de préparer lui-même les entrailles pour la curée, dominé par sa femme qui était virile, qui avait des goûts virils [1]. Là régnait le fils d'un accoucheur de Besançon, nommé Acton, qui imitait seulement de Potemkin les complaisances pour les caprices de la souveraine. Il avait à se défendre contre les jalousies des femmes de chambre [2], il haïssait les Bourbons de France, et il accueillit l'agent des jacobins à Naples, le

---

[1] Lady CHAVES, *Mémoires.*
[2] Ms. vol. 640, f° 60, La-Casas à Antraigues, 26 janvier 1793.

baron de Mackau, avec une telle cordialité, que Mackau eut l'effronterie de lui proposer une expédition en commun pour rétablir la république à Rome [1].

Près des Bourbons d'Espagne, l'homme qui remplissait le rôle de Potemkin et d'Acton était Godoy.

Cet ancien soldat aux gardes était plus intelligent que les administrateurs voués à la routine et les moines hébétés qui lui disputaient l'influence : il paraît même avoir assez bien compris les chances qu'ouvrait à son Roi la dépossession des Bourbons de France; on peut croire que Charles IV ne reculait pas devant l'idée d'être roi constitutionnel à Paris et monarque selon la Bible à Madrid. Mais son Espagne était dans un état de décrépitude qui ne permettait guère un rôle aussi hardi : on avait vu la Reine mère annuler la nomination d'un ministre, M. de Llano, parce qu'il n'était point assez chaste [2]. L'idée dominante de la Cour était la chasteté. Le frère de Charles III fut tenu dans une telle contrainte, qu'il faillit en mourir [3]; le ministre de

---

[1] Frédéric Masson, *Diplomates de la Révolution*, p. 121.

[2] Ms. vol. 640, f° 19. Las Casas à Antraigues, 5 octobre 1792. Ce Las Casas était un observateur et un écrivain de grande valeur. Il semble absolument oublié par les Espagnols.

[3] Ms. vol. 640, f° 16. Las Casas à Antraigues, 29 sept. 1792 : « Cet infant don Luis... mieux que lui, mais le ton religieux de la maison faisoit qu'il ne pouvoit jamais avoir de femme. Il attrapa cinq ou six fois des filles des soldats de la garde, et la plus forte... Il s'obstina à vouloir se marier et coucher en grâce du Seigneur avec une femme. On n'aime pas en Espagne les princes du sang : il épousa mademoiselle Villabriga, fille d'un petit gentilhomme ; il mourut laissant deux garçons et une fille... »

la marine Ariago refusa de croire à la perte d'une flotte
« parce qu'il l'avait recommandée tous les matins à la
Sainte Vierge [1] »; l'armée qui fut envoyée contre le
Portugal ne reçut ni poudre, ni cartouches, sans doute
par confiance dans la même protection. Le peuple regardait le travail « comme un malheur et un opprobre [2] ».
Le Godoy se fit nommer duc de la Alcudia, puis prince de
la Paix, s'épuisa en artifices pour concilier les jalousies
entre la Reine, sa femme l'Infante Maria-Teresa [3], et sa
maîtresse la Josefa Tudo, qu'il fit comtesse de Castillo-
Fiel. Il devint un objet d'horreur pour le peuple espagnol
qui le surnomma l'*éponge* [4], et il n'eut jamais la pensée,
même durant la guerre contre la République française,
de rendre service aux Bourbons de la branche aînée.

Ainsi séparée de ses branches étrangères, la maison
de Bourbon n'offrait pas le spectacle d'une union
plus intime dans ses branches françaises. La maison
d'Orléans était depuis longtemps en lutte avec la
famille royale et la maison de Condé. Les Condé
n'étaient guère mieux vus de la Reine [5]; « ce serait dur
d'être sauvés par ce maudit borgne », disait-elle en
parlant de la glorieuse blessure du prince de Condé [6].

---

[1] Baron de Gleichen, *Mémoires*, p. 32.
[2] *Ibid.*
[3] La fille de cet infant Don Luis qui avait tant tenu à se marier.
[4] Jovellanos, *Memoria en defensa*, t. I, p. 524: « La esponja de Godoy chupó la espantosa porcion de la fortuna publica. »
[5] Fersen au baron de Taube, 2 mai 1791, t. I, p. 112.
[6] Barante, *Correspondance de Louis XVIII et de Saint-Priest*, Préface, p. 98.

Le comte de Provence n'était pas plus en crédit aux Tuileries, malgré sa fidélité à partager le sort de son frère, jusqu'au jour désigné pour la fuite : la Reine aimait à se faire conter l'émotion qu'il avait éprouvée chaque fois qu'il avait été forcé, avant sa fuite, de se montrer au peuple; on la faisait rire en « s'avisant de dire » que, dans ses transes, « il n'exhalait pas un parfum de rose [1] ». Elle prétend qu'il se « laissera perdre entièrement » par l'ambition des gens qui l'entourent, elle parle souvent « de la folie des princes et des émigrants [2] ».

La Reine répète ces propos assez fréquemment pour que Fersen, son confident, croie nécessaire de lui écrire : « On dit beaucoup que vous préférez de rester comme vous êtes à vous servir des princes; cela est fort juste, mais prenez bien garde, il ne faut pas que cela se dise, c'est dangereux pour vous [3]. » C'est d'autant plus dangereux, qu'à côté d'elle, dans sa vie la plus intime, le comte d'Artois a un allié qui le justifie près du Roi, et par qui est connu à Coblentz ce qui se passe aux Tuileries, c'est sa sœur Madame Élisabeth : « Ma sœur est tellement indiscrète, entourée d'intrigants, écrit Marie-Antoinette [4], et surtout dominée par ses frères du dehors, qu'il n'y a pas moyen de se

---

[1] GOUVELAT, *Mémoires* dans les *Mémoires de tous*, t. III, p. 321.
[2] FERSEN, *Journal*, 25 octobre 1791 et pages suivantes.
[3] *Ibid.*, p. 202.
[4] *Ibid.*, p. 207.

parler, ou il faudrait se quereller tout le jour... C'est un enfer que notre intérieur. » Le comte d'Artois est l'idole de sa sœur, elle le nomme *le jeune homme* dans cette correspondance secrète qu'elle entretient avec lui par l'intermédiaire de madame de Raigecourt[1].

Le comte d'Artois n'admet qu'une solution : « la force, sans égard aux dangers; il parle toujours, n'écoutant jamais, étant sûr de tout[2] ». Il est si éloquent sur la nécessité de recourir à la force qu'on le croit disposé à diriger une expédition armée; le ministre de France à Mayence en est dupe comme les autres, il écrit avec effroi[3] : « M. d'Artois marcherait à leur tête. Ce fugitif réunit tous les vœux et tous les sentiments, Monsieur est méprisé, la Reine est devenue un objet d'horreur pour les émigrés. »

Puissance des belles paroles sur les Français! Le politique sensé, l'esprit délicat, le cœur loyal qui hésite à faire tuer sans profit et sans risque des hommes fidèles, le comte de Provence est longtemps méconnu. Il n'imite pas son frère dans ses bouillantes démonstrations, mais la désunion paraît venir surtout des querelles entre madame de Balbi et madame de Polastron, du moins l'ambassadeur espagnol Las Casas écrit[4] : « Les femmes en sont la cause, je crains que

---

[1] Voir catalogue d'autographes Grangier de la Marinière, n° 53, lettre du 5 octobre 1791. Voir aussi D'ALLONVILLE, *Mémoires*, t. II, p. 230.
[2] FERSEN, 25 juillet 1791.
[3] Ms. Aff. étr. Mayence 70. Villars à Delessart, 21 mai 1792.
[4] Ms. vol. 639, f° 249. Las Casas à Antraigues, 25 février 1792.

cela ne finisse très-mal. La cour de Louis XV, ni celle de Louis XVI n'ont jamais présenté plus de désordres, ni d'intrigues : point de remède tant qu'il y restera un cotillon. » C'est ce que parut comprendre le comte de Provence, car il envoya, avec sa femme, madame de Balbi à Turin [1].

Les deux frères ne se mettent d'accord que contre les Tuileries : « Nous sommes ici deux qui n'en font qu'un ; mêmes sentiments, mêmes principes, nous irons droit notre chemin », écrivent-ils à Louis XVI sur un bout de papier qu'ils lui font remettre secrètement [2]. « Mais, s'écrie la Reine, il faudrait bien leur montrer le danger et l'extravagance de leurs projets ; la seule marche à suivre pour nous est dans ce moment de gagner ici la confiance du peuple [3]. »

La noblesse émigrée écoute les rodomonts ; elle ne s'afflige pas que le Roi ait été arrêté à Varennes [4]. Dans certains groupes on semble même juger que c'est un bonheur [5] : « J'en ai trouvé beaucoup, écrit le secrétaire de la Reine, qui me disaient que si le Roi avait échappé, il aurait institué les deux Chambres. »

---

[1] Ms. vol. 639, f° 301, du 19 mai 1792.
[2] Ce billet couvert d'une écriture fine et serrée est à peine grand comme une carte à jouer. On le voit aux Archives nationales C. II ; 134, juillet 1791.
[3] *Le Comte de Fersen et la cour de France*, documents publiés par le baron de Klinckowström, t. II, p. 109 et 208, du 19 octobre 1791.
[4] *Ibid., Journal*, le 22 juin : « Beaucoup de Français fort contents. »
[5] Augeard, *Mémoires*, p. 374.

C'est bien cette même noblesse qui s'est toujours montrée envieuse d'une aristocratie, qui a voulu supprimer Louis XI et Henri IV, qui a profité de la guerre étrangère pour troubler la minorité de Louis XIII et de Louis XIV, qui a quêté des priviléges. Le Roi n'est pas plus respecté par les émigrés que par les girondins ; ils le nomment « le pauvre homme, le soliveau, le béat [1] ».

II

ENTREVUE DE PILLNITZ.

Les Français étaient persuadés que les souverains de l'Europe ne songeaient qu'à la France. Ceux-ci s'occupaient de nous en effet, mais pour calculer combien de temps durerait notre impuissance momentanée. Ils avaient la prétention de modifier sans nous la carte de l'Europe. Le comte d'Artois apprit que le roi de Prusse et l'Empereur devaient avoir une entrevue au château de Pillnitz ; il partit immédiatement de Coblentz pour Vienne. Il arriva dans la nuit du 18 au 19 août 1791, avec Calonne et d'Escars, à Vienne chez M. de Llano, ambassadeur d'Espagne [2], mais il ne put être reçu par l'Empereur que le lendemain ; il fut

---

[1] GOGUELAT, *Mémoires*, dans les *Mémoires de tous*, t. III, p. 302.
[2] Ms. vol. 639, f° 184, du 27 août 1791. Las Casas à Antraigues.

invité à dîner pour le jour suivant [1]; il voulut, en sortant du dîner de l'Empereur, voir Kaunitz; celui-ci eut l'insolence de ne pas quitter son siége lorsque le prince français entra chez lui [2]. Le 22 août, à cinq heures du matin, le comte d'Artois partit pour Pillnitz [3]. Là on continua à l'étourdir de bonnes paroles : la situation où se trouve le roi de France, lui dit-on, est un objet d'intérêt commun à tous les souverains. Quant à une intervention armée, certainement, si elle est résolue par toutes les puissances de l'Europe, alors et dans ce cas l'Empereur s'y prêtera [4]; mais l'important pour le moment est d'obtenir des indemnités en faveur des princes allemands dépossédés des terres et des rentes foncières dont ils étaient propriétaires en France [5]. Même pour ces Allemands fera-t-on la guerre? personne ne le croit : ni Marie-Antoinette; elle écrit à Vienne le 8 septembre suivant que le Roi vient d'accepter la constitution; ni le ministre des affaires étrangères, Montmorin; il rappelle à Noailles, notre ambassadeur à Vienne, que « les princes frères du Roi sont sans mission, que le Roi est fermement résolu d'être fidèle à l'engagement qu'il a contracté [6] »; ni Mercy-

---

[1] Le 21 août 1791.
[2] Fersen, t. II, p. 16.
[3] Ms. vol. 639, f° 184. Las Casas à Antraigues.
[4] Sybel, t. I, p. 308.
[5] Le texte a été souvent publié. Voir *Mémoires tirés des papiers d'un homme d'État*, t. I, p. 143.
[6] Ms. Aff. étr. Autriche, suppl., vol. 23, Montmorin à Noailles, 19 sept. 1791.

Argenteau, le confident autrichien de la Reine; il a annoncé depuis longtemps que les puissances « ne feraient rien pour rien[1] ». Seul le comte d'Artois propage les illusions et promet les armées étrangères.

III

MISSIONS A L'ÉTRANGER.

Le contraste entre le langage de la Reine et les instances du comte d'Artois se retrouve à tous les degrés parmi les innombrables agents qui se répandent dans l'Europe entière.

Louis XVI avait choisi, pour représenter sa politique personnelle à l'étranger, le baron de Breteuil.

Diplomate pendant quinze ans, ministre d'État pendant cinq ans, Breteuil était connu de toute l'Europe. C'est lui qui avait fait mettre en liberté les prisonniers du donjon de Vincennes, abattre les bâtiments qui obstruaient les ponts et les quais de Paris, restaurer la fontaine des Innocents. Il avait noué des relations avec les favoris du comte d'Artois. Mais dès qu'on le sut investi des instructions du Roi, on le tint à l'écart, on le dénonça comme suspect, lui et tous les agents qu'il essaya d'utiliser.

[1] Le 7 mars 1791, lettre citée par Sybel.

« L'égoïsme, l'ambition et l'orgueil de M. de Breteuil sont si connus! » c'est le propos qui se tient autour du comte d'Artois [1]. « Les agents de Breteuil, écrit Vaudreuil [2], sont habiles à brouiller, à exciter, à empêcher; ils ne font rien, mais ils nuisent à qui veut faire : tel est le troupeau de boucs dont il est le plus puant bouc. Sans cette infernale opposition, il y a longtemps que nous serions en France et que tous les maux seraient finis. » « J'ai été confondue, dit Marie Antoinette [3], de recevoir une lettre du gros d'Agoult qui me dit simplement : Nous attendons avec impatience le gros baron lorrain pour que l'accord soit parfait entre ici et où vous êtes. Concevez-vous rien de pareil? Oh! la maudite nation, qu'il est malheureux d'être obligé de vivre avec eux! »

Mercy-Argenteau intervient vainement en faveur de Breteuil [4], il est lui-même repoussé par l'entourage du comte d'Artois, en réalité à cause de son dévouement à la Reine, mais sous le prétexte qu'il s'est déconsidéré par son mariage avec Rosalie de l'Opéra [5].

En Russie, Breteuil n'est pas plus heureux avec son délégué, le pieux Bombelles, qu'il envoie à Saint-Pétersbourg pour balancer la faveur d'Esterhazy, l'agent du comte d'Artois.

[1] Ms. vol. 639, f° 148. Las Cases à Antraigues, 15 juin 1791.
[2] Ms. vol. 645, f° 201. Vaudreuil à Antraigues, 2 juillet 1792.
[3] Feassen, t. II, p. 269, du 7 déc. 1791.
[4] D'Allonville, t. II, p. 250, Mercy à Kaunitz, 12 août 1791.
[5] Abbé Georgel, *Mémoires*, t. III, p. 295.

Le comte Esterhazy, Français d'origine hongroise [1], avait de l'esprit, de la finesse, une avidité insatiable; il se dissimulait sous l'affectation d'une franchise brutale qui prenait les formes de la flatterie la plus exquise près de Catherine. Il était de toutes les fêtes d'hiver à l'Ermitage, de tous les voyages intimes durant l'été. Cette faveur fit sa honte : lui, l'émigré, le dépouillé, accepta le don de biens confisqués sur des seigneurs polonais; le banni s'enrichit sur des proscrits; la leçon de la persécution injuste ne lui enseigna que l'art de profiter de la persécution injuste. Malheur à l'émigré français s'il déplaisait à ce Hongrois que favorisait le comte d'Artois. Madame Le Brun elle-même, tout admirée des princesses russes, fut vue avec méfiance parce qu'elle refusa ses hommages à Esterhazy [2]. La lutte entre Esterhazy et Bombelles « amuse » les Russes; Genet les espionne tous deux, achète leurs lettres à la poste russe, découvre que Breteuil a les pouvoirs du Roi, et des fonds à sa disposition [3]. Bombelles était également dénoncé par Catherine elle-même au comte d'Artois, qui s'indignait [4] que le Roi ne lui eût pas soumis ses instructions. Quant à Esterhazy, il était moins irascible, il était sûr d'écarter Bombelles comme il avait

---

[1] Langeron, *Mémoires*, p. 134 à 145.
[2] Madame Le Brun, *Mémoires*, t. I, p. 313.
[3] Mss. Aff. étr. Russie, vol. 137. Genet à Delessart, 17 février et 20 mars 1792. Delessart, ainsi prévenu, était ou naïf ou complice.
[4] Ms. vol. 639, f° 245. Las Casas à Antraigues, 18 févr. 1792.

déjà écarté le jeune Sombreuil, envoyé directement par le Roi [1].

Le scandale de conflits avec les agents officiels ne pouvait s'éviter, mais Louis XVI aurait souhaité au moins n'être pas combattu par les émissaires de ses frères : c'est cependant ce que ne purent lui éviter les conciliateurs qu'il leur envoyait, l'abbé Louis, le chevalier de Coigny [2], même la duchesse de Polignac.

La duchesse de Polignac resta fidèle à son amitié pour la Reine, et froissa les émigrés en s'obstinant à affirmer que Marie-Antoinette ne faisait pas cause commune avec les jacobins : « La duchesse de Polignac qui part ce soir pour Vienne, écrit l'ambassadeur espagnol Las Casas [3], ne partage pas les inquiétudes de vos amis sur la liaison de la Reine avec la duchesse de Luynes, malgré la manière de penser démagogue de madame de Luynes ; elle dit aussi qu'il est impossible que la Reine intrigue pour ménager un accommodement, qu'elle n'ose rien faire, que d'ailleurs le Roi s'est expliqué fortement et avec beaucoup d'humeur de ce qu'elle est la cause de tous les maux. On a ici des rapports. Les princes en ont aussi par Madame Élisabeth. »

Les plus à plaindre au milieu de ce réseau étaient encore les agents officiels. Ils n'osaient refuser de pré-

---

[1] Ms. Aff. étr. Russie, 135. Genet à Montmorin, 14 et 17 juin, 26 juillet et 2 août 1791.
[2] Ms. vol. 645, f° 78. Vaudreuil à Antraigues.
[3] Ms. vol. 639, f° 167. Las Casas à Antraigues, 31 juillet 1791.

senter sous le nom de voyageurs les émigrés qui se réclamaient d'eux. « J'ai présenté M. de Bayle et M. de Granon, écrit de Vienne le marquis de Noailles[1]; mais, à ma très-grande surprise, je les ai trouvés hier chez le prince de Kaunitz portant la cocarde blanche. Je leur ai représenté qu'ils auraient dû au moins imiter la franchise de MM. de Vaudreuil et Jules de Polignac, qui se faisaient honneur publiquement de n'avoir aucune communication avec l'ambassadeur du Roi. »

C'est sur Vienne encore plus que sur Pétersbourg que se portent les efforts des princes; ils écrivent directement à l'Empereur[2] : « Nous vous rappellerons toujours les paroles sacrées que Votre Majesté a déposées à plusieurs reprises entre les mains du comte d'Artois... » Ils confient leurs intérêts au prince de Ligne, « plus dangereux qu'un autre, dit Noailles[3], par la parfaite connaissance qu'il a de ce pays-ci et par ses anciennes liaisons avec M. et madame de Polignac, dont la maison est ici le rendez-vous de nos mécontents. » Enfin ils profitent à leur insu des démarches interlopes : « Il y a Vienne[4] une femme française nommée la comtesse de Carsis; elle ne manque pas de grâces qui peuvent séduire. A certaines avances d'un

---

[1] Ms. Aff. étr. Autriche, suppl. 23. Noailles à Montmorin, 26 oct. 1791.
[2] Monsieur et M. le comte d'Artois à l'Empereur, 15 novembre 1791.
[3] Noailles à Delessart, 26 nov. 1791.
[4] Ms. Aff. étr. Noailles à Delessart, 6 déc. 1791.

grand seigneur de ce pays-ci, elle a répondu sur un ton qui donne à croire qu'elle porte ses vues plus haut. Il est possible qu'on veuille la faire connaître à l'Empereur et qu'on espère s'en servir pour entretenir le fil des intrigues. » Le marquis de Noailles « se trouve bien embarrassé de sa contenance », les émigrés en rient [1]; Kaunitz s'entoure dans son salon de Français qui portent la cocarde blanche, et « dont le ton est de n'avoir aucune communication avec l'ambassadeur du Roi », il prend le prétexte de montrer des tableaux à Vaudreuil pour s'enfermer avec lui dans un cabinet [2]. Notre ministre des affaires étrangères répond philosophiquement aux lamentations de Genet par ces mots [3] : « Ce que vous avez éprouvé à Pétersbourg, M. de Noailles l'avait également éprouvé à Vienne; la même chose est arrivée dans presque toutes les cours de l'Europe. » Chez l'électeur de Mayence [4], un diplomate du nouveau régime remarque que les Français viennent voir « la figure qu'il fait dans une cour ». Le plus ahuri est le baron de Mackau, à Naples, qui poussera la distraction jusqu'à demander officiellement en janvier 1793, s'il doit porter le deuil de Louis XVI [5]. Le plus persécuté par toutes les coteries est le comte de Ségur à Berlin.

[1] Ms. vol. 639, f° 212. Las Casas à Antraigues, 29 oct. 1791.
[2] Ms. Aff. étr. Autriche, suppl. 23. Noailles à Montmorin, 22 octobre 1791.
[3] Ms. Aff. étr. Russie, 135. Montmorin à Genet, 3 oct. 1791.
[4] Ms. Aff. étr. Mayence, 70. Villars à Delessart, 21 mai 1792.
[5] Frédéric Masson, *les Diplomates de la Révolution*.

Ségur était le modèle de l'homme de cour qu'admirait la vieille Europe : étincelant d'esprit, prompt à tirer l'épée, fameux par son intimité avec la grande Catherine et par sa réponse au grand Frédéric qui lui avait dit en le voyant traverser Berlin : « Vos jeunes gens de Versailles s'occupent-ils toujours de leurs rubans et de leur poudre? — De la poudre, Sire, nous avons tous hâte d'en brûler encore! »

Ce qui distinguait surtout Ségur parmi les autres hommes de la bonne compagnie, c'était le sens politique et le jugement rassis. Il s'était ruiné de propos délibéré dans son ambassade de Russie, mais il avait obtenu un traité de commerce qui nous favorisait au détriment de l'Angleterre. Il était ami depuis son enfance de La Fayette et des Lameth, leur compagnon dans la campagne d'Amérique; il aurait voulu, comme Malouet et Mounier, comme Cazalès et Montlosier, deux Chambres : un Roi qui règne, une aristocratie qui gouverne, des députés qui taxent. Il s'était rallié à la Constitution de 1791 et avait accepté du gouvernement la mission de la faire comprendre à Berlin.

Pour être accueilli dans cette Cour corrompue, il aurait fallu arriver les mains pleines : de grosses sommes étaient nécessaires; les agents secrets avaient indiqué à Biron et à Narbonne le tarif de chaque ministre et de chaque sultane; c'était peu pour chacun, mais plusieurs devaient se payer; il faut acheter mademoiselle de Doenhoff et son oncle Lindorff, « vilain gueux qui aime l'argent mieux que tout », et mademoiselle de Lindenau, maîtresse de Bishoffswerder, et les autres [1]. Enfin il faut, selon l'avis de l'agent du duc de Biron, trois millions, mais Biron déclare qu'il ne répond pas de son agent. Ségur refuse ces sales transactions, se présente au roi de Prusse; le géant dit sèchement au petit Français : « Les soldats français continuent-ils à refuser toute discipline ? — Sire, nos ennemis en jugeront », répond Ségur [2].

De telles paroles sans distribution d'écus ne pouvaient plaire. Quelques jours plus tard, Ségur s'étant fait poser, selon la mode de l'époque, quelques sangsues, fut vu dans son lit avec du sang sur les draps : on conta qu'il avait essayé de se tuer, dans le dépit de son échec. Sottise bizarre, écrivit-il [3]. L'Europe est si impressionnable, si préparée aux légendes qu'elle répète et commente le récit de ce prétendu suicide. Les uns disent que les émigrés l'ont fait assassiner; d'autres, comme l'ambassadeur d'Espagne à Vienne, « que le ciel l'avoit puni de servir la mauvaise cause [4] ». La grande Catherine elle-même, sévère pour ceux qui cessaient d'aimer, comme Poniatowski et Ségur, ne cacha point sa joie à la nouvelle de cet événement [5].

---

[1] Albert Sorel, journal le *Temps* des 10, 12 et 15 octobre 1878.
[2] Voir le journal anglais *Courrier de l'Europe*, janvier 1792, p. 99.
[3] *Le Temps*, 15 octobre 1878.
[4] Noailles à Delessart, 14 févr. 1792.
[5] Genet à Delessart, 2 mars 1792 : « ont causé la plus grande joie à l'Impératrice. »

Le Roi de Prusse était malaisément maniable : il répétait, sous le coup de son idée fixe : « Je demande une compensation ¹. » Il se sent lié par un traité de 1790 à soutenir la Pologne, mais ses casuistes lui ont fait comprendre qu'il peut également l'attaquer. Les autres souverains qui feignent de même un attendrissement pour le Roi de France, ne cachent pas mieux leurs convoitises : la Pologne, la Turquie, la Bavière, tout est bon à prendre, la France peut-être bientôt. Atroce situation de Louis XVI et de Marie-Antoinette. Ils ne trouvent de sincérité que dans le Roi de Suède, un fou qui a passé sa vie à connaître l'instant précis où « les étoffes de velours de printemps ne sont plus de mode, il faut des pluies d'or et d'argent qui ont plus de grâce et de légèreté ² ». Au moment où il pourrait devenir bon à quelque chose, il est assassiné. Il laisse Fersen, un chevalier errant qui rend la Reine ridicule par sa passion pour elle ³, qui dénigre tout le monde, qui ne tolère pas même le fidèle Breteuil ⁴. Breteuil, l'agent secret, est dénoncé si publiquement par les émigrés, que l'Assemblée à Paris s'inquiète, les ministres constitutionnels deviennent arrogants : « C'est encore à Coblentz et aux émigrés que nous devons cette cruelle persécution : ils ont tant dit que nous n'agis-

---

¹ Sybel, t. I, p. 450.
² Geoffroy, *Gustave III et la cour de France*, t. I, p. 106.
³ Voir pages 268, 271 et 234.
⁴ Voir pages 227 et 231.

sions que par les conseils du baron, que le ministère commence à en parler », écrit la pauvre Reine [1]. Le Roi a rédigé les instructions dans une heure d'énergie au moment où l'Assemblée exigeait le serment des ecclésiastiques [2]. Mais cette heure ne revient plus, le Roi plie, il laisse grandir les républicains. Marie-Antoinette, abandonnée par son frère, sûre du manque d'énergie de son mari, de la haine de ses beaux-frères, des relations secrètes de sa belle-sœur avec eux, voit clairement l'impuissance des constitutionnels et des émigrés, les progrès des républicains, les maladresses des émigrés, elle s'aigrit : « Les Français sont atroces de tous les côtés, il faut prendre garde que si ceux d'ici ont l'avantage, ils ne puissent rien nous reprocher ; mais si ceux du dehors deviennent les maîtres, il faut qu'on puisse ne pas leur déplaire...[3]. Quel bonheur si je puis un jour redevenir assez pour prouver à tous ces gueux que je n'étais pas leur dupe [4] ! »

Ainsi, à la fin de 1791, dans la France comme dans l'Europe, chacun suit secrètement sa voie entre des paroles contradictoires : les souverains veulent agrandir leurs États, simulent la paix, promettent une intervention désintéressée en France ; les émigrés ne parlent que de délivrer le Roi et rêvent une féodalité théocra-

---

[1] FERSEN, p. 213, les 2 et 7 nov. 1791.
[2] Novembre 1790.
[3] FERSEN, p. 200.
[4] FERSEN, p. 269.

tique; les girondins feignent l'amour pour la Constitution et se préparent à détruire la monarchie. Alors seulement Louis XVI songe à l'appui de l'étranger.

IV

ÉBRANLEMENT DE L'EUROPE.

Louis XVI, le 3 décembre 1791, se résigne à réclamer l'intervention des étrangers [1]. Jusqu'ici, leur dit-il, j'ai supplié qu'on n'agît point par la force; mes frères refusent de disperser leurs régiments, ils vont se perdre, et le royaume avec eux; le seul espoir est dans une guerre que les étrangers feront à la France, sans tenir compte de mes frères et des émigrés, et en trouvant bon que j'aie l'air de m'y mêler franchement.

Comme les émigrés s'empresseront de publier ou de combattre ces projets, Louis XVI envoie à Francfort Mallet du Pan [2] pour les retenir dans l'immobilité, promettre la garantie de leurs intérêts dès que la puissance royale lui sera rendue, et empêcher que, par un

---

[1] Avec son habitude de bévues tellement bizarres que l'excès de légèreté peut lui éviter le reproche de mauvaise foi, Louis Blanc donne à cette lettre la date du 3 décembre 1790, sans remarquer qu'elle parle de la Constitution de septembre 1791 et d'une lettre de Moustier, d'octobre 1791.

[2] *Mémoires*, t. I, p. 284.

zèle turbulent, ils ôtent à la guerre projetée « le caractère de guerre étrangère faite de puissance à puissance ». L'espoir du Roi est d'arriver au dénoûment comme arbitre entre les étrangers et les Français, les premiers lui rendant les provinces envahies, les seconds les prérogatives usurpées. Le Roi restaurera ainsi le territoire national et la majesté des lois.

Ce plan était trop naïf pour être accepté par un politique de la valeur de Léopold. Mais par une fatalité cruelle, Léopold mourut subitement cet hiver même [1].

Il meurt au moment où la Russie vient de gagner sur les Turcs le Dniester et la mer [2]; la Prusse, d'incorporer les margraviats d'Anspach et de Bayreuth [3]; il laisse l'Autriche à un enfant de vingt ans, paresseux et soupçonneux, François II, qui passe son temps à découper du bois et à écouter des rapports de police, qui ouvre la bouche à l'appât de la Pologne.

La mort de Léopold est une fatalité. Ensuite vient une faute. C'est la France qui la commet.

Les chances favorables n'étaient pas encore épuisées. On pouvait espérer qu'en France le règne constitutionnel s'affermirait; qu'en Pologne, le projet de Léopold se réaliserait par l'avénement d'un monarque héréditaire qui unirait en un puissant royaume catholique la Pologne et la Saxe. Les girondins et les Prus-

---

[1] Le 2 mars 1792. Il paraît être mort d'un excès de *diavolini*.
[2] Otchakow est du 9 janvier 1792.
[3] Le 28 janvier 1792. Voir ci-dessus, p. 270.

siens avaient également des intérêts en opposition avec ces deux ressources laissées à la paix, c'est-à-dire au développement de la civilisation.

Les girondins exigèrent une déclaration de guerre contre l'Autriche et la Prusse. Depuis longtemps ils poursuivaient l'espérance d'une conflagration générale : « Les peuples, avait dit un de leurs rhéteurs [1], s'embrasseront à la face des tyrans détrônés, de la terre consolée et du ciel satisfait! » Et Vergniaud avait crié[2] : « Jadis les rois ambitionnaient le titre de citoyen romain ; il dépend de vous de leur faire envier le titre de citoyen français. La loi de l'égalité doit être universelle! »

Le 30 avril 1792, les girondins font déclarer la guerre, sans prévoir que cette guerre va durer vingt-trois ans, qu'elle tuera tout d'abord la Pologne, que la civilisation va être privée de trois millions de mâles de races supérieures et de l'influence de la France sur le monde. Le monde en sortira épuisé ; la France meurtrie pour toujours. Mais qu'importent les destinées de la France et de l'humanité aux maniaques de l'égalité? Cet arrêt dans la civilisation produit la république. Ils l'ont.

« Il ne résultera rien d'heureux de tout ceci », disait le duc de Brunswick[3]. — « La guerre conduira

---

[1] Isnard, le 29 nov. 1791.
[2] Le 27 déc. 1791.
[3] Sybel, t. 1ᵉʳ, p. 470.

à des démembrements inévitables », écrivait le marquis de Noailles[1].

Et pourtant une chance restait encore. Personne n'était prêt pour la guerre. Seule Catherine avait su saisir l'heure propice; à l'instant même où elle avait appris la déclaration de guerre de la France, elle avait mis la main sur la Pologne[2]. L'Autriche et la Prusse réclamaient leur part. Durant cet été de 1792, tandis que l'on s'arme, que l'on se soupçonne, que l'on s'aigrit, la France peut se redresser. Les constitutionnels se concertent avec les trois généraux d'armée, Lückner, Rochambeau et La Fayette, on enlèvera le Roi, on le conduira à Compiègne. Là, au milieu des soldats, il proclamera de nouveau la Constitution, appellera à lui les Français que dégoûtent les comités locaux, il inaugurera cette ère de liberté que l'on attend encore avec confiance dans le pays tout entier. « Le Roi est disposé à se prêter à ce projet, la Reine le combat[3]. » La Reine est bien excusable de se méfier de ces constitutionnels, car ils ont perdu tout droit au titre de modéré. Le modéré est celui qui combat le violent, non celui qui le lasse par ses concessions. Le parti de La Fayette et de Narbonne, soit incorrigible crédulité, soit confiance présomptueuse en sa force, soit curiosité insatiable des effets de l'égalité, avait

[1] Ms. Arch. nat. F; 7; 4598. Noailles à Delessart, 19 mars 1792.
[2] Mai 1792.
[3] Marie-Antoinette à Fersen, du 11 juillet 1792, p. 326.

fait consister la modération dans la faiblesse et la politique dans les concessions aux violents.

Même si Marie-Antoinette avait eu moins de rancune contre les constitutionnels, on peut douter que Louis XVI aurait eu l'énergie d'adopter cette résolution. Il hésite, il temporise, il laisse passer l'occasion. Les derniers des constitutionnels et La Fayette avec son état-major sont forcés d'émigrer. Louis XVI reste seul en présence des jacobins à l'intérieur, des Prussiens sur la frontière.

CHAPITRE VIII

COBLENTZ.

Folies et fêtes. — Souffrances et constance. — L'alliance avec les étrangers.

I

FOLIES ET FÊTES.

A Coblentz, les émigrés sont divisés en deux catégories : ceux qui courtisent les princes et ceux qui servent comme simples soldats. Les premiers se préoccupent surtout de s'assurer des charges à la cour après la victoire, ils se déchirent pour écarter les concurrents [1]. Le baron de Breteuil prétend bien rentrer comme premier ministre. « Il mesure sa capacité par sa grandeur physique, selon un envieux [2], il pense qu'il fera fleurir le royaume dans un mois; Limon doit être contrôleur général des finances qui n'existent pas; l'évêque de Pamiers, qui a le mérite distingué de coucher avec madame de Matignon, sera garde des sceaux ou chancelier. » Cette combinaison est la plus sensée : Limon est au comte de Provence, l'évêque de Pamiers au

---

[1] Las Cases, *Mémoires.*
[2] Ms. vol. 640, f° 7, Las Casas à Antraigues, 15 sept. 1792.

comte d'Artois, madame de Matignon est la fille de Breteuil qui est au Roi; de la sorte s'unissent tous les partis : Fersen lui-même [1] donne son approbation : « Le Limon, dit-il, est un gueux, mais il faut le ménager. » Ce Limon était un ancien intendant du comte de Provence, chassé, puis reçu de nouveau en faveur [2]. L'évêque de Pamiers était frère du marquis d'Agoult, dont la femme fut longtemps la maîtresse de Breteuil; elle deviendra fameuse sous le Directoire [3]. Le vicomte d'Agoult, l'autre frère, était un favori du comte d'Artois. Mais les purs accusent Breteuil d'être « le chef du parti des deux Chambres [4] », ils préparent un autre ministère dans lequel l'évêque de Pamiers est réduit aux finances, M. de la Galissonnière a le ministère de la guerre, M. de Moustiers celui de la marine [5], un pauvre maître des requêtes, Lavilleurnois, qui s'inquiète surtout de trouver un mari pour sa fille, gagne le titre de ministre de la police en offrant d'opérer à Paris : on le laisse partir [6]. Quant au rang de chancelier, on l'attribue à M. de Barentin, qui est déjà garde des sceaux.

[1] *Journal*, t. II, p. 18.
[2] Geoffroy de Limon, chassé en 1777 pour une querelle avec Cromot de Fougy, autre intendant.
[3] D'ALLONVILLE, *Mémoires*, t. I, p. 326. — Comte D'HEZECQUES, *Souvenirs*, p. 228.
[4] Lettre de Coblentz, du 10 janvier 1792, au *Courrier de l'Europe*, p. 90.
[5] FERSEN, t. I, p. 24.
[6] LAS CASES, *Mémoires*.

Barentin possédait bien un gendre, Dambray, le futur chancelier, mais il avait à le faire excuser de s'être caché en Normandie au lieu d'accourir à Coblentz: aussi il fit du zèle, il assembla à Manheim une cour plénière de cinquante magistrats émigrés. Les princes goûtèrent peu ce parlement qui pouvait être tenté de s'arroger de l'autorité, ils firent prévenir Barentin « qu'ils ne croyaient pas possible d'en former une assemblée légale »; la police palatine trouva leurs délibérations trop bruyantes et les supprima [1]. Ces magistrats étaient aussi intolérants que les courtisans : « Tous ceux qui ont voulu proposer des tempéraments ont passé pour faibles ou suspects [2]. »

Le seul ministre en réalité était Calonne; mais comme il travaillait seul utilement, il était haï de tous. Peu à peu cependant les gens de bon sens, le maréchal de Castries, le comte de Jaucourt, Flachslanden, Cazalès, Foucault [3] se groupent autour du comte de Provence. Le comte d'Artois a les flatteurs, comme le baron de Roll, les incrédules devenus fanatiques, comme Conzié, évêque d'Arras, les courtisans joyeux, comme les frères d'Escars, l'aîné toujours souriant [4], « une coiffure d'un goût mousseux ornait son visage effilé et superbement goguenard; habit court, veste brodée, breloques antiques sur une culotte d'une couleur tendre;

---

[1] Piscatp, *le Président de Vezet.*
[2] *Ibid.*, le président d'Amécourt au président de Vezet.
[3] Mallet du Pan, *Mémoires*, t. I, p. 298.
[4] Tilly, *Mémoires*, t. III, p. 82.

chaussé dès l'aurore avec la petite boucle d'or; petite bourse liée au sommet de la nuque; col de batiste plissé; le cordon bleu bouffant sous la main qui s'agitait dans la veste... » Son frère François d'Escars était obligeant, aimable, instruit, brave officier et juge excellent « d'un bon dîner et d'un bon livre ».

L'été s'avance. François II se fait couronner à Francfort [1]; le roi de Prusse se montre; les armées se concentrent : « Dans deux mois nous terminerons la belle saison au milieu de nos vassaux », chacun le dit [2]; chacun dépense autant qu'à Paris [3]; on fait venir de Paris des couronnes de roses pour un bal... [4]. « Madame Bertin, écrit une émigrée, était auprès de nous, et nous vendait chèrement ses chiffons et ses talents; voici comment j'étais habillée : j'avais dans les cheveux une guirlande de primevère surmontée de grandes plumes blanches, une robe de taffetas couleur de rose, garnie également en primevère, en blonde et en gaze d'argent; une jupe de gaze d'argent garnie en primevère. On nous présenta au roi de Prusse, je l'appelai Achille, Agamemnon. Quatre jours de suite avaient employé quatre robes que j'avais fait faire. »

---

[1] Le 14 juillet 1792.
[2] Duchesse DE GONTAUT, *Mémoires*.
[3] Marquise DE LAGE, *Souvenirs*.
[4] *Ibid*.

II

SOUFFRANCES ET CONSTANCE.

D'autres femmes étaient moins heureuses, celles qui n'avaient pu émigrer, qui demeuraient en France au milieu des tortures de l'inquiétude, qui rêvaient aux souffrances des chevaliers chéris : « Ton absence est bien longue, je sens plus que jamais combien je t'aime », écrit l'une [1]. « Je t'adore, dit une fiancée [2], je ne suis pas la maîtresse de t'aimer moins. Tu es ma vie, mon bonheur, mon malheur. C'est toi qui m'animes, tu es seul toute mon existence. »

On s'exalte dans ces privations du cœur, on s'affine : « Chaque nouveau jour, mon tendre ami, est un jour de tristesse, si je dors, mon sommeil est cent fois plus cruel que mon réveil [3] » ; on se soupçonne : « Peux-tu croire, mon âme, que je te manque ? je te serai toujours fidèle [4] » ; on s'aime avec plus de frénésie : « Je veux te faire oublier dans mes bras tes souffrances ; pense que tu dois trouver une femme bien tendre et qui serait

---

[1] *Correspondance originale des émigrés*, saisie et publiée par le gouvernement républicain, p. 34, lettre à M. de Frélo, du 7 oct. 1792.
[2] *Ibid.*, p. 35.
[3] *Ibid.*, p. 33, à M. de Sancé, 17 sept. 1792.
[4] *Ibid.*, p. 52, à M. de Rochegude.

fâchée d'être trompée dans son attente. Tu dois revenir fort et bien portant [1]. » — « Quel malheur, écrit une femme plus sentimentale [2], d'être éloignée de ce que l'on aime! Que je te revoie, que nous soyons ensemble, et je saurai tout supporter! »

Le projet d'un coup de main sur Strasbourg avait fait mettre en marche, au cœur de l'hiver [3], les corps de Condé, Bussy, Mirabeau et Rohan : « Cette marche de gentilshommes [4] par une neige et un froid excessifs, presque tous à pied, fait le plus grand honneur. Nous sommes tous logés on ne peut plus mal, couchés sur la paille. » Mais ils sont tous heureux du métier de soldat; la vie des camps retrempe l'âme. « On était gai parce qu'on était sous la tente [5], qu'on allait puiser l'eau, couper le bois, préparer les vivres et qu'on entendait le son de la trompette. » Les vieux avaient autant d'ardeur que les enfants : dans les rangs marchait comme soldat le président Bernard, âgé de plus de soixante ans, à côté du comte de Neuilly qui n'en avait pas seize. La plupart devaient succomber rapidement.

Mais le comte d'Artois ne partageait pas les privations de cette marche d'hiver et faisait ainsi échouer

---

[1] *Correspondance originale des émigrés*, p. 27, à M. de Jarnac.
[2] *Ibid.*, à M. de Lescale.
[3] Le 2 janvier 1792. Voir ANTOINE, *Histoire des émigrés*, t. Ier, p. 143.
[4] Ms. Bibl. nat. fonds Périgord, vol. 104, f° 414, lettre du comte Wlgrin de Taillefer, 20 janvier 1792.
[5] CHATEAUBRIAND, *le Duc de Berry*, p. 24.

misérablement le projet d'attaque de Strasbourg¹. Dans la garnison de Strasbourg on comptait sur les Suisses de Pallavicini ; les habitants catholiques consentaient à ouvrir les portes, mais ils se méfiaient des Allemands. Est-on bien sûr que ce n'est pas une ruse des princes allemands pour prendre Strasbourg ? Si ce sont réellement des Français, on le verra bien en reconnaissant le comte d'Artois ; qu'il se présente, Strasbourg est à lui.

Le prince refuse de se livrer aux Français de Strasbourg. Se réserve-t-il pour le camp de Jalès? Là, au fond des Cévennes, les paysans du Gard et de la Lozère sont armés pour conquérir la liberté du Roi². Ils attendent le chevaleresque comte d'Artois qui promet son épée avec tant de bonne grâce. Artois ne vient pas plus à Jalès qu'à Strasbourg : les paysans des Cévennes sont soumis et massacrés par les gardes nationaux des villes.

Au milieu de ces déceptions, la discipline ne se conservait pas aisément, il fallut enfermer dans la citadelle de Coblentz deux cents gentilshommes en huit mois³. Les nouveaux venus continuent à être hués. Si dès l'arrivée on ne trouve pas un répondant, la vie est en danger. C'est le cas de Buzelot.

Buzelot était un chevalier de Malte, certainement vicieux, capable peut-être de fines escroqueries. On

---

¹ Vicomte DE SAINT-GENIS, d'après les papiers de Vioménil, *Revue des Deux Mondes*, année 1880, t. II.
² Ernest DAUDET, *Histoire des conspirations royalistes du Midi*.
³ DE MONTROL, *Histoire de l'émigration*, p. 95.

s'imagine, en le voyant arriver, qu'il va assassiner le prince de Condé, les têtes se montent, M. de Firmas attire Buzelot dans sa chambre, là de jeunes officiers « lui montrent la mort d'aussi près que possible¹ » et ne l'épargnent qu'à la condition d'un aveu. Pour sauver sa vie, Buzelot avoue ce qu'on veut : les jacobins lorrains lui ont promis dix mille francs s'il tue Condé. Les jeunes fous, bien décidés à le « mettre en pièces » tandis qu'ils le soupçonnaient, sont calmés subitement par cet aveu ridicule, ils emmènent avec pompe le prisonnier dans la citadelle de Königstein, ce qui paraît avoir déplu, avec raison, aux généraux allemands. En tout cas, Buzelot est mis en liberté.

Parmi ces émigrés de Coblentz, la bonne renommée s'acquiert par de méchantes chansons. On rime sur l'air de la romance de *Nina* ² :

> Marauds qui méritez cent fois
> Le carcan, la marque et la corde,
> Vous voilà réduits aux abois,
> Pour vous plus de miséricorde.
> Bon, bon, j'espère (*bis*) et vite, et tôt
> Tout s'arrangera comme il faut (*bis*).

Un autre prend pour refrain : « Que de jacobins on pendra ! » Une chanson sur l'air des *Petits Savoyards* donne plus de détails :

---

¹ C'est le 17 décembre 1791. ANTOINE, *Histoire des émigrés*, t. Iᵉʳ, p. 137 ; CHAMBELAND, *Vie du prince de Condé*, t. II, p. 21 ; ROMAN, *Souvenirs*, t. II, p. 192.

² *Almanach des émigrés*. Coblentz, 1792.

> Sur ce que d'Artois ordonna
> Force gibets on prépara,
> Fouettez par ci, pendez par là
> Ces avocats, ces renégats,
> Ces scélérats du haut en bas.

On annonce pour le *Théatre du Manége* une tragédie nouvelle de M. d'Artois : « Le spectacle sera terminé par un charmant ballet dans lequel M. Alexandre de Beauharnais et autres danseurs de la même force doivent exécuter les pas les plus difficiles. »

Car c'est toujours contre les constitutionnels et les modérés que la haine est le plus implacable. Ne disons pas : ces gens sont fous ! Le malheureux n'est jamais ridicule, tout est attendrissant chez celui qui est amoindri par le malheur. Ces jeunes officiers sont dans leur instinct, leur éducation, leurs catégories d'idées. Ils aiment les puérilités de l'étiquette, les raffinements du point d'honneur ; c'est leur charme, c'est leur mort. Pour eux, pas de ressource autre que celle de finir avec grâce. Ce vieux monde s'agite encore, son arrêt est irrévocable. Si les émigrés étaient rentrés victorieux sur leurs terres, la vieille société n'était pas moins condamnée. Elle avait perdu son prestige, son impiété, son exaltation de sensibilité ; elle aurait succombé quelques années plus tard sans la séduction du supplice, sans le grandiose du cataclysme.

Elle s'efface. Tant de cris de joie, tant d'abnégation, tant de menaces ne peuvent même pas créer une armée. « Nous sommes, écrit Condé à son fils [1], sans tentes, sans canons, sans argent. » « Les trois quarts de nous ne boivent déjà plus de vin [2]. » Les princes vont quêter un emprunt près des Juifs d'Amsterdam [3]; « la pénurie où nous sommes, déclare Calonne [4], excuse la parcimonie la plus sordide ». « Le désespoir s'emparait absolument de nous », écrit Vaudreuil [5], au moment où arrivent quatre cent mille francs fournis par la Prusse et un million par l'Espagne. Et c'est au milieu des fêtes que, sans capitaux, sans magasins, sans arsenaux, Calonne s'ingénie à « faire subsister une armée de vingt-deux mille hommes, de l'armer, de l'équiper, de l'approvisionner, de la faire marcher après l'avoir entretenue dans l'éparpillement de trois cents cantonnements dispersés en deux cents lieues de pays [6] ».

Calonne ne peut obtenir ces résultats invraisemblables que par un faux.

Le crime de faux montre le mieux combien les passions politiques mettent en déroute les formules les plus élémentaires de la moralité la plus vulgaire.

Les tribunaux anglais ont été saisis d'une plainte sur fabrication de faux assignats qui fut organisée par les frères de Louis XVI; ils eurent à juger, sur la requête

---

[1] Comte DE LA BOUTETIÈRE, *l'Armée de Condé*, d'après les papiers de La Fare; lettre du 11 août 1792.
[2] ROMAIN, t. II, p. 193.
[3] MARCILLAC, *Souvenirs*. Emprunt de 2 millions à Cohen et Osy.
[4] Ms. vol. 632, f° 212, Calonne à Antraigues, 12 juillet 1792.
[5] Ms. vol. 645, f° 197, Vaudreuil à Antraigues, 24 juin 1792.
[6] Calonne à Antraigues, 12 juillet 1792.

du comte de Rece, l'émigré Saint-Morys qui écoulait ces papiers en Angleterre [1]. On leur produisit l'arrêté des princes qui interdisait cette fabrication à partir de novembre 1792. Elle avait donc été officielle jusqu'à cette époque : deux voitures singulières [2], plus hautes que les fourgons ordinaires, suivaient l'armée, et l'on ne cachait pas qu'elles portaient « la fabrique d'assignats des émigrés ». Ces assignats avaient cours forcé et étaient distribués aux émigrés eux-mêmes : « Nous sommes, écrit l'un deux [3], ma femme et moi dans le dernier besoin, sans un sou. On ne peut trouver à changer des assignats parce qu'ils sont faux, provenant de la fabrique de M. de Calonne. » Les Allemands n'ont pas tardé à connaître le secret : « Vous jugez des cris qu'ils font [4]. »

Les princes ne se sont point cachés d'un acte dont ils ne semblent pas avoir compris la gravité ; ils ont signé un mémoire à l'impératrice Catherine [5] : « Comme les princes se sont imposé la loi de ne rien dissimuler à Sa Majesté l'Impératrice, ils doivent lui rendre compte d'un article important. Les princes n'avaient ni crédit, ni argent, et il a fallu prévoir la nécessité d'agir seuls parce que les puissances les laissaient dans l'incertitude sur ce qu'elles feraient. Il a fallu en outre

[1] Ms. vol. 626, f° 51. Tout le dossier anglais.
[2] GOETHE, Campagne de France.
[3] Correspondance des émigrés, p. 97, le marquis de Vienne au comte de Morsan.
[4] Ibid., p. 83, le comte de Morsan au duc de Guiche.
[5] Ms. vol. 589, f° 31, lettre du 25 octobre 1792 et mémoire. Ce passage f° 5 du Mémoire est de la main du duc de Villequier.

prévoir le cas où, entrant en France, une partie des troupes de ligne se réunirait à eux. Dans cette position, on imagina de faire fabriquer des assignats à l'imitation de ceux qui avaient leur confiance. Il avait été convenu qu'il n'en serait fait usage qu'en France, mais des besoins pressants ont mis notamment M. le duc de Bourbon, qui n'était pas dans la confidence, dans l'obligation de s'en servir. On avait pensé qu'il convenait avant d'en parler à Sa Majesté l'Impératrice, de savoir positivement si on serait forcé de s'en servir... »

En réalité, les faux assignats avaient été distribués à pleines poignées, non par le duc de Bourbon seul, mais par tout le monde : Catherine en eut la preuve longtemps après avoir exigé cette humiliante justification. Un des émigrés qu'elle aimait le mieux, le marquis de Lautrec, lieutenant général en France et général-major en Russie, qu'elle avait chargé d'une mission près des princes, reçut d'eux un paquet d'assignats qu'on le priait, sans le prévenir qu'ils étaient faux, de négocier à Berlin. Lorsqu'il revint quelques mois plus tard à Berlin [1], il fut « arrêté dans son auberge sur la plainte du puissant Juif Hiezig » qui lui avait remis quatre cents louis pour vingt-quatre mille livres en assignats reçus des princes. « Ces assignats se sont trouvés faux, Lautrec s'est tué d'un coup de pistolet au crâne, laissant un papier où il

---

[1] Las Casas à Antraigues, du 22 nov. 1794, f° 338.

déclare qu'il ignorait que les assignats fussent faux. »

L'odieuse planche a continué ses manœuvres longtemps après la chute des premières espérances; le citoyen Maude [1], ambassadeur de la République à la Haye, fit arrêter le sieur Harel dit *la Vertu* qui possédait l'appareil complet et les caisses de faux assignats. Harel fit des aveux, il désigna divers complices [2], l'agent Maude obtint contre lui un arrêté d'extradition, mais manqua de fonds pour le faire transporter immédiatement en France. Durant ces démarches survint une note des princes français au gouvernement hollandais; à la suite de cette intervention, les Hollandais laissèrent Harel s'évader. Il transporta alors, en se faisant appeler Vertoul, son industrie à Altona.

Des fabriques libres s'établirent en concurrence avec celles des princes; il y en avait dix-sept à Londres, un grand nombre en Suisse et en Allemagne. Le sophisme consiste à soutenir que « le propriétaire légitime peut reprendre son bien où il le trouve, il peut engager sa propriété dans les mains des ravisseurs [3] », il émet des assignats à rembourser sur ses biens de France injustement confisqués. Sans doute il est licite d'emprunter sur des biens à reconquérir, mais à la condition que celui qui prête sera prévenu de la préten-

---

[1] Ms. Aff. étr. Hambourg, 108, lettre du 16 nivôse an III.
[2] Leurs noms sont dans la lettre de Reinhardt à Delacroix, 21 frimaire an IV, avec tous les détails.
[3] Puisaye, *Mémoires*, t. III, p. 376 à 414.

tion et du risque, et que surtout il ne sera pas trompé par la simulation de la vignette de celui même sur lequel on veut les reconquérir. On sait que Napoléon [1] a fait fabriquer de même et distribuer officiellement de faux billets des banques de Londres, Vienne et Saint-Pétersbourg : l'un des agents subalternes de cette fraude, Malchus, fut pris par les Anglais et pendu : son associé Blanc put s'échapper de Londres, il fut arrêté en débarquant à Boulogne, et mis aussitôt en liberté sur l'ordre de Savary : il obtint en dédommagement de ces dangers la ferme des jeux de Paris.

III

L'ALLIANCE AVEC LES ÉTRANGERS.

« J'ai toujours cru, écrit Portalis [2], qu'il était absurde de se mettre dans la servitude des étrangers, pour terminer une querelle nationale. » Réflexion triviale : un gouvernement qui ne sait ni faire respecter la loi, ni respecter les juges, qui laisse massacrer, qui viole la constitution, est-il la France? « Élisabeth secourut

---

[1] Le procès est publié dans les *Mémoires de tous*, t. VI. Le fait est indiqué dans les Mémoires publiés ou inédits sur l'Empire, avec l'épisode du préfet de police Pasquier faisant arrêter les faussaires, et du ministre de la police Savary les faisant mettre en liberté.

[2] Lavollée, Portalis à Mallet du Pan, 23 sept. 1799.

PREMIÈRES ILLUSIONS.

Henri IV », dit la grande Catherine [1] ; les Parisiens surent fort bien faire appel à l'archiduc des Pays-Bas durant la Fronde, et quand, sur leur demande, il fit lever le siége de Cambrai par l'armée française, « la canaille crut avoir gagné une grande victoire [2] ». Ainsi, comme Malesherbes le disait à Chateaubriand, les protestants et les frondeurs ne se sont jamais crus coupables en empruntant une force étrangère. La république d'Amérique a vécu par le secours de la France. Les Français enrôlés par Fabvier et Armand Carrel qui, sur la frontière d'Espagne [3], attaquèrent l'armée française en proclamant Napoléon II et l'indépendance de l'Espagne, ne se sentaient probablement pas coupables.

Où est l'armée française, là est la France. Le premier devoir est de ne pas se joindre à l'étranger contre l'armée de son pays, quel que soit l'étranger, en quelque état que soit le pays. La loi morale condamne avec la même inflexibilité les royalistes de Condé et les bonapartistes d'Armand Carrel.

Les émigrés du moins conservèrent les qualités françaises et l'amour de la France. Il se regardaient comme des croisés qui combattaient pour leur Dieu, mais ils ne négligèrent aucune occasion de protester contre tout projet qui pourrait amoindrir la France. Les étrangers

---

[1] Ms. Aff. étr. Autriche, suppl. 23. Noailles à Montmorin, 22 octobre 1791.
[2] Goulas, *Mémoires*, t. III, p. 25.
[3] Avril 1823.

étaient tantôt dans le dépit, tantôt dans l'admiration devant cette persistance de l'amour. « Chacun de ceux avec qui j'ai été en relation, écrit lord Auckland[1], s'occupe à combattre les projets des puissances qui veulent, dit-on, prendre et garder les places fortes des frontières. » Un autre Anglais, lord Malmesbury[2], est ému d'entendre, à la nouvelle de la fuite des volontaires patriotes dès l'ouverture des hostilités, le comte de Provence s'écrier[3] : « J'en ai le cœur déchiré, *car je ne saurais me dissimuler que ce sont des Français qui sont battus, des Français qui s'enfuient.* » Lorsque le général Jourdan s'avance dans les Flandres et chasse le duc de Cobourg, « nous n'en fûmes pas fâchés, parce que Cobourg avait arboré sur les villes conquises le drapeau impérial au lieu du drapeau blanc », dit un émigré[4] qui avait huit membres de sa famille dans l'armée des princes ; il y en a eu onze de la même famille enrôlés sous le drapeau tricolore en 1870 ; de même, si Talhouët fut fusillé avec son fils en Bretagne par les républicains, deux de ses petits-fils[5] sont tués à l'ennemi en 1870.

Les émigrés se montraient fiers de la valeur de leurs compatriotes républicains : « L'ennemi, disaient-ils[6],

[1] Lord Auckland, *Correspondance*, t. III, p. 60. To lord Grenville, 17 may 1793.
[2] *Diary*, t. II, p. 413 : « I have a feeling wich goes to my heart, car...»
[3] Ce sont ses expressions mêmes.
[4] Bernard de la Frégeollière, *Émigration et Chouannerie*, p. 21.
[5] Paul de Mauduit et Antoine de la Gournerie.
[6] Contades, *Dix Ans de ma vie*, p. 103.

était français, c'est assez dire qu'il ne broncha pas. » Le duc d'Enghien exprimait la pensée de tous quand il disait après une rencontre [1] : « Il n'y a d'égale à la valeur des Français royalistes que la valeur des Français républicains »; ou encore, après un combat contre Moreau : « Comme ils se battent! En vérité, à présent je ne sais auquel des deux donner la pomme pour la valeur, de nos troupes ou des leurs; aussi, s'ils le veulent bien, ils ont le temps d'aller à Vienne. »

Ils étaient révoltés contre une persécution brutale; ils combattaient une jacquerie organisée par des cuistres; après avoir cru que les hommes étaient généreux et que le bonheur procédait de la sensibilité, ils se reportaient de toute la fureur de leur déception vers les folies du moyen âge, ils s'étourdissaient dans un tourbillon de prétentions surannées soulevées comme des feuilles sèches par un vent de Fronde; ils ne voulaient ni aristocratie, ni constitution... — Répondez avec candeur, disait une voix aux libéraux de la génération suivante, qu'eussiez-vous fait à leur place?

Point de question semblable à nous autres qu'a enrichis ou désappointés la démoralisante série des révolutions. Où se voient l'abnégation, l'énergie, le point d'honneur, se doit saluer le Français. On doit réserver son indignation contre ceux qui disent tout le long du jour : — Crains la guerre; aime l'argent; plais au vulgaire; plus bas!

[1] ANTOINE, *Histoire des émigrés*, t. I, p. 340.

CHAPITRE IX

CAMPAGNE DE FRANCE EN 1792.

Méfiance entre les émigrés et les étrangers. — La pluie et la boue. — Dumouriez et Lacuée de Cessac. — La retraite.

I

MÉFIANCE ENTRE LES ÉMIGRÉS ET LES ÉTRANGERS.

Cette campagne qui devait tout finir fut préparée avec lenteur : déjà s'allumaient les convoitises. L'Autriche veut la Lorraine; pour la Prusse, il faut la Franche-Comté; la Russie, occupée à se nantir ailleurs, laisse faire[1]. Quant aux princes, ils sont destinés, de l'aveu des plus clairvoyants parmi ceux qui les entourent, à ne jouer « aucun rôle, ils n'auront que celui qu'ils voudront prendre, ou la nullité[2] ». La nullité, c'est bien ce que prétend leur imposer le roi de Prusse, devenu l'Agamemnon du moment. Les puissances disposent du sort de la France, répond le géant au marquis de Moustiers qui vient lui demander de reconnaître le comte de Provence comme régent de

---

[1] Ms. Aff. ét. Russie, 138. Genet à Dumouriez, 13 juillet 1792; — Mayence, 70, Villars à Delessart, 21 mai 1792.
[2] Ms. vol. 639, f° 301. Las Casas à Antraigues, 19 mai 1792.

France durant la captivité de Louis XVI. Les Impériaux ne sont pas plus désintéressés, ils plantent des poteaux aux aigles d'Autriche sur les routes qu'ils occupent [1]. « Pas un de vous, Alsaciens, dit un de leurs généraux [2], pas un de vous, je le sais, ne se refusera au bonheur d'être un Allemand! »

Les émigrés sont pour les alliés des observateurs inquiétants, non des auxiliaires. On les amoindrit en les divisant en trois corps : l'armée des frères du Roi, commandée par les maréchaux de Broglie et de Castries, qu'on dirige sur Thionville; celle du prince de Condé, qui accompagne l'armée d'invasion; celle du duc de Bourbon, qui occupe la Belgique. « Nous en serons, nous autres princes, écrivait le duc de Berri [3]; il faut espérer pour l'honneur du corps que quelqu'un de nous s'y fera tuer. »

II

LA PLUIE ET LA BOUE.

Le général en chef était non le roi de Prusse, mais le duc de Brunswick.

Ferdinand, duc de Brunswick-Wolfenbüttel, neveu

---

[1] CHAMBELAN, *Histoire du prince de Condé*, t. II, p. 127.

[2] PEISAYE, t. II, p. 303. Il s'agit du manifeste de Wurmser qui est seulement de l'année suivante, mais le projet est arrêté dès le milieu de 1792.

[3] CHATEAUBRIAND, *le Duc de Berri*, p. 35.

et élève préféré du grand Frédéric [1], avait cinquante-sept ans. Le regard froid de ses yeux bleus, ses allures graves, les succès de ses premières campagnes, lui donnaient de l'autorité. Mais deux événements détruisirent en quelques semaines son prestige, le manifeste qu'il signa, et l'ingérence du roi de Prusse dans le commandement.

Le manifeste était rédigé avec assez d'ineptie pour soulever l'horreur et le patriotisme dans toute la France. Brunswick hésita à le signer [2]; le comte de Provence a été longtemps accusé d'avoir préparé et fait adopter ce ridicule document. On ne peut plus répéter cette calomnie aujourd'hui que l'on sait comment le manifeste a été copié par Marie-Antoinette sur des notes de Fersen, puis renvoyé par elle à Fersen, qui l'a fait remettre à Limon pour être porté au duc de Brunswick.

Le roi de Prusse empêcha, par la prolongation de ses fêtes à Coblentz, que l'on pût profiter des belles journées du commencement d'août [3]. « Il y a une main invisible, écrivait Condé [4], qui retient et empêche de tenter des succès presque certains. » « Prendrez-vous encore le commandement? » demanda en allemand, quelques mois plus tard, lord Malmesbury à Brunswick [5].

[1] Fils de sa sœur Philippine-Charlotte.
[2] Mathieu-Dumas, *Souvenirs*, t. II, p. 426.
[3] Il est à Coblentz le 23 juillet, à Longwy seulement le 13 août.
[4] Comte de la Bouttières, *Armée de Condé*. Condé à la Fare. 31 août 1792.
[5] *Diary*, t. III, p. 206. La réponse est donnée en français, avec les paroles mêmes du duc.

— « Non, si le Roi y est, répond le duc en français, c'est impossible que je m'expose de nouveau à toutes les avanies que j'ai eues sur le Rhin. Le Roi perd la moitié de la journée à la parole et à ses repas. »

Enfin après deux mois d'attente, on part avec les pluies.

L'armée du maréchal de Broglie est destinée au siége de Thionville : on lui adjoint le comte d'Artois et deux pièces de canon [1]. Les volontaires prennent plaisir à cette vie en campagne; ils foulent les blés mûrs, ils regardent, le soir, la silhouette d'un cavalier qui se profile sur l'horizon, la carabine au poing; ils écoutent le pas des chevaux dans les chemins creux et les chants de l'alouette au lever du soleil. Bientôt ils se lassent de la pluie, de la fange, des corvées sous un ciel gris; il faut aller au bois, à la viande; on fait sa cuisine, on lave son linge. « J'ai vu de vieux gentilshommes, sac sur le dos, fusil en bandoulière, soutenus sous le bras par un de leurs fils; j'ai vu M. de Boishue, le père de mon camarade massacré aux états de Rennes, marcher seul et triste, pieds nus dans la boue, portant ses souliers à la pointe de sa baïonnette de peur de les user [2]. »

Ils mettent le siége devant Thionville. Calonne s'établit au quartier général d'Étanges et organise la perception des impôts; il installe à Sierck un receveur

[1] De Montrol, p. 114.
[2] Chateaubriand.

central des droits sur comestibles et boissons [1]. Puis tout à coup se répand dans les rangs la nouvelle que le comte d'Artois va rejoindre le roi de Prusse. Les volontaires se pressent autour de lui en le suppliant de ne pas les quitter; il répond probablement que Thionville succombera promptement et qu'ils viendront le rejoindre à l'armée principale, mais plusieurs comprennent au contraire qu'il promet de revenir lui-même, et ils ne tardent pas à crier très haut « qu'il leur a manqué de parole [2] ».

Le sort des émigrés de l'armée de Brunswick n'était pas plus heureux; depuis Trèves ils s'avançaient lentement, sans foin ni avoine pour les chevaux, couchant la nuit sur la terre, sans tente ni paille; « ce n'est pas un camp de soldats, mais une horde de Tartares. Rien que de la pluie sur le dos, du froid et de la faim [3]. » Les gentilshommes sont obligés de prendre soin eux-mêmes de leurs chevaux, de les mener à l'abreuvoir, de les tenir pendant qu'on les ferre; leurs femmes et leurs maîtresses les suivent dans des carrosses de louage, elles bivouaquent le soir dans la prairie; les voituriers allemands qu'elles ont payés d'avance font confidence aux Prussiens qu'ils comptent bientôt verser dans un fossé et abandonner les voyageuses [4]. Le Prussien pille les premiers villages, puis les incendie. Une

---

[1] *Corr. orig. des émigrés*, p. 210 et suiv.
[2] Fersen, t. II, p. 38. — Olivier d'Argens, *Journal*, p. 55.
[3] Montlosier à Mallet du Pan, t. Ier, p. 325.
[4] Goatue.

colonne de fumée indique chaque matin la place de celui qu'a occupé une division prussienne. Ces gens se sentent aussi odieux à leurs alliés qu'à leurs ennemis : le beau Goethe, fier de sa jeunesse et de ses attitudes olympiennes, raconte avec amertume que, pour les gentilshommes français, il n'est qu'un Allemand sans tournure [1]. Enfin voici Verdun.

Le comte de Beaurepaire, ancien officier de carabiniers, voulut défendre Verdun. Il fut seul, il se tua [2]. Verdun ne pouvait soutenir un siége [3]; une femme veut porter des dragées dans le camp prussien, mais elle ne peut y pénétrer; une autre femme remet quatre mille livres qu'elle a reçues pour lui à M. de Rodez, président au parlement de Metz et soldat dans le corps de Condé. Ces deux démarches irritent les jacobins de Verdun. Ils feront arrêter aussitôt après le départ des Prussiens quatorze femmes de la ville, ils les enfermeront avec Marguerite Croutte, fille de joie, puis les feront servir à parer une des fêtes de la guillotine : douze têtes se tendront pour que la chevelure soit coupée, la gorge mise à nu, le cou tranché. Les deux plus jeunes seront simplement « exposées avec un écriteau disant qu'elles ont livré Verdun ».

[1] Goethe. Ces mots sont en français.
[2] Ce fait est très-obscur.
[3] Rapport de Cavaignac à la Convention. Voir sur cet épisode Cuvillier-Fleury, Portraits politiques et révolutionnaires.

III

DUMOURIEZ ET LACUÉE DE CESSAC.

La France, qui avait déclaré la guerre depuis cinq mois, avait eu le temps de préparer sa défense. La vieille armée de Louis XVI, qui était de cent soixante mille hommes, avait perdu environ un tiers de son effectif par les désertions. La solde avait été accrue, les sous-officiers étaient remplis d'ardeur, il restait plus de cent mille excellents soldats.

Dumouriez, leur chef, commence la partie en diplomate. Il a la pensée de tous nos grands hommes d'État, de Coligny à Louvois : l'annexion de la Belgique. Puisque l'ennemi s'attarde dans l'Est, il se prépare à l'attirer vers lui en envahissant la Belgique. « Cette conquête, écrit-il le 23 août 1792, compensera la perte de deux ou trois places sur la Meuse [1]. » Il concentre ses forces autour de Sedan durant la dernière semaine d'août. Mais le 31 août il reçoit l'ordre du comité topographique de descendre vers Grandpré, pour occuper avant les Prussiens les forêts dites des défilés de l'Argonne.

Le comité topographique comprenait alors Servan,

---

[1] Sybel, t. 1er, p. 541.

ministre de la guerre, d'Arçon, La Fitte, Lacuée de Cessac. C'est Lacuée qui saisit, qui démontre l'importance de l'Argonne. Non que l'Argonne soit un pays de montagnes et de précipices, une barrière naturelle, comme on s'est plu à le conter. Ce sont collines de deux cents mètres, séparées par des vallées ondulées. Mais la terre est argileuse, elle est en ces derniers jours d'août détrempée par les pluies; partout des taillis; peu de routes. L'Argonne n'a de valeur qu'à cette heure même, par sa boue, contre cet ennemi peu nombreux, fatigué, qui craint les surprises des forêts. Lacuée et Dumouriez n'ont pas eu sous la main une forteresse géologique. Ils ont compris la valeur des lieux à l'heure où ces lieux pouvaient servir. Lacuée pousse vers l'Argonne Dillon qui est en Flandre, Kellermann qui couvre la Bourgogne. Il les appelle autour de Dumouriez.

Si Dumouriez s'attarda trop dans sa pensée inopportune d'une conquête de la Belgique, il eut le génie d'être frappé par l'importance de la position qu'on lui montrait, il s'y précipita. Le 2 septembre, il allait être cerné à Sedan entre Brunswick et Clerfayt; le 4 septembre, il est à Grandpré; le 5, Dillon est aux Islettes: les Français se concentrent dans les bois.

Ainsi Dumouriez part de Sedan avant d'y être investi et marche vers Châlons : jour pour jour, soixante-dix-huit ans plus tard, une armée française, devant le même ennemi, évacue Châlons, s'engouffre dans Sedan, y tombe.

Dumouriez tient son armée, il est sûr de lui, il se sent maître de sa campagne. Un obstacle imprévu manque de tout compromettre.

Des bataillons de volontaires s'étaient réunis à l'armée française. Il était permis alors de croire que des hommes munis d'armes étaient en état de combattre contre une armée régulière; la preuve contraire n'avait pas encore été fournie par l'expérience. Peut-être même si les officiers n'avaient pas été choisis par l'élection parmi les buveurs, si la discipline avait été sévère, ces bataillons auraient pu se tenir avec honneur devant le feu, comme ont fait tous ceux qui avaient un bon commandant. Mais un soldat ne s'improvise pas. La volupté de la guerre est une des plus séduisantes quand, dressés à ses joies, des hommes s'avancent épaule contre épaule sous les balles, le vacarme et les surprises; ces hommes forment une armée; mais l'habitude du cabaret rend l'homme impropre à ces mâles plaisirs. Les volontaires vont se former pendant deux campagnes, ils deviendront dignes ensuite d'être incorporés dans les régiments réguliers.

A Grandpré, les soldats ont un vrai mépris pour les volontaires, ils les voient se quereller entre eux, « excepté lorsqu'il s'agit de commettre des atrocités [1] »; les bataillons des Parisiens fuyaient jusqu'à Reims dès qu'ils voyaient des hussards, ils criaient qu'on les tra-

---

[1] Dumouriez, *Mémoires*, t. III, p. 33.

PREMIÈRES ILLUSIONS.

hissait, qu'on les envoyait à la boucherie. Dumouriez donna à ces enfants quelques leçons de discipline : « Je ne les raterai point, écrit-il [1]; si je ne prenais ce parti, ils ruineraient mon armée et finiraient par me pendre. »

La pluie tombe. Elle rend l'Argonne impossible à occuper : Dumouriez fait sortir lestement tous ses corps de ces taillis boueux, les pousse sur Sainte-Menehould, où ils les arrête la face vers Paris [2]; l'armée de Brunswick est entre Dumouriez et Paris : deux jours plus tard Kellermann arrive avec près de cinquante mille hommes, et s'établit entre l'Auve et la Bionne, près du moulin de Valmy.

Le 20 septembre 1792 est livrée la bataille de Valmy.

Les émigrés, retenus dans l'immobilité, voyaient les boulets des canonniers français enfoncer devant eux dans le sol détrempé et faire jaillir la boue; les chevaux se cabraient; une gerbe de flammes apparut à côté du moulin de Valmy, une détonation retentit. Le duc de Brunswick voulut profiter de cette explosion de caissons pour tenter une attaque, il fut repoussé. Le soir venait. On avait jeté dix mille boulets sur les Français sans avoir pu gagner un bout de prairie. On rentre au campement. On ne s'explique pas encore les résultats de

---

[1] Voir les lettres des généraux citées par Camille ROUSSET, les Volontaires de 1792, et par Mortimer TERNAUX, la Terreur, t. IV, p. 540 à 548.

[2] Le 17 septembre 1792.

cette journée, chacun est triste et se tait. La soirée est lugubre. On s'endort sous la pluie.

Le lendemain, le duc de Brunswick reconnaît qu'il n'y a pas à recommencer la canonnade. Les hussards galopent et échangent des coups de sabre entre les deux armées; pas de vivres, pas de source, on boit ce qu'on trouve dans les ornières, Goethe fait son chocolat avec l'eau qui découle du cuir de la voiture. Les blessés succombent. L'horizon est noir, Brunswick montre au roi de Prusse que son armée est réduite à cinquante mille hommes, que la campagne doit être regardée comme terminée, qu'en se portant rapidement sur Sedan et Montmédy, on occupera une redoutable position d'hiver avec la vallée de la Meuse pour recommencer les conquêtes l'année suivante.

Mais le géant est incapable de prendre une décision aussi vite. Il discute, il parle, il voit arriver un parlementaire français. Dumouriez n'ignorait pas que les vaincus de Valmy étaient dangereux encore; il venait d'imaginer des négociations pour les retenir dans la boue, les y épuiser, les mettre hors d'état d'occuper la Meuse.

Le roi de Prusse a hâte de rentrer dans son harem; il vient en outre d'apprendre que Catherine a occupé la Pologne tout entière et ne parle plus de céder Danzig. Il est excité contre le duc de Brunswick par un thaumaturge qui l'amuse, le comte de Manstein. Il accueille l'envoyé de Dumouriez, il se laisse berner par de chimériques propositions, il reste cinq jours sous la pluie avec une armée sans pain. « Le roi de Prusse, écrit Dumouriez [1] pendant ce temps, s'est fourré dans le guêpier et meurt de faim; nous tenons les ennemis, et sous quinze jours nous pouvons ruiner leur armée. »

Le roi de Prusse prend sa revanche en prolongeant la négociation après qu'il s'est décidé à la retraite, de manière à n'être pas poursuivi [2]. Il fait lever le camp le 29 septembre à minuit. Pourvu que les Français ne nous poursuivent pas! c'est la pensée unique de tout homme dans cette armée qui s'était avancée avec la certitude du triomphe; et tous de courir à travers champs, de se conter comme les paysans armés de fourches guettent et pillent les fuyards.

Ce coup qui frappait les émigrés au plus fort de leur sécurité n'a jamais semblé pouvoir être le résultat de causes naturelles. Les explications les plus absurdes ont été multipliées pour pallier la défaite, elles ont été répétées avec naïveté de nos jours. Mais tandis que les émigrés, avec leur esprit plus large et leur habitude du rire, se contentaient d'explications qui n'étaient ni sensées, ni réfléchies, leurs petits-fils, serrés dans les liens d'une éducation étroite, viennent aujourd'hui raconter avec une crédulité béate des énormités comme

[1] A Biron, le 23 sept. 1792.
[2] On a même dit qu'il avait donné 25,000 francs au négociateur français, Westermann, le général de Danton.

celle-ci : « Brunswick était franc-maçon, la marche sur Paris dut lui être interdite par les loges. »

La seule cause de l'échec est dans les retards du roi de Prusse, qui ont laissé arriver la saison des pluies. L'Agamemnon retenu dans la boue a cherché à rejeter la faute sur Brunswick : « J'ai toujours regardé le roi de Prusse comme une bête et non une bonne bête », disait quelques mois plus tard mademoiselle de Hertzfeld à lord Malmesbury[1], qui l'avait connue pure et altière à Berlin, et qui la retrouvait maîtresse du duc de Brunswick, un peu honteuse, un peu défraîchie, mais pleine de dévouement pour le duc, qu'elle consolait des reproches injustes.

IV

LA DÉROUTE.

La pluie dure toujours. Sous le même ciel, il faut revoir les chemins ravinés et les villages brûlés qu'on vient de franchir au milieu d'illusions si vite envolées. Les convois de malades obstruent les routes. On avance au pas, comme à des funérailles. Si un cheval tombe, on coupe les traits, on continue : si alors les

---

[1] Diary, t. III, p. 151 : « Much altered... abuses the king, she always thought him a *bête* and not a *bonne bête*... »

chevaux valides ne peuvent plus traîner le caisson ou la voiture, on les dételle, on laisse le caisson dans la boue. Ceux qui fouettent leurs chevaux pour dépasser la pesante colonne, entendent craquer sous leurs roues les jambes de ceux qui dorment. Si l'on veut s'arrêter, on est menacé d'être poussé dans le fossé. Ceux qui vont à pied laissent leurs chaussures dans une boue blanche et collante.

Les Prussiens font main basse sur les bagages des émigrés[1], ils détruisent ce qu'ils ne peuvent emporter. Contre l'émigré s'acharne surtout la cavalerie française : le comte de Beurnonville, qui la commande, se fait un honneur de tuer ceux qui cherchent à se cacher en France[2] : « Tous mes hussards, dit-il, ont des montres et de l'or; ils ont pris quatre émigrés, un aumônier, quatre femmes, plus M. de Boisseuil, se disant major de la gendarmerie. Je vous recommande ces bougres d'émigrés qui ont l'air de pendards. Vous voyez ici qu'on les abandonne à la sévérité des lois. »

Onze émigrés malades sont enlevés dans une ambulance et conduits à la prison de Verdun. La Convention envoie l'ordre de les massacrer; le soir même, aux

---

[1] NEUILLY, Souvenirs, p. 52; — Olivier D'ARGENS, Journal, p. 57; — MONTROL, Histoire de l'émigration.

[2] Cette lettre est publiée par TERNAUX, t. IV, p. 345. Mais il y a plus de fanfaronnade que de barbarie dans ses termes. C'est Beurnonville qui a envoyé le fameux bulletin du combat de Grew-Machern en 1793 : « Après trois heures d'une action terrible dans laquelle les ennemis ont éprouvé une perte de dix mille hommes, celle des Français s'est réduite au petit doigt d'un chasseur. »

flambeaux, on les fait descendre sur la place où le peuple s'est entassé. L'un d'eux, Alexis de Villeneuve[1], n'a pu se lever à l'appel de son nom, il est resté languissant sur sa paille : il entend les dix détonations qui abattent successivement chacun de ses camarades. Il laisse échapper quelques gémissements, la sentinelle entre près de lui. « Il paraît qu'on vous a oublié », dit le soldat. L'enfant se croit perdu. Mais le soldat reparaît au bout de quelques instants avec une capote grise : « Quittez votre uniforme, sortez avant qu'on voie que vous manquiez à l'appel, allez à Nancy, engagez-vous dans les chasseurs. »

Les paysans étaient peu cléments pour les émigrés : ceux des environs de Sedan saisissent deux officiers bretons, les poussent dans un bois, les fusillent et jettent les corps dans un fossé après avoir pris les montres et l'argent[2]. La dyssenterie fait plus de ravages encore[3]; les vivres manquent, on mange des racines; les cadavres sont couchés le long des routes[4]; la plus affreuse misère apparaît subitement : « Je restai pendant deux mois avec la même chemise[5]. » On reçoit la charité des Bohémiens qui offrent une pomme, ou du linge pour les plaies. Chateaubriand tombe épuisé dans

---

[1] Son récit est publié par son frère VILLENEUVE-LAROCHEBERNARD, *Quiberon*, p. 120.

[2] Ms. vol. 624, p. 1.

[3] FERSEN, t. II, p. 39, lettre du comte à la comtesse de Vauban. et *Corr. orig. des émigrés*, p. 89.

[4] DAMPMARTIN, *Mémoires*, p. 306.

[5] *Corr. orig.*, p. 89.

un bois, des « gélinottes fourvoyées sous les troënes faisaient seules avec des insectes quelque murmure autour de moi; je m'évanouis dans un sentiment de religion : le dernier bruit que j'entendis était la chute d'une feuille et le sifflement d'un bouvreuil ». Ramassé par des conducteurs de bagage, il fut donné à une cabaretière de Namur qui l'enroula dans une couverture de laine : « Les femmes ont un instinct céleste pour le malheur. »

Mais les paysans allemands ne sont pas de cette humeur; maintenant que l'émigré est vaincu, il devient une prise. « Nous sommes vexés autant qu'il est possible par les paysans, écrit Condé[1]; nous ne pouvons plus nous loger que le sabre et le pistolet à la main. La noblesse est obligée de se mettre en défense contre les fourches, les pelles, les pioches. »

[1] Comte DE LA BOUTETIÈRE, Condé à La Fare, 6 oct. 1792.

LIVRE III

LA DISPERSION

CHAPITRE X

LA DÉBACLE

Les misères de la défaite. — Avidité des puissances. — Les princes de Bourbon.

I

LES MISÈRES DE LA DÉFAITE.

Malheur aux vaincus! Pour l'Europe comme pour la France, la légalité s'écarte des vaincus et passe subitement de l'armée des officiers à l'armée des soldats. La France est désormais avec le drapeau tricolore. Pour l'Europe, pas de guerre de principe : une curée. Pour la France de même. Le paysan français voulait la terre. Il la prend, il prétend la garder, il sait la défendre, il se regarde comme constituant seul la nation. Rien de plus immoral que l'idée de laquelle procède l'ère nouvelle, c'est la convoitise de la terre. La terre à ceux qui ne l'ont pas, voilà la formule de la Révolution. Mais aussi rien de plus lamentable que la condition des paysans jusqu'à cette époque : ils ont souffert, ils se vengent. Pour atroce que soit leur vengeance, elle n'assouvit pas la rancune amassée par quinze siècles de souffrances. Aujourd'hui il paraît quelquefois plaisant de conter longuement le bonheur des classes rurales avant la Révolution; il serait plus sensé de dire simplement que les hommes n'ont pas besoin d'être heureux, que la civilisation, comme la nature, s'inquiète peu des générations écrasées, qu'un seul savant est plus précieux que des millions de brutes ; mais si les millions de brutes inutiles sont dans la misère, nous sommes obligés de comprendre leur haine contre les vieux moules de civilisation, leurs convoitises brutales et leur aveuglement.

Malheur aux vaincus! Ils ne sont pas accablés de leur défaite seulement, mais d'une déchéance morale dans laquelle s'aigrit leur cœur, se rétrécissent leurs pensées; ils se soupçonnent, ils jugent leurs chefs, ils s'enferment dans un petit nombre d'idées, ils sont tantôt exaltés dans une passion fixe, tantôt abattus par l'immensité de leur malheur.

La retraite ne se ralentit point après les boues de la Champagne; déjà Custine approche de Spire, déjà les hussards français se montrent près de Liége. Les Françaises et leurs enfants couvrent les routes et se mêlent aux débris de l'armée : « On voyait des dames en falbalas conduisant des ânes chargés de leurs effets, d'autres les transportaient sur des brouettes, de pauvres enfants de huit ans portaient sur leurs épaules de lourds paquets de hardes [1]. » Devant un ponton établi sur la Roër, soixante-dix voitures attendent leur tour pour défiler; à peine est-on arrivé à Mülheim, que le magistrat signifie un ordre d'expulsion. A Mayence, le voiturier demande vingt-cinq louis pour mener à Wailbourg chez le prince de Nassau; les bateliers du Rhin exigent quatre-vingts louis pour descendre à Cologne [2]; les voitures sont prises d'assaut par les soldats malades ou poussées dans les fossés par les Prussiens qui se font un butin. Le soir, on s'enferme dans une grange, on se jette sur la paille, on essaye de dormir. Des femmes qui s'étaient réunies pour fuir ensemble, mesdames de Guiche, de Poulpry et de Montaut, sont réveillées une nuit par des coups à leur porte, par une voix impérieuse qui ordonne d'ouvrir; elles voient entrer à la clarté des torches madame de Calonne, « parée, crêpée, fardée, poudrée, robe à queue, paniers, souliers à talon »; elles l'invitent à s'étendre au milieu d'elles dans l'abattoir où elles ont trouvé un abri, sous les crocs où pendent les moutons éventrés [3].

Les bateliers du Rhin dérobent les malles [4]; les

[1] Paillot, *Souvenirs d'un grand-père.*
[2] *Corr. orig. des émigrés.* Lettre au comte de Lespinasse-Langeac, p. 116.
[3] Duchesse de Gontaut, *Mémoires.*
[4] *Corr. orig. des émigrés*, p. 83, comte de Morsan au duc de Guiche.

marchands allemands achètent à vil prix, souvent pour un méchant cheval et une charrette, les diamants et les dentelles[1]. « Entre ma fille et moi, nous avons trois louis », écrit une femme[2]. « Nous sommes réduits au son et aux pommes de terre », dit un émigré[3]. Car non-seulement ceux qui suivaient le duc de Brunswick, mais ceux de toutes les armées et de tous les asiles sont débandés et confondus dans cette déroute immense. Les enfants qui avaient voulu être soldats, comme Corbehem et Grandry, tombent épuisés sur les chemins : l'un est ramassé par une cabaretière qui l'étend devant sa cheminée[4], l'autre est recueilli par un pasteur protestant de Maëstricht qui a onze enfants ; il sera mon douzième, dit le saint[5]. En Belgique et en Hollande, on trouve un accueil charitable, mais les Allemands lâchent la bride à leur avidité.

« Ils nous avaient accueilli dans notre fortune, dit une Française consternée, ils nous abandonnent dans l'excès de nos malheurs. » A Cologne, l'électeur fait afficher que les Juifs, bannis et émigrés aient à sortir de ses États. Il ne prévoit pas qu'il sera proscrit à son tour et confondu au milieu de ceux auxquels il faisait fête quand il les croyait puissants : une des Françaises

---

[1] Duchesse DE GONTAUT.
[2] *Corr. orig. des émigrés*, lettre à M. de Moëlussic, 8 oct. 1792.
[3] *Corr. orig. des émigrés*, Devaisres à son oncle, 7 oct. 1793.
[4] CONDENEM, *Dix Ans de ma vie*, p. 53.
[5] *Revue de Bretagne et Vendée*, 1861, p. 12.

expulsées par lui écrit plus tard : « Je l'ai vu émigré aussi, je n'ai pas ri de ses maux. » L'électeur de Saxe, en apprenant l'arrivée à Dresde du comte de Vaudreuil, lui envoie aussitôt un officier de police pour lui dire que les chevaux sont à sa voiture et qu'il peut continuer sa route. Avec les petits gentilshommes, les Allemands font moins de façons : Sa Majesté l'Empereur consent à ne pas proscrire les émigrés qui sont à son service, mais il fait savoir[1] « à tous ceux qui se trouveraient ou se présenteraient dans quelque ville ou lieu, qu'ils seront arrêtés par les officiers de police et traités comme gens sans aveu ». Les magnifiques seigneurs de Bâle qui « ressemblent à des manants[2] », tiennent à imiter l'Empereur, et font afficher aussi l'expulsion des Juifs et des émigrés, ce qui amène aussitôt en marge de la note de l'aubergiste cette *Bourbonnaise :*

> Dans Bâle la grand'ville
> Un Sénat imbécille
> Dans un accès de bile
> L'autre jour décréta,
>   Ah! ah!
>
> Que loin de ses murailles
> Tout étranger s'en aille,
> Que la seule canaille
> Doit seule rester là,
>   Ah! ah!

Les baillis les plus humbles, les valets des abbayes

[1] Le 23 octobre 1792. Document publié par TERNAUX, t. IV, p. 532.
[2] Madame DE SABRAN, *Correspondance.*

se montrent insolents, comme ce garde-pêche à Ottobeuren qui vient enlever la ligne du comte de Hautefort[1] en lui signifiant « que la pêche était libre pour les Allemands, et point pour les Français ».

Nulle race dans l'espèce humaine ne possède comme les Teutons le culte de la force : non-seulement le droit, mais la pitié même fuient le faible. Qu'il se résigne. Qu'il s'humilie. D'ailleurs l'émigré, qui hier était un preux fidèle au devoir, n'est plus, depuis la défaite, qu'un banni : l'Allemand se reprend à lui dire comme aux ligueurs rejetés par Henri IV dans les pays étrangers :

> Les enfants estonnés s'enfuiront te voyant,
> Et l'artisan moqueur aux places t'effroyant,
> Rendant par ses brocards ton audace flétrie,
> Dira : Ce traistre-icy nous vendit sa patrie!

Le brocard de l'Allemand consiste à faire ses profits; à Düsseldorf, « rapacité brutale[2] » ; les prix se haussent subitement devant l'émigré qui est « rançonné sans pudeur, sans pitié, vexé, dépouillé », c'est un Allemand qui le constate[3]. Dans toute l'Allemagne, « nous avons rencontré un peuple avide et fripon[4] ».

Alors s'évanouit tout espoir : « Ton fils se porte bien, pauvre petit, il est donc destiné à connaître la

---

[1] Ms. Bibl. nat. fonds Périgord, vol. 105, f° 419.
[2] Comte DE CONTADES, *Journal de Jacques de Thiboult*, p. 18.
[3] GRIMM, *Soc. hist. Russie*, 1868, p. 381.
[4] *Journal de Jacques de Thiboult*, p. 12.

misère », écrit une femme[1] à son mari. Les ménages sont dispersés, les ressources sont épuisées, les enfants sont affamés. « Les enfants criaient à faire pitié, plusieurs femmes qui n'étaient jamais montées en charrette n'avaient pu supporter les cahots. Je n'oublierai jamais l'impression que me fit un ancien militaire, décoré de la croix de Saint-Louis et qui pouvait avoir soixante-dix ans ; il était encore bel homme, de l'aspect le plus noble ; appuyé contre une borne, dans un coin de rue isolée, il ne demandait rien à personne[2]. »

Les voilà, ces êtres délicats et joyeux, face à face avec la misère. Quelques-uns ont encore des préoccupations bizarres. Madame de M***[3], par exemple, est forcée de fuir sa retraite quelques jours après avoir mis au monde « un malheureux enfant » ; arriver chez sa mère avec cet enfant inconnu n'est pas ce qui l'embarrasse le plus, mais elle est confuse à la pensée d'avouer que l'enfant n'est pas du chevalier de Montchal avec lequel sa mère la croyait en galanterie ; elle écrit bravement au chevalier pour le prévenir de son inquiétude ; elle ne croit pas nécessaire de lui avouer le nom du rival qu'elle venait de rendre heureux au moment où elle accueillait

---

[1] *Corr. orig. des émigrés*, p. 126. La comtesse de Changy à son mari, 7 oct. 1792.

[2] Madame LE BRUX, *Mémoires*, t. I, p. 260.

[3] La Convention qui a fait publier cette lettre dit qu'elle est de madame de M***. C'est très-vraisemblable. Mais alors il faut substituer au mot sœur qu'elle emploie, le mot mère. C'est ce que j'ai fait. Madame de Matignon était assez jeune pour que sa fille, madame de M***, ait pris l'habitude de la nommer sa sœur.

ses hommages, mais elle lui demande de se prêter à une douce fiction qui peut lui éviter de perdre l'estime de sa mère : « Si elle m'eût su grosse de deux mois lorsque je vous ai connu, elle serait furieuse contre moi de me supposer deux inclinations à la fois, elle me repousserait avec indignation. Je vous préviens que si elle me forçait à lui nommer le père de mon enfant, je lui dirais que vous en êtes la cause. Cela doit vous être égal, mon cher chevalier. Vous n'êtes engagé à rien, si ce n'est de m'écrire des lettres plus tendres et de me tutoyer, en un mot, de jouer le père de mon enfant. Écrivez-moi donc ceci : Embrasse bien mon cher petit Gaston et reçois pour ton compte mille et mille tendres baisers et caresses... »

Ceux qui ne sont pas chassés par les Allemands risquent d'être enlevés par les Français, comme M. du Duit [1], qui est pris dans le Brabant avec d'autres émigrés, mené à Douai, jugé par les officiers de volontaires et fusillé le soir même. Ceux qui espèrent se cacher sont dépistés et tués avec une telle précipitation qu'on tue sous ce prétexte même des gens qui n'ont pas quitté la France, c'est le cas de M. de Truchis [2] ; il est arrêté à Châlon-sur-Saône comme émigré rentré ; « sa mort, écrit la veuve, était décidée avant qu'il parût à l'audience, puisque quatre heures avant le jugement la guillotine était dressée » ; mais après

[1] Ms. Arch. nat. BB, 1, 72.
[2] Ms. Arch. nat. BB, 1, 76.

l'exécution, les juges reconnurent l'erreur et firent restituer les biens.

Le plus touchant est un garde du comte d'Artois qui ne peut rester davantage sans voir sa femme et ses enfants qu'il a laissés à Versailles ; il sait que s'il rentre, sa mort est certaine, mais au moins il ne mourra pas de faim, et il aura pu revoir les êtres chéris. Il rentre. Il arrive après mille dangers à Versailles. Il s'avance dans la rue de la Pompe, il aperçoit de loin la maison où sont ceux qu'il vient embrasser, il est aussitôt reconnu par les voisins, entraîné vers la prison, condamné à mort, sans obtenir la faveur de voir cette femme, ces enfants, qui sont près de lui, qui ignorent son sort. « J'entendis, écrit un de ses voisins de prison [1], ses sanglots ; il s'était résigné à mourir quand il avait entrepris ce voyage, mais mourir sans les voir ! Ses cris ne cessèrent pendant toute la nuit. »

II

AVIDITÉ DES PUISSANCES.

« Il y aurait de la fatuité à moi à vous parler de mes succès, écrit Dumouriez [2], mais je peux vous dire qu'ils

[1] JULLIAN, *Souvenirs de ma vie, depuis 1774*, p. 159.
[2] Ms. vol. 648, f° 99. Dumouriez à Lebrun-Tondu.

sont complets. » La moitié de la cavalerie prussienne était détruite, Berlin était en deuil; on annonçait la disgrâce de l'instigateur de la guerre, Bischoffswerder [1]. Celui-ci d'ailleurs s'était permis de plaire à sa femme, que le Roi avait la prétention de se réserver [2]; il plia devant la bourrasque, abandonna par un divorce sa femme coupable de fidélité, épousa la sœur de la femme de Lucchesini, le nouveau favori. Mais le malheur voulut que les deux sœurs se haïssent [3]; elles ne faisaient trêve à leurs querelles que pour s'unir contre Sophie Bethmann, qui prétendait se faire donner la couronne aussitôt après la mort de la Reine : la Bethmann, cousine d'un banquier de Francfort, ne négligeait rien pour continuer à paraître « précieuse » au maître; la nouvelle Bischoffswerder, légère dans ses propos, était signalée par les diplomates étrangers comme propre à rendre des services; la Lucchesini, sa sœur, exerçait une sorte d'autorité sur le sérail du Roi [4]. Elle avait fait déclarer comme favorite mademoiselle Vienck, puis

---

[1] Ms. Aff. étr. Hambourg, 107. Leboc à Lebrun-Tondu, 26 octobre 1792.

[2] DAMPMARTIN, *Mémoires*.

[3] Elles étaient les sœurs Pinto.

[4] Lord MALMESBURY, *Diary*, t. III, p. 20, 22, 43, 122 : « Bethmann very artful and ambitious had made the king believe she really loved him for his sake. » Le Roi la nomme : « *Une fille bonne et précieuse.* » Elle est « clever, artful, well informed, takes great pains with herself... » « The female in actual possession of favour is of no higher degree than a servant maid... her principal merit is youth and a warm constitution. She has acquired a certain degree of ascendency. »

elle laisse arriver, pour les nécessités de sa lutte contre la Bethmann, la servante Mickie « dont le seul mérite est la jeunesse et l'ardeur; aussi les courtisans ne se pressent pas à ses pieds, parce qu'on croit qu'elle perdra sa charge dès que commencera la satiété ». Enfin, troisième pouvoir à côté du Roi, contre la Lucchesini et contre la Bethmann, reste encore madame Rietz, comtesse de Lichtenau, qui est aimée depuis trente-deux ans par le Roi. C'est elle qui témoigne le plus de bienveillance aux émigrés.

La Lichtenau vieillie s'était attachée à un émigré français, M. de Saint-Ignon : elle était naïve, insouciante, dupe des flatteries de la Reine qu'elle déclarait elle-même « excessives » ; la Reine offrait humblement son portrait, trouvait bon que les femmes de sa cour la quittassent pour faire cortége à la Lichtenau. Un soir, Saint-Ignon appelle un de ses camarades, M. de Dampmartin, le mène dans un boudoir éclairé par une lampe d'albâtre, le présente à la Lichtenau : elle lui annonce qu'elle l'a fait désigner par le Roi pour être précepteur de son fils. Dampmartin ne peut refuser; il cache sa croix de Saint-Louis, il entre dans cette étrange maison où deux autres compatriotes se trouvaient déjà, la femme de chambre, mademoiselle Chapuis, toute-puissante sur sa maîtresse, et le gendre, Thiéry, ancien capitaine de dragons qui a épousé la sœur du pupille de Dampmartin, une bâtarde du Roi, nommée comtesse de La Marche, belle et frivole, qui s'était laissé enlever par un Allemand, puis par un Polonais, avant d'épouser le Français.

Un autre Français plaisait davantage au roi de Prusse, c'était le bibliothécaire de l'abbaye de Sainte-Geneviève, M. de Saint-Patern, qui savait chanter en s'accompagnant sur une lyre. Les strophes d'Anacréon ainsi déclamées procurèrent à Saint-Patern le titre de chevalier de Malte avec rang à la cour. Ses lourdes plaisanteries le mirent promptement à la mode, elles étaient comprises sur-le-champ, tandis que le chevalier de Boufflers passa pour *une bête* [1]. Son esprit était trop fin et ne pouvait être apprécié, suivant un de ses mots, par qui *ne* buvait pas l'eau de la Seine. Boufflers épousa madame de Sabran qu'il aimait depuis une vingtaine d'années, et se retira avec elle au Rheinsberg chez le prince Henri de Prusse.

Mais sauf quelques exceptions, les émigrés furent généralement aussi mal vus en Prusse que dans le reste de l'Allemagne. Leurs pires ennemis à Berlin étaient les descendants des Français expulsés par la révocation de l'édit de Nantes. Les fureurs religieuses dépravent plus que les autres fanatismes. Ces protestants unissaient contre leurs anciens compatriotes l'âpreté des malédictions bibliques, la dureté de la vengeance, l'aigreur du sang allemand entré chez eux par croisement.

[1] DAMPMARTIN, p. 348.

Le pasteur Ermann reprocha aux émigrés, en chaire, les dragonnades [1].

La haine des Prussiens contre les émigrés n'alla pas encore toutefois jusqu'à rendre le peuple favorable à la révolution française. L'agent français à Hambourg [2] s'avisa de faire afficher sur les murs de Berlin un placard républicain, par les soins d'une institutrice française, mademoiselle Chaurier; la jeune fille fut condamnée au châtiment des verges : « Vous pouvez juger combien je dois la plaindre », écrit le piteux diplomate qui l'a ainsi compromise, et il se rabat [3] sur le Juif Éphraïm dont la femme a du crédit près de Bischoffswerder, et il recommande en même temps à son gouvernement le baron de Trenck, qui offre son bras, sa plume et sa vie contre trois cents écus d'Allemagne.

Le nouveau gouvernement de la France remplissait l'Europe ou de niais comme cet agent à Hambourg, ou d'espions dangereux. Robespierre était en relation avec le duc de Cobourg, ainsi que le chevalier de Verteuil le fait savoir à lord Grenville : « Frappé des malheurs qui pourraient résulter des sourdes menées de Robespierre à notre armée, j'en rendis compte à milord Elgin. Je continue à l'instruire des détails. La cour de Vienne, n'ayant considéré la révolution que

[1] DAMPMARTIN, p. 319.
[2] Ms. Aff. étr. Hambourg, 107. Lehoc à Lebrun, 9 nov. et 3 décembre 1792.
[3] Ibid., vol. 108, janvier 1793.

comme un moyen d'agrandissement, n'a eu d'abord d'autre projet que des conquêtes. L'affaiblissement de la monarchie française lui paraissait le garant de la grandeur de la maison d'Autriche... »

Huit agents secrets circulent entre Paris et Vienne, ils sont accueillis parmi les émigrés qu'ils espionnent. L'un deux, M. de Châteauneuf, se fait recommander par Genet, notre agent à Pétersbourg [1], arrive à Hambourg, où il touche environ quatre mille livres, et voyage à Coblentz, à Bruxelles, à Valenciennes, à Paris. Les frères Montgaillard traversent mystérieusement les avant-postes; « Robespierre [2] envoya le 19 mai 1794 un officier qui resta trois jours à notre quartier général; le 25, on lui expédia un nommé Lacour, jacobin furieux, qui, pris le 22 à Templeuve, parut un homme propre à cette mission. L'hérédité de la Bavière, l'abandon de la coalition, étaient la base de ce traité. »

En réalité, l'Autriche entend tromper les Français des deux partis, tromper aussi l'Europe, si elle peut, s'attribuer le lot le plus gros dans le partage que permet la disparition du cabinet de Versailles. Cette politique est logique. Nul ne pouvait prévoir la force de résistance et d'expansion des Français. On ne calculait pas que ces convoitises consolidaient le droit dans l'armée française, poussaient le patriotisme d'un élan sacré,

---

[1] Ms. Aff. étr. Russie, 138. Chambonas à Servan, 16 août 1792. — *Ibid.* Hambourg, 107. Lehoc à Dumouriez, 24 août 1792.
[2] Rapport de Verteuil.

formaient contre l'étranger la plus merveilleuse des armées que le monde ait encore vues s'user sous la victoire. — C'est le moment, disait l'archiduchesse Christine à Fersen[1], de s'emparer de la Bavière, de joindre aux Pays-Bas autrichiens l'Alsace, la Lorraine, le Hainaut français, l'Artois jusqu'à la Somme; on donnerait au roi de Prusse Berg et Juliers. Liége sera pour la Hollande[2]; l'Angleterre aura Calais et Dunkerque[3]. La Russie ne dit rien : elle tient la Pologne[4].

C'est contre de tels projets que viennent s'abattre les instances des émigrés, elles écument autour d'un homme gras, fourbe, cynique, qui excelle à persuader aux émigrés que l'Autriche les rétablira, aux agents de Robespierre qu'elle est disposée à traiter avec le gouvernement des jacobins, à tous que la France ne sera pas démembrée : c'est le baron de Thugut.

Thugut, fils d'un batelier du Danube, instruit et dressé par les Jésuites, passe sa jeunesse dans les grades inférieurs de l'ambassade impériale à Constantinople. Il y acquiert assez d'importance, dès l'âge de trente ans, pour être acheté par le roi de France; il touche à partir de 1767 une pension secrète de treize mille livres pour livrer les secrets de l'Autriche, simule la docilité près de Saint-Priest, l'ambassadeur de

---

[1] Fersen, t. II, p. 42.
[2] Sybel, t. II, p. 251 et 283.
[3] Lord Auckland, *Correspondance*, t. III, chap. xxvii.
[4] Sybel, t. II, p. 180.

France, livre à l'Autriche les secrets qu'il lui escroque, touche les fonds des deux mains, conserve ce rôle d'espion double durant vingt ans[1]. Petit, trapu, brutal, il a le regard faux, sa laideur est repoussante[2]. Il ne boit que de l'eau. Il est insolent. A Varsovie, il salue un jour Stackelberg, l'agent russe, en le prenant pour le roi Poniatowski, puis quand on le met à une partie d'écarté, il marque le roi en jouant le valet, et dit : Voilà la seconde fois que je prends le valet pour le roi.

Dès 1793 il est adjoint à Kaunitz, il le remplace l'année suivante[3]. C'est être trop vieux pour atteindre un tel faîte; il a cinquante-sept ans, il ne travaille plus, il n'a conservé que ses ruses d'Oriental, il se laisse surprendre par l'Angleterre et la Prusse dans un mensonge grossier[4]. Quand il croit tromper tout le monde, il n'arrive à tromper en réalité que les généraux autrichiens auxquels ils n'accorde que des forces insuffisantes dans la guerre contre la France.

[1] Sorel, *Revue historique*, t. XVII, p. 38.
[2] Klinworth, *Mémoires*, dans la *Revue de France*, du 15 août 1880.
[3] Août 1794.
[4] Sybel, t. II, p. 378.

III

LES PRINCES DE BOURBON.

Les princes français n'ignoraient ni l'antipathie de Thugut, ni les pensées de démembrement. Trop Français pour ne pas se révolter devant toute allusion à des abandons théoriques de territoire, trop pauvres pour rompre avec les cours étrangères, ils portaient les regards vers l'Angleterre. Ils faisaient dire par M. de Sérent au gouvernement de George III : « La mauvaise volonté du cabinet de Vienne a été marquée dans beaucoup d'occasions, et on a pu croire qu'il n'était pas sans vues d'agrandissement, et il est assez apparent qu'il avait engagé celui de Berlin dans un projet de dédommagement à prendre sur la France[1] » ; le salut serait donc en Angleterre, mais les princes refusèrent de donner leur approbation à un coup de main d'une flotte anglaise sur le port de Brest; ils chargèrent Sérent d'empêcher à tout prix cette opération, « qui peut consumer en peu d'heures un des plus beaux établissements de Louis XIV ».

Le comte de Provence dut quitter Liége en décembre 1792, et se retirer à Hamm-sur-la-Lippe, près de

---

[1] Ms. vol. 624, le baron de Flachslanden au duc d'Harcourt.

Düsseldorf en Westphalie : « Je ne connais aucune position dans l'histoire, écrit Sérent[1], où celui qui gouverne ait eu à la fois autant à faire et si peu de moyens d'exécution ; point de territoire, point de finances, point de parti que celui d'une portion de noblesse ruinée, exténuée, dispersée, peu facile à discipliner et à rallier à une même opinion. »

Le comte, plus tard duc de Sérent, l'ancien gouverneur des ducs d'Angoulême et de Berri, avait de la dignité dans les mœurs, de la gravité dans les pensées, du bon sens dans les jugements. Il était le lien entre le comte de Provence et le comte d'Artois, il donnait toujours raison au premier, il ne cherchait point la faveur, il méprisait les plaisirs. Il est resté intact dans sa fidélité, immuable dans ses principes de modération. Il est une des plus belles figures de l'émigration, un seigneur du temps de Louis XIV.

Il est plus indulgent que les autres conseillers des princes dans ses opinions sur les ministres. Calonne n'avait pu rester au pouvoir après les désastres de la campagne de France. Mais à peine s'était-il retiré, pauvre et découragé, que les rivaux de cour qui s'étaient aussitôt partagé ses attributions, le firent regretter par leur incapacité. « Depuis le départ de Calonne, déclare le comte de Vaudreuil[2], toute idée, toutes ressources, toute énergie ont disparu. » Le

---

[1] Ms. vol. 625, f° 11. Le duc de Sérent à Antraigues, févr. 1793.
[2] Ms. vol. 645, f° 207. Vaudreuil à Antraigues, 14 oct. 1793.

maréchal de Castries, qui joue à peu près le rôle de premier ministre, manque, aux yeux de Sérent, « d'étendue dans l'esprit [1] » et est, d'après Vaudreuil, « un cerveau étroit, un paperasseur, un barbouilleur de papier en mauvais style et en écriture illisible [2] »; Conzié, évêque d'Arras, a « le ton tranchant » et le caractère irrésolu; le baron de Flachslanden, « homme droit et un peu roide, est le bardeau pour le travail, mais il a plus de solidité que d'étendue, c'est un très-bon outil ». Le quatrième ministre est le comte de Jaucourt, « un vieil ami de la maison [3] », le plus habile de tous, sans nul doute, mais il doit son importance à madame de Balbi, et il est précisément supplanté en ce moment auprès d'elle par le comte Romanzow, l'envoyé de Catherine II : « Au fond, c'est Romanzow qui mène par la favorite Balbi, il a su captiver les goûts et la confiance de Monsieur au point qu'il le dirige dans toutes les affaires principales, il s'est assuré le jeune d'Avaray, qui est l'ami, le confident véritable de Monsieur, celui dont le crédit l'emporte sur tous les crédits, celui enfin qui réunit toute l'influence, sans en avoir les fonctions, de ce qu'on appelait les mignons du temps de Henri III. On le dit foncièrement honnête [4]. »

[1] Ms. vol. 645. Sérent à Antraigues, fº 11.
[2] *Ibid.*, 20 nov. 1793. Il est exact que son écriture est bizarre et très-difficile à lire.
[3] *Ibid.*, fº 15. Sérent à Godoy, 29 oct. 1793.
[4] *Ibid.*

D'Avaray est honnête. Il a voué au comte de Provence une amitié désintéressée, il lui consacre toutes ses pensées, tous les instants de sa vie. Ses fautes doivent être attribuées aux querelles d'une cour de proscrits où l'on se suspecte, où l'on se jalouse. Lui-même était l'un des plus combattus : il était accusé d'être secrètement partisan des deux Chambres et de donner des conseils libéraux à son maître ; en outre, on trouvait mauvais qu'il fût au sanctuaire de la faveur, sans camper comme les autres dans la boue, sous les coups de fusil. Il jouit avec bonhomie de son bien-être, et écrit à son ami le comte de Hautefort [1] qui se plaint de ses privations durant ses campagnes : « Pourquoi n'as-tu pas pris dans le temps le parti de te rendre auprès d'un maître qui t'aime, et d'un ami qui regarderait comme un dédommagement de tout ce qu'il souffre les consolations qu'il aurait pu te donner ? » Cependant d'Avaray écartera, non sans aigreur dans sa haine, les deux seuls agents qui avaient la connaissance des hommes et l'intelligence des événements, les comtes d'Antraigues et de Puisaye.

L'aigreur était excusable au milieu de l'inquiétude et des contrariétés. Dès que les princes sont regardés comme vaincus, ils cessent d'être respectés par les Allemands : leurs voitures sont saisies [2] sur réquisition du nommé Michel Horn pour une dette de onze cents

---

[1] Ms. Bibl. nat. fonds Périgord, vol. 105.
[2] Octobre 1792. *Corr. orig. des émigrés*, p. 82.

francs, et de la femme Bateliva Scherds pour une dette de trois mille. Le comte d'Artois est enfermé à la prison pour dettes dès qu'il arrive à Maëstricht, où il venait rejoindre madame de Polastron [1]; la créance est seulement de quatre-vingt mille livres, ses courtisans ne font qu'en rire ; « on voyait sur tous les visages l'empreinte de la légèreté française, cela faisait de la peine. Leur position est sans ressource, ils sont obligés d'éviter tous les endroits libres, où ils peuvent être arrêtés [2] ». Ces joyeux parasites persuadent aux Juifs que les poursuites pourront aussi bien être continuées à Düsseldorf, on part, on se soustrait pour un moment aux procédures. Mais ces dettes pèseront longtemps sur le proscrit : nous le verrons traqué de nouveau en Angleterre; il le sera encore dans son second exil en 1830, par les Juifs anglais Lloyd et Drummond, qui le poursuivront à Lulworth pour une misérable somme de trente mille livres.

« J'aime ce mot du prêtre irlandais, dit Catherine [3] : Fils de saint Louis, montez au ciel ! » La mort de Louis XVI donna plus d'émotion aux étrangers qu'aux Français : Fersen vit à Maëstricht [4] les émigrés à peu près indifférents à l'odieuse nouvelle, « quelques-uns même ont été au spectacle et au concert ». En

---

[1] Fersen, t. II, p. 38, du 26 nov. 1792.
[2] Ibid.
[3] Catherine à Grimm, 13 avril 1793.
[4] Journal, t. II, du 6 février 1793.

France, on tremble. Nulle violation plus flagrante du droit. Louis XVI fût-il coupable, et s'il l'a été, on l'ignorait alors, fût-il justiciable de la Convention, et si des juges sont à récuser, ce sont ces conventionnels qui erraient de la peur, comme Cochon, à la vengeance, comme Mailhe [1]; Louis XVI était couvert par l'amnistie générale et absolue qu'avait votée en se séparant l'Assemblée nationale, amnistie dont avaient profité les Suisses, parjures et assassins du régiment de Châteauvieux. Pour les faits postérieurs à l'amnistie de septembre 1791, la Constitution stipulait un châtiment unique, la déchéance. Si le Roi fait marcher des étrangers contre la France, il est considéré par la Constitution comme abdiquant. Nulle autre peine n'est légale, nul juge n'est établi ; l'abdication est de plein droit. C'est bien le sentiment de la Convention ; mais quand elle apprend que les fédérés du camp de Chaillot se réunissent aux bandes du Palais-Royal, elle s'humilie devant les séditieux pour les fléchir, elle tue pour vivre. Contre leur conscience, contre l'honneur de la France, ces misérables esclaves crient : On ne pouvait pour un seul homme avoir la guerre civile [2]; — je le regardais comme innocent, mais j'aurais été maltraité comme traître [3]...

[1] C'est de lui le mot : « La nation crie vengeance. » Napoléon ne le trouva bon qu'à faire un secrétaire général dans les Hautes-Pyrénées.

[2] C'est le mot d'Harmand (de la Meuse). Il n'a pas voté la mort, mais il a voté contre le sursis. Voir le mot de Carnot, t. II, ch. xxiv.

[3] C'est le mot de Cochon. Voir l'aveu de Cochon à notre chap. III,

L'Europe au contraire est dans la consternation. L'Angleterre chasse notre ambassadeur. La canaille de Rome rend tous les Français responsables du crime, et veut égorger les émigrés; MM. de Roquefeuille et d'Osmont sont obligés de se réfugier dans le corps de garde [1]. A Vienne, de pauvres religieuses, nous l'avons vu, ne peuvent obtenir d'asile parce qu'elles sont Françaises.

Après Louis XVI, ils tuent Marie-Antoinette. La Reine venait de remettre à M. de Jarjaye [2], pour le porter au comte de Provence, désormais Régent, le cachet privé de Louis XVI.

Le Régent de France, persécuté par les créanciers, traité avec méfiance par les émigrés, trompé par les souverains, prend en main la direction du parti royaliste. Il a constamment sous les yeux « le spectacle de nos malheureux émigrés qui fuient les diverses retraites où la plupart étaient logés et nourris à crédit, qui errent par les chemins sans habit, sans chemise. N'avoir pas la plus petite ressource à leur procurer est la plus cruelle de toutes les situations... [3]. La foule des malheureux abonde, demandant un asile et du pain. Ce tableau est déchirant. Les nouveaux corps pourront donner une existence honorable à huit ou neuf cents

---

p. 84. Voir aussi Sybel, Villaumé, *Histoire de la Révolution*, t. II, p. 302, et Poujoulat, t. I, p. 393.

[1] Frédéric Masson, *les Diplomates de la Révolution*, p. 103.
[2] Goguelat, *Mémoires*, p. 80.
[3] Ms. vol. 645. Sérent à Antraigues, 8 juillet 1794.

officiers, mais que vont devenir les femmes, les enfants, les infirmes, les ecclésiastiques[1]? » D'ailleurs, l'Empereur répond par des phrases prolixes à toute demande d'appui moral : « Les mêmes considérations importantes qui jusqu'ici m'ont fait la loi, relativement à la reconnaissance formelle d'une régence et à votre présence dans les armées combinées, subsistent encore dans toute leur force [2]. » On veut dépecer la France, non la relever.

Où peuvent fuir les princes? « L'argent manquait absolument pour le voyage comme pour le séjour [3]. » Les événements de France précipitent bientôt les décisions du Régent [4].

[1] Sérent à Antraigues, lettre du 25 juillet.
[2] Ms. vol. 624, p. 141, du 19 juillet 1793.
[3] Ibid., Flachslanden au duc d'Harcourt, février 1793.
[4] Dans la suite du récit, le comte de Provence figure désormais sous le nom, ou de *Régent*, ou de *roi Louis XVIII*, pour plus de clarté. Les citations des lettres d'émigrés seront ainsi mieux comprises. Il est bien entendu que l'on n'est roi qu'à la condition de régner.

CHAPITRE XI

LES PAYS-BAS.

Les richesses du Nord. — Refoulement des émigrés.

I

LES RICHESSES DU NORD.

Nul pays n'avait accueilli les émigrés avec plus de cordialité que la Belgique et la Hollande : à Utrecht, on se dispute le plaisir de les loger, de les avoir à sa table; on achète à des prix exorbitants les moindres objets dont ils offrent de se défaire [1]; mais bientôt on apprend que Dumouriez s'avance avec une armée victorieuse.

Dumouriez guettait depuis longtemps la Belgique; il n'avait quitté cette proie que sur les instances de Lacuée, pour sa campagne de l'Argonne; mais ses amis Sainte-Foix, Espagnac et Danton [2] le ramenaient sans cesse vers son but; il n'était pas plus insensible que Danton aux tonnes d'or qui encombraient les caves de la banque d'Amsterdam. Il avait eu soin de ne rame-

---

[1] NEUILLY, *Souvenirs*, p. 61.
[2] FRASER, t. II, p. 62.

ner de Champagne que des troupes de ligne : avec elles il gagna la bataille de Jemmapes.

La nouvelle de Jemmapes fut reçue à Bruxelles le soir même à minuit. L'archiduchesse Christine et le duc de Saxe-Teschen, son mari, partirent immédiatement [1]. Au point du jour, les rues étaient déjà obstruées de voitures chargées de bagages et de mobilier ; les émigrés, cernés par cette panique universelle, ne peuvent se procurer des moyens de transport, ils n'essayent pas même d'emporter leurs effets, ils fuient à pied en abandonnant tout ce qu'ils possèdent, ils courent vers le nord ; quelques-uns sont pris par les paysans des environs de Malines, qui menacent de les livrer aux hussards français et ne les laissent échapper qu'après les avoir mis tout nus. Les vainqueurs firent main basse dans toutes les villes de la Belgique sur les vêtements et les bagages des émigrés : « Ils se commit beaucoup de pillage dans la vente de ces effets, parce que les commissaires de la Convention en chargèrent une bande de jacobins accourus de Paris [2]. »

Par malheur, les conventionnels et les escrocs n'arrivèrent pas seuls de Paris ; on envoya également des bandes de volontaires, dont la présence ne tarda pas à désorganiser entièrement l'armée. Dumouriez fut battu le 18 mars 1793 à Nerwinde, le 22 à Louvain ; les volontaires criaient sans cesse qu'on voulait les faire

[1] DAMPMARTIN, *Mémoires*, p. 328.
[2] DUMOURIEZ, *Mémoires*, t. III, p. 201.

tuer, ils refusaient de se battre; ils se cachaient dans les clubs des villes. Dumouriez était réduit à couvrir la retraite avec les troupes de ligne. Deux jeunes filles prirent part avec lui aux dangers de cette campagne malheureuse, Félicité et Théophile Fernig. Les Françaises émigrées ont accueilli plus tard avec intérêt ces enfants à Hambourg, elles ont remarqué « la figure modeste, les mains petites, blanches, délicates de la charmante Théophile, et ont admiré que jamais on n'ait pu dire un mot de défavorable sur leurs mœurs [1] »; elle avait dans un combat amené à Dumouriez un gros Allemand, et quand elle lui dit : Mon général, voilà un prisonnier, — cette voix de petite fille fit tressaillir l'Allemand, qui ne se consola point de l'affront.

Dumouriez et ses soldats s'indignaient de l'attitude des conventionnels et des volontaires. Le meurtre du Roi avait humilié les vieux régiments qui avaient été accoutumés à unir son nom aux idées de devoir national et de vertu militaire. Pour le profit de quels civils versait-on le sang dans les batailles ? N'est-il pas possible d'écarter par un coup de vigueur les fléaux qui s'abattent sur la France ?

Le moment peut devenir décisif. Dumouriez en traversant Paris a regardé un bout d'homme bilieux qui lui adressait la parole : Ah ! répondit-il, en lui tournant le dos, c'est cela Marat ! Il sait qu'à cet ennemi

---

[1] Madame DE GENLIS, *Mémoires*, t. IV, p. 301.

se joignent les jacobins : quelques-uns parlent de le faire emprisonner [1] ; Danton seul l'ose encore défendre. Les émigrés, d'un autre côté, sont encombrants et rendent difficile un coup contre les gens qui tiennent le pouvoir : les émigrés sont si maladroits que ce qu'ils offrent à Dumouriez, à cette heure décisive, la tentation qu'ils imaginent, c'est l'amnistie pour lui et ses amis, une somme d'argent que personne ne possède ni ne détermine, et peut être « une place honorable au service du Roi ».

Ainsi Dumouriez est sans autre appui que ses soldats des vieux régiments, dépravés par trois années d'indiscipline, régénérés par deux campagnes. Les commissaires de la Convention vont l'arrêter, l'envoyer à Paris, où la guillotine l'attend.

La France aurait pu encore échapper aux calamités qui allaient fondre sur elle ; Dumouriez n'osa pas faire les exécutions nécessaires. Il aurait dû organiser des commissions militaires, désarmer tous les volontaires, faire condamner et fusiller les plus turbulents, et avec eux les jacobins de Valenciennes, qui lui détachaient un à un ses plus fidèles soldats. Il aurait dû faire fusiller après une condamnation du même genre les envoyés de la Convention. Avec un capitaine du seizième siè-

---

[1] Voir séance du 14 août 1793. Dans cette crise il ne faut pas consulter les *Mémoires* de Dumouriez, qui ne sont ni exacts, ni sincères. Les notes du général Mack et les documents qui les accompagnent donnent la série véritable des événements. Les faits sont résumés dans Mortimer-Ternaux, t. VI, p. 491, et Sybel, t. II, p. 233.

cle, les mèches des mousquets auraient été vite allumées.

Mais Dumouriez n'était qu'un diplomate de Louis XV. Il faisait de la théorie à l'heure de l'action. Sa pensée était de rétablir la constitution de 1791 avec le roi Louis XVII, mais en empêchant les émigrés de rentrer en France et en considérant comme acquis à la nation tous les biens du clergé. Déjà l'évêque de Pamiers s'offrait comme intermédiaire d'une réconciliation générale [1]. Mais d'une part les Autrichiens craignent un rajeunissement de la France, d'autre part des nuées d'agents jacobins travaillent l'esprit des soldats. Les premiers exigent que Dumouriez leur livre les délégués de la Convention, ce qui humilie l'armée; l'indiscipline se propage, Dumouriez n'est bientôt plus sûr que d'un millier d'hommes, il émigre avec eux. Il émigre pour devenir le jouet d'un petit commissaire autrichien, hypocrite et libertin, le jeune Metternich, qui veut séparer le proscrit de la femme qui s'est attachée à sa fortune, la Beauvert, sœur de Rivarol : le voilà un instrument dédaigné entre les mains des agents les plus frivoles des princes émigrés; le voilà qui traîne à travers l'Europe son génie inutile et sa vieillesse décolorée.

L'archiduchesse Christine rentre à Bruxelles, le peuple traîne le char de triomphe où elle trône avec

[1] Fersen, *Journal*, t. II, p. 67, du 27 avril 1793.

un Amour à ses pieds[1]. C'est sur le sol français que la guerre est transportée; la ville de Condé est prise. « Je ne pus, dit un étranger, me défendre d'un sentiment triste en voyant cette ville occupée par les Autrichiens. Le démembrement de la France m'affecta, je ne pus m'y faire. Les environs de Condé ne sont pas extrêmement dévastés, excepté le village du Coq, dont toutes les maisons sont ou brûlées ou démolies. En approchant de Raismes, on voit plus de dévastation, et tout près du village, les maisons sont entièrement ruinées. » Le duc d'York logeait à Aubry, le prince de Cobourg à Hérin, pendant le bombardement de Valenciennes. Quand Valenciennes capitula, on vit sortir d'abord les jacobins, « une troupe de canaille de toute espèce[2] », puis la garnison; elle défile depuis le matin jusqu'à une heure et demie; on reconnaît parmi les assiégeants vainqueurs un émigré, le prince de Lambesc, dernier descendant du duc de Guise. « Il n'y avait pas une maison qui ne fût endommagée, tous les carreaux de vitres étaient cassés, mais le quartier Saint-Géry et celui de la porte de Mons étaient entièrement détruits, les rues aboutissantes aux vieilles casernes faisaient horreur à voir, ce n'étaient que monceaux de décombres; j'éprouvai de la tristesse en voyant la place Verte et l'église Saint-Nicolas entièrement détruites. »

[1] Fersen, *Journal*, t. II, p. 71, 28 avril 1793.
[2] *Ibid.*, p. 77, 31 juillet 1793.

Dans la campagne, mêmes dégâts : les Hongrois et les Croates se répandent à travers les villages ; à Soire-le-Château, les soldats autrichiens obtiennent de leurs généraux une récompense de cinq heures de pillage ; les émigrés qui sont mêlés à leurs rangs doivent contempler ces horreurs : « Les portes des maisons furent enfoncées, dit l'un d'eux [1], les habitants massacrés ; les soldats assouvirent leur brutalité sur les femmes et sur les filles. Comme je passais devant une grosse boutique que nos fantassins exploitaient, je vis à mes pieds une belle pièce de velours de soie bleu clair, plusieurs pièces de toile ; je choisis la plus belle pièce de toile, et avec ma corde à fourrage je la liai avec le velours, auquel j'ajoutai des paquets d'écheveaux de soie et de fil ; à quelques pas de là, un gros sac fut jeté par des pillards ivres, du haut d'une fenêtre ; j'y trouvai, à mon grand plaisir, une forte somme en écus de six francs. Mon cheval avait grand'soif... A côté de la rivière il y avait un moulin d'où j'entendis partir des cris de désespoir : ...des cadavres mutilés d'hommes et de femmes gisaient devant l'âtre ; une quinzaine de hussards de Ferdinand étaient autour d'une fille de dix-sept à dix-huit ans... » Et le chevalier français tourne le dos ; il s'éloigne avec son velours bleu clair pour ne pas assister au supplice de cette enfant française.

---

[1] Comte DE NEUILLY, *Souvenirs*, p. 88.

Un autre jour, il a une consolation : c'est devant Maubeuge; il voit sortir des portes et fuir avant que la place soit investie un homme qui a un cheval admirable et un énorme panache. Les Hongrois se lancent à sa poursuite : l'homme gagnait visiblement du terrain, « quand son cheval mit les pieds de devant dans un de ces trous que les soldats creusent pour faire la cuisine, et roula par terre; les hussards furent bientôt sur lui » ; ils lui prirent son portefeuille gonflé d'assignats, sa ceinture remplie de louis d'or, le mirent « nu comme la main », le cinglèrent de coups de sabre sous les yeux des deux armées, et le ramenèrent pantelant. C'était Drouet, le postillon de Varennes. Les Autrichiens refusèrent de le livrer aux émigrés, lui firent des excuses au sujet des coups de plat de sabre. Ils le laissèrent vivre pour une autre dégradation : le postillon sera sous-préfet sous l'Empire.

Mais l'armée française reprit bientôt l'offensive : le sentiment national savait s'irriter à cette époque devant la pensée d'un démembrement du pays. Les plus pervers parmi les volontaires se firent fournisseurs d'armée, gendarmes ou juges, et laissèrent sous les drapeaux les hommes seuls dignes de s'encadrer dans une armée régulière. Il ne faudrait pas cependant prendre à la lettre le chiffre des quatorze armées de la République; on n'est arrivé à ce compte légendaire qu'en prenant pour armées des détachements et des garnisons. Il y a eu en réalité cinq armées d'un total d'environ cinq cent quarante mille hommes[1].

II

REFOULEMENT DES ÉMIGRÉS.

L'armée française ne revient malheureusement pas seule. Derrière elle s'avance la cohue des tueurs, des fuyards qui se vengent, des jacobins qui convoitent les maisons et les champs.

[1] Armée des Ardennes (général Charbonnier) et du Nord (général Pichegru), comptées pour 2 armées. 178,000 h.
Armée de la Moselle (Jourdan) et du Rhin (Michaud) • 2 • 110,000 •
Armée des Alpes (Dumas) et d'Italie (du Merbion) • 2 • 70,000 •
Armée des Pyrénées (Dugommier) • 2 • 80,000 •
Armée de Vendée (Thureau) • 3 • 102,000 •
                                11 armées. 540,000 h.
On compte en outre la garnison de Mayence pour 1 armée
la garnison de Toulon • 1 •
le projet de réunion de troupes à Paris • 1 •
                                14 armées.
Ces deux garnisons et celles des villes du Nord formaient à peu près 200,000 •
                                        740,000 h.

Quelquefois les émigrés ne peuvent quitter une ville avant l'investissement. A Maëstricht, ils restent soumis à toutes les horreurs d'un bombardement. Mesdames de Mérode et de Beaufort se tiennent dans une cave où un grand vicaire de Soissons vient les confesser chaque jour; elles passent la journée à prier et à regarder par la fente du soupirail la fumée des bombes qui éclatent en l'air [1]; les enfants s'échappent pour jouer dans la rue; le duc de Châtillon, le cardinal de Montmorency font des visites de cave en cave [2]. Le siége est levé.

Mais les émigrés de Menin sont moins heureux : la ville va être prise; les Hanovriens qui la défendent savent que les Français du régiment *Loyal-Émigrant* qui combattent à leurs côtés ne seront pas compris dans une capitulation, ils se groupent avec eux en une masse unique, puis sous les ordres de Hammerstein et du marquis de Vilaines, ils traversent les rangs des assiégeants [3]. Plusieurs de ces braves se retrouvent à Nieuport et à Bois-le-Duc; ils sont massacrés par les commissaires de la Convention, toutes les fois que le général français ne peut les faire évader sous des uniformes hollandais. Ces régiments d'émigrés à la solde de la Hollande ont eu une triste destinée : presque tous les volontaires qui en faisaient partie ont fini sous des balles françaises. L'aventure de madame

---

[1] Comte DE MÉRODE, *Souvenirs*, t. I, p. 52.
[2] *Ibid.* Voir aussi FERSEN, t. II, p. 62; Ms. vol. 632, f° 296, lettre du cardinal de Montmorency, du 22 mai 1794.

du Houssay est un exemple de leurs infortunes.

Elle s'était enrôlée avec son mari dans la légion de Damas [1], sous le nom de chevalier du Houssay. Grande et robuste, elle faisait son service avec la même exactitude que les autres soldats, ses armes étaient en si brillant état qu'on la citait comme modèle; peut-être quelques camarades soupçonnaient la vérité, mais ils n'en laissaient rien paraître, parce qu'il eût fallu mettre l'épée à la main. Le mari fut tué au combat du canal de Louvain, la femme enleva le corps, l'étendit dans un fossé, le recouvrit de terre avec sa baïonnette, et revint prendre place à son rang. Bientôt elle va faire partie de l'expédition de Quiberon. Son régiment sera exterminé : elle sera reconnue parmi les prisonniers par madame du Portail qui lui fournira un costume de blanchisseuse pour s'évader avec une corbeille de linge sale [2]. Le Roi la nommera chevalier de Saint-Louis.

Combattant ou non, chacun doit fuir à mesure qu'approchent les commissaires de la Convention. A Bruxelles, une jeune Française est sauvée par la nièce du fossoyeur, qui la cache dans un caveau funéraire où elle lui porte des vivres la nuit. Une autre est arrêtée bien qu'âgée de quatorze ans seulement, elle n'est condamnée qu'à la déportation [3]. Des émigrés s'accumu-

---

[1] Comte DE NEUILLY, *Souvenirs*, p. 90. Ils avaient laissé leurs enfants en France. J'ai adopté pour leur nom l'orthographe du livre si exact de M. DE LA GOURNERIE, *les Débris de Quiberon*, p. 32.

[2] CORDEREM, *Dix Ans de ma vie*, p. 196 et suiv.

[3] ANTOINE, *Histoire des émigrés*, t. II, p. 24.

lent au Helder où ils comptaient s'embarquer. La mer est gelée. Ils sont cachés dans des greniers à Alkmaar, sans pain. On vient annoncer l'avant-garde des Français. Les fugitifs se rassemblent à l'auberge et délibèrent sur les moyens de fuir, ils entendent parler français dans la rue, ils ouvrent la fenêtre, ce sont les hussards : l'un d'eux contait joyeusement à ses camarades qu'il avait rencontré un émigré et l'avait laissé échapper en lui prenant sa montre et sa bourse. Un autre hussard entre au même moment : Citoyennes, je vous arrête [1] !

Les malheureuses sont entassées sur des charrettes, traînées de villages en village au milieu des insultes de la populace qui croit flatter les vainqueurs. On enferme le premier soir une centaine de ces Françaises dans l'hôtel de ville d'Amsterdam, on leur apporte de la purée de pois et du pain. Le lendemain, on les recharge, à demi mortes de froid, sur des charrettes, jusqu'à Utrecht. Les bourgeoises d'Utrecht leur distribuent des chemises et du vin. Le lendemain, la neige cesse de tomber : c'est le dégel, on part pour Bréda. A Bréda sont les juges, qui condamnent à mort. Mais ces juges sont avant tout dociles. Sur l'ordre du conventionnel Cochon, ils cassent la condamnation à mort qu'ils viennent de prononcer, et condamnent à la déportation. Cochon, qui craint un retour à la férocité, donne ordre d'embarquer immédiatement ces femmes pour Ham-

---

[1] *Récit de Clémentine de Neuilly*. p. 108 et suiv.

bourg. Dès qu'il est parti, les jacobins subalternes s'empressent de les priver de feu et de nourriture; quelques-unes ont les pieds gelés. Les juges semblent tentés de reprendre leur proie. Le général Vandamme est forcé d'employer la violence pour faire exécuter les ordres de Cochon, et envoyer les femmes à Hambourg, où elles trouvent enfin le salut.

CHAPITRE XII

MŒURS DES ÉMIGRÉS.

Hambourg. — Incidents et aventures. — Asiles et ressources. — Querelles intestines.

I

HAMBOURG.

Hambourg et sa voisine danoise Altona émergent au milieu de la fumée des batailles qui couvrent l'Europe continentale, comme des îlots paisibles où se rejettent les émigrés repoussés de refuge en refuge. Ils s'abattent sur ce coin de terre. Là se trouvent réunis leurs efforts, leurs plaisirs et leurs chagrins, en sorte qu'Hambourg offre une image en raccourci et comme un résumé de la vie des émigrés français dans le monde entier.

Le Français a toujours eu pour travers d'ignorer l'étranger : tout ce qui est hors de sa routine lui semble ridicule, toute coutume inconnue lui prête à rire, toute capitale lui paraît inférieure à son village. Aimable à son foyer, le Français est odieux loin de chez lui. L'émigré ne trouve rien à approuver chez le bon Hambourgeois; il rit, il boude, il blesse ses hôtes. Les domestiques ne savent pas le servir à son gré : les petites servantes, à la vérité, stipulent, en s'engageant, le droit de passer trois ou quatre heures par jour avec leurs amants [1]. Chacun pousse jusqu'à la puérilité son horreur des usages locaux : à la table d'hôte, les plats viennent trop lentement, on mange avec calme, on s'arrête entre chaque mets, on reste assis deux heures. Le lit est en plumes, les draps sont des mouchoirs, l'édredon étouffe, on est couché comme dans de la pâte. Au lieu de cheminée, des poêles où brûle de la tourbe, on s'asseoit autour, on fume, on crache, on a mal à la tête. Aux enterrements, des cercueils en bois sculpté et incrusté d'argent, des pleureurs en pourpoint à fraise. Le Français se croit toujours inimitable, il est irritant, il excite à l'insolence. Un homme qui a écrit des milliers de pages à la mode, sans produire une œuvre de valeur, Rivarol [2], dit des citoyens de Hambourg :

> Gens qui feraient fort à propos
> S'ils nous empruntaient nos manières
> Et s'ils nous prêtaient leurs lingots,
> Mais dont les humides cerveaux
> Nés pour les fluxions et non pour les bons mots
> Ont la pesanteur des métaux
> Qu'ont entassés leurs mains grossières.

Rivarol s'était fait, du reste, une fort méchante réputation au milieu de ses hôtes : l'agent officiel des

---

[1] Laporte, *Souvenirs*.
[2] A madame Cromot de Fougy.

princes français, M. de Thauvenay¹, écrit en effet à d'Avaray : « Je dois vous prévenir que M. de Rivarol s'est fait ici la réputation de l'être du monde le plus paresseux, fort immoral et toujours dans l'embarras d'argent pour ses désordres et ses folles dépenses. Il a avec lui une coquine de Paris, très-insignifiante, reçoit tous les jours un cercle nombreux, mêlé de très-mauvaise compagnie, et par-ci par-là de bonne. Depuis une quinzaine de jours il ne quitte pas M. de Fontanes revenant d'Angleterre. »

Ceux qui accueillent par charité des émigrés dans leurs maisons ne savent pas toujours leur épargner les humiliations de la dépendance; ainsi madame de Pelleport, qui a trouvé asile chez une Allemande, la Sch..., est l'objet d'un attendrissement général à cause des avanies auxquelles elle est soumise par sa bienfaitrice : « La Sch..., disent les autres Françaises, est minutieuse, grondeuse². » La princesse de Holstein-Beck, plus maniaque encore, qui se fait baiser les mains comme souveraine, qui s'entoure de chambellans et d'illustrissimes domestiques, commence par ouvrir sa maison à tous les émigrés, puis tombe sous le joug d'un ménage intrigant, les d'Argens. Le marquis d'Argens, fils du philosophe favori de Frédéric II et ancien officier au régiment du Roi³, avait épousé

¹ Ms. vol. 594, du 24 juillet 1798.
² Lettres de madame de Neuilly, p. 128.
³ Ms. vol. 594, f° 170, du 25 mars 1798. Thauvenay à d'Avaray. Voir aussi Neuilly, Souvenirs, p. 130.

une dame Thomassin, qui avait fait ses débuts dans les orgies d'Ermenonville chez les Girardin, avait ensuite épousé un conseiller à la chambre des comptes de Nancy, et avait été, durant la vie de ce mari, la maîtresse du marquis d'Argens; devenue veuve, elle avait suivi le régiment de Mortemart aux frais du major Piconi d'Andrezel, qui « vivait publiquement avec elle ». A travers ces aventures, elle retrouva M. d'Argens vers 1794 et se fit épouser. Elle eut « l'adresse de s'insinuer dans la confiance la plus intime de la princesse, à force de bassesses »; elle se fit sa complaisante, et obtint la faveur d'inviter à dîner ses compatriotes; quantité d'émigrés faisaient la cour à madame d'Argens « comme moyen d'obtenir tous les jours leur dîner chez la princesse : de ce nombre, le comte d'Espinchal », et MM. de Hargicourt et d'Osseville. C'est une bande à part qui est chansonnée par les autres, et dénoncée au comte d'Avaray comme manquant de dignité.

La misère est profonde; Reinhardt, l'agent du gouvernement français, la décrit avec une sorte de pitié[1]: « Quelques-uns cherchent avec résignation des moyens quelconques de subsister, soit en faisant un petit commerce, soit en exerçant quelque métier. » Ceux-ci aident les émigrés qui n'ont pu se procurer des ressources : « J'ai le cœur navré, écrit la comtesse de

---

[1] Mss. Aff. étr. Hambourg, Reinhardt à Delacroix, 12 frim. an IV.

Neuilly, de la misère du pauvre F..., j'y suis retournée hier, il manquait de tout. J'ai demandé à madame Hahn pour lui, elle ne m'a donné que douze marcks; Fanny, un ducat; trois de mes amis français, chacun six livres, ce qui est beaucoup pour eux. »

Cette bienfaisante comtesse tenait un magasin de modes, de lingerie et de parfumerie; sa fille, presque enfant, faisait des bagues de crin avec des lettres entrelacées, des noms ou une devise. Quand elle fut plus grande, cette jeune fille broda des fleurs sur des rubans pour faire des ceintures nuancées avec de la soie de diverses couleurs et des fils d'argent ou d'or; elle tressait aussi des bourses en perles et en filet. Le marquis de Romans et la comtesse d'Asfeld s'associaient pour un commerce de vin; M. de Montlau, officier aux gardes-françaises, entre dans la troupe du théâtre sous le nom de *Dubreuil*, et M. Goffreteau de la Gorce, « très-bon gentilhomme du pays de Bordeaux [1] », exerce les fonctions de souffleur au même théâtre.

« Madame de Milon est toujours gentille et aimable, elle vient assez souvent me voir. Son mari a pris l'établissement de l'hôtel Potocki, pour les bals, les concerts, le café de la Comédie, et des soupers et dîners commandés. » Madame de R... monte une fabrique de cartons, avec ses deux enfants; elle dessine et colorie des sujets, les fait coller par ses fils sur les boîtes et sur

[1] Ms. vol. 596, f° 189. Thauvenay à d'Avaray, 27 nov. 1799. Voir aussi les Mémoires de Neuilly et de Laporte.

les sacs qu'on nommait *ridicules*, elle tresse avec eux des chapeaux de paille, elle envoie le plus jeune offrir ces objets dans les magasins. Le boutiquier qui voit entrer cet enfant gracieux, craintif, ignorant de son langage, le repousse quelquefois avec dureté; alors il faut revenir à la maison avec les petits ouvrages emportés le matin, rien n'a pu se placer, plus de sous, plus de pain : le boulanger et le boucher ne font jamais crédit à l'émigré; la seule ressource est d'attendre le soir. Dès que vient la nuit, chacun se coiffe et se pare, on va passer la soirée chez la marquise de Bouillé, où l'on trouve un petit souper, le soir à dix heures. — « J'ai assez fait la marchande toute la journée, je m'en vais faire un peu la dame », dit chaque femme, et l'on cause comme au temps passé, on oublie la misère. Les enfants sont aussi une ressource pour l'esprit : il faut bien leur apprendre la cour, la bonne compagnie. Chaque mère met ses enfants au courant des anecdotes à la mode, des réparties célèbres, elle aiguise leur esprit et le sien, elle les élève au-dessus de l'adversité, par delà l'heure présente, pour le monde dans lequel ils sont nés, avec un complet mépris du bien-être, de l'oppression et de la destinée.

Ainsi les heures monotones du travail manuel sont charmées par les récits de la mère, par les souvenirs de la famille, les leçons du point d'honneur, la doctrine de la dignité morale, du désintéressement et du bon goût. Dans cette vie résignée et sans prétention, l'enfant

apprend le devoir, il est lié à la bonne compagnie.
Mais si la mère trouve ce tendre adoucissement aux
privations, bien des hommes sont vaincus dans la lutte
contre la misère : « Les suicides ont été communs cet
hiver », écrit madame de Neuilly.

La vie des champs semble moins porter au découragement que cette existence d'atelier et de salon. Madame de Tessé, fille du maréchal de Noailles, semble l'avoir compris. Elle était petite, avec des yeux perçants, un visage gâté par la petite vérole et par un tic nerveux. Elle était la grâce même, elle était toute charmante avec sa vivacité d'esprit et sa promptitude de reparties. Admiratrice de Voltaire, enthousiaste du déisme philosophique de l'époque, elle haïssait le clergé et nourrissait les prêtres émigrés. Elle avait eu la sagacité de prévoir, dès le début de la Révolution, les catastrophes inévitables et avait transporté une partie de sa fortune à l'étranger. Son premier établissement était près de Fribourg, mais elle fut forcée de vendre son bétail et sa terre, parce que la Suisse fut impuissante à protéger les émigrés contre les jacobins français. Madame de Tessé transporta son exploitation rurale à Ploen en Oldenbourg, près d'Altona. Elle avait cent vingt vaches qu'elle soignait avec sa nièce madame de Montagu et sa suivante Sophie de Tott. Elle faisait travailler ses invités et ses hôtes, fabriquait du beurre et du fromage, maintenait autour d'elle l'activité et la gaieté [1]. Ce fut

[1] On ne saurait trop regretter que le livre publié sur madame de

dans cette colonie rurale que madame de Montagu fonda l'œuvre des émigrés qui s'étendait dans le monde entier; elle attira des souscriptions, centralisa les ressources, et les répartit entre les plus souffrants. Madame de Montagu, qui avait de commun avec madame de Tessé, sa tante, le parfum de la bonne compagnie, offrait sur le reste un contraste complet. Aussi grave que la plus âgée était rieuse, aussi ardente dans sa piété que l'autre était railleuse, aussi prévoyante dans sa parcimonie que la tante était généreuse dans sa prodigalité, elle donnait toujours aux gens douze sols de moins qu'il ne faudrait pour les rendre heureux, selon le mot de madame de Tessé! Madame de Montagu représente déjà la société nouvelle qui est en scission avec celle de l'ancien régime : plus de galanteries, plus de fausse sensibilité, plus d'impiété, plus de petillement d'esprit, plus d'abandon dans les relations, plus de joie.

D'autres femmes consacrent, comme madame de Tessé, les épaves de leur fortune à soulager leurs compagnons d'exil. La duchesse de Bouillon, toujours vêtue de satin gris, adopte les orphelines et les élève [1]; Pauline de Lannoy, duchesse de Chatillon, vient s'établir à Altona [2] pour être dans le centre le plus paisible

---

Montagu ne contienne pas absolument toutes les pages écrites par elle.

[1] Elle en marie une au baron de Vitrolles.
[2] Comte DE MÉRODE, *Souvenirs*, t. II, p. 101.

d'où elle puisse faire rayonner les secours : « Sa beauté, la souplesse de sa taille, la noblesse de son esprit », lui assurent un prestige souverain ; c'est la femme « la plus aimable que j'aie jamais rencontrée », disait Guillaume II, le roi des Pays-Bas.

Ainsi plusieurs émigrés ont des idées sérieuses : on peut citer encore Hamoir, de Valenciennes [1], qui transporte à Hambourg son commerce de batiste et devient un des principaux négociants de la Bourse. Mais c'est aussi à Hambourg que les indifférents et les frivoles viennent chercher des amusements. Là se sont retirées madame de Matignon et sa fille madame de Montmorency, l'une avec l'évêque de Pamiers, l'autre au milieu d'une foule d'adorateurs : sur la première on conte l'anecdote de l'incendie, celle de la médaille sur la seconde. Des exilés d'autres pays cherchent les plaisirs auprès de ces émigrées françaises : le comte Félix Potocki avec son admirable Grecque, la comtesse de With ; le prince Zoubow, ancien favori de la grande Catherine, laid, carré des épaules ; il parle peu, il a la manie « d'avoir des diamants non montés dans sa poche, il les fait jouer, briller, sauter dans sa main [2] » ; Beaumarchais, qui a fondé à Hambourg, avec l'abbé Louis [3], un bureau d'affaires. Là se trouve aussi madame de Genlis avec sa fille et ses nièces.

[1] LAPORTE, p. 238.
[2] NEUILLY, p. 143.
[3] LOMÉNIE, t. II, p. 496.

Son gendre, le comte de Valence, qui avait émigré peu de jours après Dumouriez, se tenait auprès d'elle, assez isolé et mélancolique [1]. Madame de Genlis n'était pas reçue non plus par les Françaises, mais les hommes venaient chez elle. Elle était vieillie et maigrie, mais toujours séduisante. La société de ses trois nièces donnait du charme à son salon. L'une des nièces, mademoiselle Henriette de Sercey, était la moins romanesque de toutes ces femmes ; elle avait assez d'esprit, trop d'embonpoint, la main, le bras, les épaules admirables, la figure ronde, haute en couleur, les yeux et les cheveux d'un noir éclatant, des dents éblouissantes. Elle épousa un banquier hollandais, Mattiesen, qui était lymphatique, bossu, puissamment riche [2]. L'autre nièce, mademoiselle Georgette Ducrest, fut moins avisée : son père, le marquis Ducrest, qui était frère de madame de Genlis, était un inventeur à idées de génie, mais sans bon sens : il imaginait des navires en papier mâché et des chars de combat ; il avait perdu sa fortune au jeu, sa santé dans les plaisirs, et il avait épousé la fille de son maître de violon. Cette belle-sœur de la précieuse Genlis était une petite merveille : elle avait « les yeux à la chinoise pleins de douceur et d'expression, le nez spirituel, la démarche d'une odalisque ; on lui faisait beaucoup la cour, et le mari n'était pas jaloux, car il savait qu'elle avait pour amant Lepelletier de

---

[1] Reinhardt à Delacroix, 12 frim. an IV.
[2] Elle se remaria plus tard au banquier Finguerlin, de Strasbourg.

Morfontaine ». Leur fille Georgette épousa son maître de harpe, qui était déjà marié. La troisième nièce n'appartenait à madame de Genlis que par adoption; c'était la belle Paméla.

Cette enfant avait été achetée toute petite en Angleterre par le chevalier de Grave, à une mère qui mourait de faim. Le chevalier en avait fait cadeau à madame de Genlis, qui l'avait donnée comme jouet aux enfants qu'elle élevait; on la nomma Paméla Seymour, parce que ces noms semblèrent poétiques, et la petite demanda à s'ajouter le titre de *lady* [1]. Elle devint en peu d'années « une créature toute divine, blanche sans beaucoup de couleurs, avec des attitudes nonchalantes [2] » ; ses yeux n'étaient pas tous deux de la même couleur; elle ressemblait tellement à l'actrice anglaise Sheridan, qui venait de mourir en laissant inconsolable son dernier amant Edward Fitzgerald, que ce jeune Irlandais, en apercevant Paméla à une représentation de *Lodoïska*, crut voir revivre celle qu'il pleurait, s'empressa de demander sa main. Il fit croire à sa mère, la duchesse de Leinster, que Paméla était fille naturelle d'un Seymour, et obtint son consentement au mariage. La jeune fille mit dans ses cheveux un bonnet phrygien garni de fleurs d'oranger [3], et pressa son mari

---

[1] Duchesse DE GONTAUT, *Mémoires*.
[2] Comte DE NEUILLY.
[3] *Ibid.*, p. 140; madame DE GENLIS, *Mémoires*, t. IV, p. 142 et 149. Duchesse DE GONTAUT.

de mettre l'Irlande dans un état semblable à celui de la France. Le bon Mattiesen fournit sur sa caisse des armes et des munitions. Fitzgerald fit connaître ses projets au gouvernement de la République française : l'incapacité de nos diplomates ne permit pas de garder le secret. « Lord Fitzgerald, écrit Thauvenay à d'Avaray [1], avait avec le Directoire une correspondance criminelle qui passait par Hambourg : j'ai confié ma découverte au ministre anglais qui en a rendu compte à sa cour. » Ainsi prévenus, les Anglais mirent la main sur le bouillant époux de Paméla à l'instant de son débarquement; il se défendit, il fut tué. La belle Paméla épousa Pitcairn, consul d'Amérique à Hambourg, divorça promptement, rentra à Paris pour se livrer à la piété dans la maison de refuge de l'Abbaye-au-Bois, d'où elle se fit enlever par le duc de la Force.

Une autre femme à bel esprit trônait en même temps à Hambourg, Adélaïde Filleul, veuve du vieux Flahaut; elle avait déjà écrit son roman d'*Adèle de Sénanges*, mais elle était dans la misère avec son fils Charles, le futur aide de camp du roi Louis Bonaparte. La mère Filleul avait été une des gardiennes des filles du Parc-aux-Cerfs; c'était assez pour permettre à Adélaïde de se dire fille de Louis XV; Adélaïde était une femme ardente, qu'avait adorée, que haïssait Talleyrand [2], et

---

[1] Ms. vol. 504, f° 170. Thauvenay à d'Avaray, 3 avril 1798.
[2] Madame DE RÉMUSAT, *Lettres*, t. I, p. 8.

dont tomba épris un frêle Portugais, le baron de Souza [1]. Il l'épousa.

Pour les émigrés un peu niais, la vie se passait soit dans ces salons, soit dans ceux de la société plus rigide. Le Français futile qui recevait des fonds de sa famille ne songeait pas que chacun de ses parents jouait sa tête pour un seul écu envoyé; il vivait désœuvré, plein d'horreur pour le travail; sa chambre l'ennuyait, il ne daignait pas apprendre l'allemand, il se levait tard, allait chercher un ami aussi frivole que lui pour déjeuner chez le restaurateur français, il faisait des visites, se montrait importun et ennuyé. Il trouvait le théâtre français « assez bon », mais l'opéra allemand n'était pas du goût de ces messieurs, on n'y jouait que du Mozart, la *Flûte enchantée*, ou l'*Enlèvement au sérail*[2]. « Le métier de commis » était en horreur à bien des malheureux qui étaient incapables de gagner leur vie; ils auraient consenti à écrire dans des journaux, mais la place de journaliste était prise à Hambourg par M. de Baudus et Charles de Vielcastel, qui dirigeaient le *Spectateur du Nord*, et par l'égoïste Rivarol, qui finit par se rendre à Berlin, où, sous l'influence de « l'humeur bilieuse, il est mort comme Vertvert, victime des coulis, truffes et bonbons [3] ».

[1] Dampmartin, *Mémoires*, p. 335.
[2] Laporte, *Souvenirs*, p. 267 et suiv. Ce M. Laporte est un exemple de ce qu'il y avait de plus futile et de moins intéressant parmi les émigrés.
[3] Lettres de la comtesse de Neuilly, p. 335.

II

INCIDENTS ET AVENTURES.

Mais les esprits sérieux se livraient à des réflexions lugubres dans les chambre garnies où l'ennui était étouffant. Sans ami, sans argent, les habits usés, le linge déchiré, chacun regardait ses compatriotes qui succombaient à la misère au milieu d'étrangers dont ils ignoraient la langue et qui les traitaient avec méfiance [1]. Toutes les villes d'Europe renfermaient quelques-uns de ces proscrits. Nous habitons, mes enfants et moi, écrit une femme [2], « une chambre avec des carreaux rouges, des rideaux fanés, trois chaises de crin, un vieux poêle blanc ». Le passé est déchirant, l'avenir est sombre, l'âme s'affaisse dans une « tristesse extraordinaire [3] ». Le spectacle de la misère augmente la tristesse propre : « Madame d'Argouges et madame de Talmont sont tombées ici en sabots, sans linge, cela m'a fait pleurer. Madame de Talmont m'a priée de lui procurer à travailler, elles sont éclairées par des bouts de chandelles qu'elles touchent et arrangent elles-mêmes avec plus de cou-

---

[1] Las Cases, *Mémoires*, p. 7.
[2] Costa de Beauregard, *Un homme d'autrefois*, p. 187.
[3] Costades, *Journal de Thibouk*, p. 25.

rage que moi [1]. » Du courage, on en a toujours pour ses propres maux, mais on est attendri par les souffrances des autres. On tient à honneur de ne point sembler atteint par les privations matérielles; c'était un des signes de la bonne compagnie et comme un instinct de noblesse, complétement disparu de nos jours, que l'indifférence aux détails du bien-être physique et aux petites satisfactions que procure une installation bourgeoise : « J'ai toujours remarqué, dit la vicomtesse de Noailles [2], que les regrets donnés au matériel ne se montraient vivement que dans les parvenus. »

Mais les souffrances du cœur ne manquaient pas; chaque journal annonçait la mort d'un ami, d'une sœur, d'une mère; les pires appréhensions étaient confirmées dès qu'on recevait des nouvelles. En outre, de même que l'on est insensible aux privations, on est étranger aux détails de l'existence de chaque jour : Madame de Montagu ignore chez quel marchand se vendent les objets, et davantage encore ce qu'ils peuvent coûter; une autre veut blanchir son linge, mais elle ne réussit pas, elle perd le savon; la marquise de Jaucourt, dont le mari gagne quelques florins en tenant les écritures d'un marchand à Thun, apprend qu'il vient d'inviter à dîner le comte de Narbonne et quelques amis, elle court au marché, achète toutes les fleurs, en emplit la maison, puis s'aperçoit qu'elle n'a

---

[1] Costa de Beauregard, p. 207.
[2] *La Princesse de Poix*, Paris, 1855.

rien rapporté pour le repas. On veut être économe, on ne sait pas le prix de l'argent, on le laisse écouler. Chevaux, armes, diamants, tout ce dont on peut se priver est vite vendu, le prix en est promptement dépensé pour les besoins de la vie courante, on regarde son argent, on le compte, voilà, il en reste pour trois mois; en se restreignant, on peut aller six mois, quoi après? Puis la maîtresse du garni réclame la semaine arriérée : elle devient pressante, il faut la flatter, comme la comtesse de Beauregard qui amuse sa propriétaire, la vieille Rosalie Roth, en lui faisant raconter ses galanteries d'autrefois, ou comme les émigrés de Bâle, qui vont faire la cour à la belle Ripell, marchande de fromages, pour qu'elle entreprenne de leur faire parvenir de l'argent de France [1]; ils se pressent chaque jour dans sa boutique, ne voient arriver ni lettre, ni argent, font tristement deux ou trois tours de rempart, viennent chercher des nouvelles à l'hôtel des *Trois Sans-Culottes* [2], puis rentrent tristes dans leur chambre nue de l'hôtel de la *Cigogne*, avec leur pain sec.

Si l'argent pénètre jusqu'à l'émigré, c'est avec d'énormes commissions et au prix des vies les plus chères. Une mère est condamnée à mort pour avoir envoyé douze cents francs à ses fils, ils en touchent à Cologne moins de six cents par différents « changes et

---

[1] Rovatx, *Souvenirs*, t. II, p. 304.
[2] Ci-devant des *Trois Rois Mages*.

rechanges[1] ». M. de Barboton[2] est guillotiné pour avoir fait passer de l'argent à son petit-fils émigré : ce ne sont que des exemples ; les cas sont innombrables. Le dévouement est porté quelquefois jusqu'à l'héroïsme, pour faire parvenir des moyens de subsistance aux émigrés : les terres confisquées sur le duc de Sérent, en Bretagne, sont achetées par un de ses voisins, Vauquelin de Rivière, qui lui transmet scrupuleusement les revenus à l'étranger ; pressé par les échéances du prix d'achat, Vauquelin de Rivière vend ses propres champs afin de payer ceux du duc, il fait fondre son argenterie, il se ruine pour continuer son œuvre. C'est plus que la ruine, car sa vie est constamment en danger ; la première dénonciation, la moindre surprise le feront guillotiner. C'est plus que la vie, il compromet son honneur, il passe parmi les Bretons qui l'entourent pour un acquéreur de biens nationaux, il est chargé du mépris et de la haine des chouans, qui parlent de l'enlever pour le fusiller. Les dangers sont les mêmes durant l'Empire, il reste sous cette charge jusqu'en 1814. De tels dévouements ne demandent pas la reconnaissance, ils l'obtiennent rarement.

La presque totalité des émigrés ont pour ressource unique la vente des menus objets qu'ils ont pû emporter, et les produits de leur travail. « J'ai vivoté pendant plus de cinq ans sur mes effets », écrit un évê-

[1] Trib. crim. Dordogne, t. I, p. 164.
[2] Ms. Arch. nat. BB, I, 76.

que [1]. Les Allemands excellent à profiter de ces bonnes occasions; ils achètent à des prix dérisoires les bijoux et les dentelles. Le comte Wlgrin de Taillefer vend un réchaud romain, pièce unique à cette époque, qui a été récemment racheté de la collection Schaffhausen par le musée de Périgueux [2]: «J'avais encore, écrit-il [3], des livres très-rares et très-curieux qui ont suivi le même sort, toutes éditions superbes; Mannheim possède toutes mes raretés sans en avoir ni connu, ni payé le prix. » Le duc de Modène fut plus ingénieux encore avec sa sœur la princesse de Conti, il fit « un marché très-avantageux » en se faisant donner par elle ses diamants et en lui servant une rente viagère [4]. Et encore l'émigré était heureux quand après avoir tout vendu dans une ville, il ne recevait pas un arrêté d'expulsion; il avait ordre de se mettre en route immédiatement, il partait à pied, sans connaître un asile nouveau, ni un moyen de vivre avant de l'avoir atteint : « J'en ai vu demander l'aumône à des diligences. » Deux enfants s'échappent de France, ils arrivent à Fribourg, ils sont immédiatement avertis par la « commission des émigrés », sorte de police instituée contre les Français, qu'ils ne peuvent rester dans le canton, s'ils ne trouvent un notable indigène qui réponde d'eux. L'abbé Seydoux, curé de Fribourg, se présente comme caution:

[1] Père Theiner, *Doc. rel. aux aff. relig.*, t. II, p. 38.
[2] *Soc. hist. Périgord*, t. IX, p. 201.
[3] Ms. Bibl. nat. fonds Périgord, vol. 104, f° 420, du 7 août 1795.
[4] Abbé Lambert, *Mémoires*, p. 165.

— Non, répond le commissaire, ce sont des vagabonds, il faut les prendre chez vous. — Je les prends, répond le prêtre. Et il les nourrit, les habille, les instruit durant deux ans.

Un paysan suisse qui a recueilli un prêtre français reçoit du bailli l'ordre de l'expulser [1]; il s'avise aussitôt de poursuivre devant ce bailli un de ses voisins sous le prétexte que le chien de ce voisin est trop gros et peut par sa voracité augmenter le prix du pain. — Je vous blâme, fait le bailli, de prétendre gêner la liberté du voisin. — C'est où je vous attendais, Excellence ; on garde le chien et l'on chasse le prêtre français qui est mon ami.

Ainsi la peur de voir hausser le prix des vivres, la peur de déplaire au gouvernement de la République, la peur de voir troubler l'ordre par des proscrits, ôtait la pitié et faisait repousser les Français qui ne pouvaient faire constater leurs moyens d'existence. Bien souvent dans leurs courses dans des lieux inconnus, les émigrés tournaient un œil d'envie vers les chaumières malpropres où la grosse Allemande allaitait ses petits, sans souci pour le lendemain, sans regard pour le passant. Madame de Genlis, repoussée à travers la Thuringe, avant de trouver son refuge à Hambourg, se prenait à souhaiter une place de concierge dans un pavillon paisible à l'entrée d'un parc : Je changerais

---

[1] Abbé Lambert, p. 150.

de nom, disait-elle en poursuivant son chemin, je m'assoirais, j'aurais du repos : « Une seule chose dans ce plan m'embarrassait, c'était ma harpe, je ne pouvais me résoudre à m'en séparer [1]. »

Cette persécution fit la joie des jacobins; ils savouraient ces tortures; ils aimaient à raconter aux anciens vassaux les humiliations des anciens seigneurs; ils publiaient des manuels [2] pour faire connaître aux bourgeoises perverties et aux paysannes parvenues comment madame de V*** était frappée par la ravaudeuse prussienne qui l'avait prise comme apprentie; comment madame de T*** était mise nue sur la route par ses femmes de chambre, poussée par elles du pied dans un fossé et laissée seule avec un de leurs jupons; comment madame de C*** allait chanter dans les cafés, madame de R*** vendre du poisson dans une halle; on cite celles qui se font garde-malades et donnent des clystères.

Un grand nombre disparaissent dans des aventures inconnues. Mademoiselle Marguerite de Fléville entre comme suivante chez la comtesse Sutkouska à Tokay, et est soustraite sans que jamais on ait su ce qu'elle était devenue, malgré l'enquête que fait plus tard l'ambassadeur de France, sur la demande du maire de Nancy [3].

[1] *Mémoires*, t. IV, p 282.
[2] *Voyages et aventures des émigrés français*, par L. M. H. Paris, an VII.
[3] Ms. Aff. étr. Vienne, 373. Le maire de Nancy à Talleyrand, 11 brum. an XI.

Mademoiselle de Montmorency se fait porteuse de seaux d'eau pour procurer des sols à sa mère mourante; la comtesse de Sécillon se fait maîtresse à danser[1]. Au contraire, un émigré qui félicite au fond de la Suède une institutrice française du ton de bonne compagnie qu'elle a donné à des jeunes filles d'une famille de la cour de Stockholm, reconnaît tout à coup que cette précieuse gouvernante est Rose, la petite servante qu'il chiffonnait chez sa tante à l'époque où il était chevalier de Malte.

L'estime était assurée aux émigrés dans tous les pays où la dignité du caractère était en honneur et où le sentiment moral n'était pas déprimé par le culte de la brutalité et de l'hypocrisie. Partout ailleurs qu'en Allemagne, les émigrés devenaient un objet de respect quand on voyait leur constance à supporter la misère et leur activité à chercher des ressources; la pauvreté n'était pas une honte pour eux[2]. Ce n'était pas que plusieurs ne fussent aigris; quelques vieillards étaient grondeurs, quelques jeunes gens étaient frivoles, quelques femmes pensaient comme madame de B****[3] : « Mon épouse ressentit vivement la perte de mon état et de ma fortune, elle prévoyait l'état de médiocrité dans lequel nous serions forcés de vivre. J'appris qu'un officier de la flotte anglaise, qui avait fait notre

---

[1] Antoine, *Histoire des émigrés*, t. II, p. 329.
[2] Dutens, *Journal*, t. II, p. 329.
[3] Gautier de Brécy, *Mémoires*, p. 273.

connaissance pendant le siége de Toulon, et auquel ma femme plaisait beaucoup, avait réussi à lui persuader que nous serions plus heureux l'un et l'autre en nous séparant par un divorce. J'avais fait un peu tardivement cette découverte. » Mais le plus souvent, les douleurs subies en commun resserraient les liens de la tendresse. Le mari servait presque toujours dans les régiments formés d'émigrés, la femme l'attendait durant des années dans l'isolement et l'inquiétude, puis quand ils se retrouvaient, après les tortures de la séparation, ils se regardaient, ils se cherchaient dans leurs souvenirs, ils ne se reconnaissaient plus sous les rides, sous les hâles du campement et les sillons des larmes : la femme était flétrie, courbée, les cheveux blancs ; les enfants étaient morts[1]. Plus rien de la jeunesse. Dans l'avenir, rien.

III

ASILES ET RESSOURCES.

Une famille n'arrivait le plus souvent à l'abri définitif qu'après avoir été repoussée de plusieurs villes, qu'après avoir enseveli quelques-uns des siens et subi

---

[1] Costa de Beauregard, *Un homme d'autrefois*, p. 371.

des crises cruelles. Madame de ***, une des triomphantes beautés de Coblentz, se rappelle le moment où, entre son mari et ses enfants, elle a commencé à sentir la pauvreté. Elle vend toutes ses robes, son mari meurt, elle épuise pour l'enterrement ses dernières ressources, elle se voit seule, seule dans le monde avec deux jeunes enfants. « Je frissonne encore à ce souvenir; après deux jours de grande application, j'envoyai une cravate dont j'avais brodé le bout pour un schelling; il était mal. Ma pensée s'accoutumait difficilement à la terrible ressource offerte par l'état de domesticité. » Elle se déplace, elle arrive à Ostende : « J'entre dans une grande pièce, je m'assois sur un banc, tenant mon fils sur mes genoux et ayant ma fille à côté de moi. Un homme s'approche ; depuis la perte de ma fortune, j'avais éprouvé souvent des manières légères » ; c'est un simple aide de camp du roi de Prusse qui la reconnaît en se souvenant des fêtes de Coblentz et lui conseille de se rendre à Berlin. Elle retrouve un beau-frère qui la mène à la cour : là elle entend les réflexions pesantes qui se font sur elles : « C'est une émigrée, je ne la trouve pas jolie. — Elle est bien, voilà tout. — Il y a dix mille femmes plus jolies qu'elle. — J'avais les yeux pleins de larmes. » La Reine la fait inviter à toutes les fêtes : on lui offre comme subsistance des « propriétés confisquées sur les Polonais. Ma conscience se révolta à cette seule pensée. Aurais-je pu échanger ma pauvreté contre un acte aussi criminel que ceux dont j'étais la victime ? »

Aussi n'était-ce point à Berlin qu'il fallait chercher un refuge. Une affectation d'hypocrisie faisait accueillir d'abord un émigré, pour se donner un air de générosité, puis on laissait sentir tout le poids du bienfait. Une maîtresse de pension de Berlin, la Bocquet, offrait sa maison comme refuge à quelques dames françaises : c'était une fille virile, aux yeux noirs et durs, au caractère impérieux et violent, aux sentiments ardents ; « elle aimait avec fureur, et son amitié avait la susceptibilité, l'exigence et toutes les jalousies de l'amour [1] ». Encore un asile que la Française était forcée de fuir au bout de quelques semaines. Le manque de ressources obligeait pourtant à subir les humiliations. L'homme était moins à plaindre, il savait quelquefois se faire Allemand comme le jeune Chamisso[2], ou bien épouser une Allemande, comme le pauvre général du Tertre, qui se marie avec Charlotte de Hardenberg, la blonde fausse qui a trahi Marienholtz, son premier mari, et qui finit par être le fléau de Benjamin Constant[3].

Le duché de Brunswick savait mieux que la Prusse exercer l'hospitalité : environ deux mille émigrés s'y

---

[1] Madame DE GENLIS, *Mémoires*, t. IV, p. 321.
[2] Karl FULDA, *Chamisso und Seine Zeit*, p. 16. Les vers français de Chamisso sont absolument ineptes. Voir p. 55 et 57.
[3] Elle quitte le général du Tertre par divorce et épouse Benjamin Constant en 1808. Elle meurt en 1845.

trouvaient réfugiés[1]. Là habitaient le maréchal de Castries, la princesse de Rohan, les marquis de Surgères et de Champigneules ; les enfants, Victor de Caraman[2], Félix de Podenas, les jeunes Montmorency, Mérode, Rougé, faisaient des parties de barres sur la place de la Résidence.

La petite cour de Waldeck accueille les émigrés avec autant de bonne grâce que celle de Brunswick. Là on se donne une image de la bonne compagnie ; on s'adresse de petits vers ; on s'attendrit sur les autres émigrés. M. de La Rochelambert aperçoit un colporteur qui cherche une auberge : — Tu es, lui dit-il, mon ami le baron de Pontgibaud? — Non, répond le porteballe, je suis l'émigré Labrosse.

Le faux Labrosse est mené au château, tout ce qu'il porte est acheté par la princesse de Waldeck, par la famille La Rochelambert, par le chevalier de Puybourdeille. Le faux Labrosse continue sa route avec son pécule, s'arrête à Trieste, où il s'associe avec un négociant en diamants, s'enrichit, place ses économies en diamants. C'est seulement à son retour en France, en 1814, qu'il reprend son nom de Pontgibaud : il achète alors une terre de Labrosse en souvenir du nom qui lui a porté bonheur.

La princesse de Waldeck entend parler par le chevalier de Puybourdeille d'une fleur qui est le symbole

[1] Comte de Mérode, *Souvenirs*, t. I, p. 80 à 89.
[2] Tué à Constantine en 1837.

de l'amour fidèle et qui a l'odeur de la vanille. — C'est l'héliotrope, dit le chevalier. — Je n'en ai jamais vu, fait l'Allemande. Le lendemain, le chevalier est en route pour la France; il traverse la frontière, il se déguise en jacobin, il pénètre dans Paris, il cherche quelques plants d'héliotrope pour son Allemande. Il repart avec la précieuse conquête et vient déposer ses fleurs aux pieds de la princesse. Si un cœur d'Allemande n'est pas capable de comprendre cette exaltation romanesque, il peut du moins s'attendrir pour le culte muet que continue humblement le chevalier : chaque jour il se présente devant la princesse avec sa fleur d'héliotrope; il reste lié à elle par ce devoir, il ne la quitte ni au Consulat, ni à la Restauration; il offrait encore tous les soirs sa petite fleur en 1844, quand ils avaient chacun plus de quatre-vingts ans.

A Minden, une teinturerie en soie avait été fondée par quatre associés, M. de Vassé, M. et madame de Genouillac et leur femme de chambre. Les liens commerciaux resserrèrent l'intimité entre les quatre, au point que le marquis de Vassé épousa la femme de chambre, qui était « estimable et d'une honnête famille [1] ». Au contraire, M. de Quatrebarbes a envoyé à Londres sa femme et ses enfants, afin de se tenir plus librement auprès « d'une veuve d'Allemagne qui le soigne bien ».

---

[1] F. Gaille, l'Émigration angevine, Bibl. nat., La, 34, 23, p. 18.

Vienne offrait des moyens d'existence et des faveurs à la Cour. La comtesse de Brionne, mère des princes de Lambesc et de Vaudémont, y avait retrouvé son rang [1] ; « la plus belle femme » de la cour de Louis XV se consolait de l'exil avec une pension de douze mille florins et le titre de princesse de Lorraine. Pour les Lorrains, Vienne était presque une patrie; depuis le mariage de Marie-Thérèse avec un Lorrain, les cadets des familles nombreuses venaient prendre du service militaire en Autriche; ils appelèrent leurs parents au moment de l'émigration, les firent placer à côté d'eux comme sous-lieutenants et leur procurèrent les avantages d'une position sociale déjà acceptée. Tels étaient le baron de Frimont, qui deviendra général de cavalerie et gouverneur de la Lombardie, et Roussel d'Hurbal, qui, après avoir servi l'Autriche de 1791 à 1809, rentrera dans l'armée française de Napoléon et aura son nom inscrit sur l'arc de l'Étoile.

Beaucoup d'émigrés avaient espéré trouver la paix à Rome.

A Rome, le cardinal de Bernis continuait à tenir son rang d'ambassadeur du Roi, à avoir vingt laquais, deux cents invités à sa table et un mot aimable pour chaque Français. Les filles de Louis XV, qu'il trouvait « très-exigeantes et un peu tracassières [2] », attiraient autour d'elles les émigrés pauvres. L'abbé Maury, dont

---

[1] GEORGEL, Mémoires, t. VI, p. 79.
[2] Ed. DE BARTHÉLEMY, Mesdames de France, p. 530.

le cerveau commençait déjà à s'altérer, venait se faire sacrer archevêque de Nicée. L'évêque de Dijon, Des-Monstiers de Mérinville, échappé presque nu des mains de ses ouailles, ne vivait que des dons du Pape, et se désolait de lui rappeler constamment sa détresse [1]. Les dons du Saint-Père n'étaient du reste ni fréquents, ni opulents : à l'abbé Légier, une livre; à l'abbé Gontier, une livre; à une dame française qui est dans le besoin, une livre; à une autre, dix sols; le docteur en Sorbonne Séguin obtient trois livres de temps en temps, et Marignanne, confesseur de religieuses, en a cinq, mais cela est plus le gros [2]. Combien d'heures on pouvait vivre avec une livre, c'est difficile à évaluer : le Saint-Siège semble avoir cherché à procurer d'autres ressources que ces charités précaires; il aurait voulu confier les religieux à des couvents italiens, mais il se heurta contre les moines italiens qui lui objectèrent « qu'un couvent n'était pas un hôpital pour y recevoir un vieillard caduc [3] ». « Je ne vis depuis six semaines que d'aumônes », écrit l'évêque de Glandève. « Il ne me reste plus rien », dit l'évêque de Grasse [4].

La charité est la passion des âmes mélancoliques : aux heures de désespoir, on se prend d'une sorte de révolte contre la souffrance, et l'on se venge de ses

---

[1] Père Theiner, *Aff. rel. de France*, t. II, p. 123.
[2] *Ibid.* p. 635.
[3] *Ibid.*, p. 143 et 213.
[4] *Ibid.*, p. 141. Cet évêque de Glandève est Hachette-Desportes, âgé de quatre-vingt-cinq ans.

maux en s'efforçant de soulager ceux des autres. Ce sont les émigrés, tout maltraités qu'ils sont, qui se montrent les plus secourables pour leurs compagnons de misère. La femme qui a quelques écus pour acheter une robe, cherche celle qu'une voisine malheureuse est forcée de vendre, elle demande la robe avec esprit, avec gaieté, elle charge de la négociation un chevalier aimable : madame de Surville écrit au chevalier de Chatillon, chez M. Ertel, peintre de la bourgeoisie, sur la place *in Anges*, au deuxième étage, n° 226a, à Augsbourg, pour qu'il lui procure « une robe de taffetas très-léger et mince, de rencontre et à bon marché, la couleur blanche de préférence, ou bleu très-pâle, ou jaune également très-pâle, elle sait qu'il connaît beaucoup de dames qui peuvent avoir du taffetas [1] ». Et ce n'est pas seulement entre émigrés français que l'on ressent cette compassion, les Belges, frappés des mêmes maux, ont le même attendrissement. Madame de Maldeghem vend ses diamants pour nourrir des compagnes d'infortune ; madame Boucquiau, femme de l'intendant de la famille de Mérode, se consacre tout entière aux mêmes misères [2]. La charité s'étend jusqu'aux révolutionnaires français : l'évêque de Saint-Pol de Léon organise des souscriptions pour nourrir les prisonniers faits sur les armées républicaines ; les abbés Raulin et de Fontenilles donnent leur linge aux prisonniers fran-

---

[1] Ms. Bibl. nat. fonds Périgord. 105, f° 368.
[2] *Madame de Montagu*, p. 118.

çais qu'ils voient amener à Nordlingen en Franconie; Cicé, évêque d'Auxerre, apprend en Bohême que deux villages de son diocèse, Gy et Valle, ont été ravagés par des ouragans, il leur envoie les vingts derniers louis qui lui restent.

Ceux qui sont éloignés davantage de la France trouvent occasion de rendre des services aux pays qui les recueillent. Sainte-Aulaire administre les provinces d'un hospodar bulgare. Le chevalier des Lignières s'enfonce dans la Russie et tombe épris de la princesse de Menschikow. Il reste à ses pieds lorsque chacun rentre en France; il passe sa vie à lui adresser de jolis vers, des chansons badines, et à surveiller les revenus de son ami le comte de Bruges, qui a épousé une princesse Golovkine dont les propriétés sont en Russie. Au fond de la mer Noire, avec le pouvoir d'un souverain d'Orient et l'âme d'un Français, règne le duc de Richelieu. Il crée Odessa, il fait semer du blé, il régénère un pays épuisé par la barbarie. C'est à peu près le seul homme qui ait réussi à restituer à la civilisation une contrée soustraite par l'islamisme. Il est destiné à introduire en France la monarchie libérale : on croit qu'il va réussir à la faire aimer, quand, vaincu par les rancunes du comte d'Artois qui lui a promis de le seconder, il tombe brisé en s'écriant : Il a manqué à sa parole d'honneur !

Jusque dans les Indes, on retrouve un émigré français, le comte de l'Etaing : il s'est mis au service d'un rajah et s'est fait estimer des Anglais par sa délicatesse, sa dignité, et son aptitude à diriger les haras dont il est chargé [1].

Mais quelquefois à cette distance on est tenté d'écarter les yeux du spectacle importun des souffrances, et de se laisser distraire par les aventures de l'existence nouvelle. Brillat-Savarin s'enfonce dans le Connecticut à peine défriché alors [2], pour chasser la dinde sauvage. « Nous tuâmes d'abord quelques-unes de ces jolies petites perdrix grises qui sont si rondes et si tendres », puis des écureuils gris, puis un dindon ; enfin on rentre le soir chez un fermier qui a quatre filles, jeunes et éblouissantes ; elles se parent, pour les étrangers, de leurs toilettes les plus fraîches, elles leur servent du punch, leur chantent *Yankee doddee* et la complainte du major Andrew ; et durant cette douce soirée, Brillat-Savarin restait rêveur en face des jeunes filles ; de profondes réflexions absorbaient son âme : « Je pensais à la manière dont je ferais cuire mon coq d'Inde... Les ailes de perdrix furent servies en papillotes, et les écureuils gris courbouillonnés au vin de Madère ; quant au dindon, il fut charmant à la vue, flatteur à l'odorat, et délicieux au goût. » A New-York, où il passait ses soirées avec le vicomte de La Massue et le courtier marseillais Felir, à croquer des *Welsch*

---

[1] Marquess of Hastings, *Private Journal*, t. I, p. 212 et suiv. : « A man of exemplary character and most polished manners, and is moreover qualified for superintending a stud. »

[2] Méditation VI, § 4, octobre 1794.

rabbits [1] en buvant de l'ale, il eut une aventure plus dangereuse. Il fut défié à boire par un Anglais de la Jamaïque qui avait « le visage carré, les yeux vifs, et paraissait tout examiner avec attention, mais il ne parlait jamais, et ses traits étaient immobiles comme ceux d'un aveugle. Seulement, quand il entendait une saillie ou un trait comique, son visage s'épanouissait, ses yeux se fermaient, et ouvrant une bouche aussi large que le pavillon d'un cor, il en faisait sortir un son prolongé qui tenait à la fois du rire et du hennissement. » Il fallut se mesurer. Le dîner consistait « en une énorme pièce de *roast beef*, un dindon cuit dans son jus, des racines bouillies, une salade de choux crus, et une tarte. Le vin fut servi dès le commencement » ; les trois Français se ménageaient, l'homme de la Jamaïque et son ami anglais mangeaient sans rien dire et en regardant de côté; on but longtemps du vin de Bordeaux, puis du vin de Porto, puis du vin de Madère. « Le dessert était arrivé, composé de beurre, de fromage, de noix de coco et d'ycory ; nous bûmes amplement au pouvoir des rois, à la liberté des peuples et à la beauté des dames. » Alors apparaissent le rhum et des eaux-de-vie de vin, grain, framboises ; puis les chansons ; puis le punch. « Je mangeai cinq à six rôties d'un beurre extrêmement frais, et je sentis renaître mes forces ; mes deux amis buvaient en épluchant des

---

[1] Pain qui est grillé avec du beurre, de la moutarde et du fromage râpé.

noix d'ycory »; l'un des Anglais avait les yeux troubles, l'autre gardait le silence, mais sa bouche immense s'était formée en cul de poule. L'un se leva subitement et entonna d'une voix assez forte l'air *Rule Britannia*, mais il se laissa retomber sur sa chaise, et de là coula sous la table. Son ami, le voyant en cet état, laissa échapper un de ses plus bruyants ricanements, et s'étant baissé pour l'aider, tomba à côté de lui. Les Français burent avec Little, le patron de la taverne, un verre de punch à leur santé, et les firent emporter *the feet foremost*.

IV

QUERELLES INTESTINES.

La conséquence la plus fréquente de l'adversité, c'est l'aigreur et non la charité. La discorde devait se mettre d'autant plus aisément parmi les émigrés qu'ils appartenaient à des couches successives d'opinions antagoniques. Un girondin de Lyon, niais et cauteleux, s'échappe après la déroute de son parti[1], tombe à Lausanne, où il se fait passer pour un royaliste; il se fait présenter chez un émigré, M. de S..., et raconte,

[1] Arch. nat. AB; II; B: deux brochures imprimées sous le titre: *Portrait des émigrés d'après nature.*

après avoir été accueilli par lui, que « la cuisine de M. de S... et son existence étaient fondées sur les bénéfices qu'il faisait en donnant à manger et à jouer », et aussi sur une pension de trois louis par mois que payait la comtesse d'Artois pour laquelle il recueillait les nouvelles. Madame de S... était « grande et d'une blancheur éblouissante, avec des cheveux d'un magnifique noir ». L'émigré lyonnais se trouve tout étourdi en échouant dans ce monde si nouveau pour lui; il est consterné des idées qui ont cours, des armées innombrables dont on annonce la marche pour le trône et l'autel. Il ne comprend rien à l'horreur que soulèvent les constitutionnels et Mallet du Pan avec ses deux Chambres; il entend dire : « Bergasse, Lally-Tollendal, Mounier, sont plus coupables que les jacobins. » Lui, on le traite en pur, mais il ne doit laisser échapper ni une parole de modération, ni un mouvement d'incrédulité, même quand B..., le conseiller au parlement d'Aix, tire des lettres d'émigrés de sa poche, les lit d'un ton confidentiel, insiste sur les passages les plus absurdes, et dit avec complaisance : « C'est sûr, je vous le garantis. »

Des émigrés d'une autre catégorie ne sont pas moins maniaques. Les régicides Dulaure, Ferroux et Bonnet [1] sont obligés de commettre à leur tour ce crime d'émigration qu'ils ont honni avec tant de fracas : « Je

---

[1] Delacns, *Mémoires, Revue rétrospective*, t. XX, p. 7, 39, 291, année 1838.

fuyais la patrie et la mort », disent-ils à leur tour [1]. Il faut, comme les ci-devant, se glisser dans les ravins du Jura, marcher de nuit, se livrer aux filles généreuses qui guident les proscrits. Ce qui leur coûte le plus, c'est de quitter leur cocarde tricolore quand ils pénètrent en Suisse. Ils se décident à « faire ce sacrifice à une terre qui allait mettre à l'abri du supplice ». Mais une plus grande humiliation les attend : ces géants de la Convention blêmes de peur, ignobles d'allures, ont beau être émigrés, ils ne peuvent se faire passer pour des gentilshommes, le peuple les prend pour des capucins, et rien ne pouvait les mortifier davantage. « C'est-à-dire, fait le commissaire genevois en voyant Dulaure, vous êtes un prêtre qui émigre » ; — « un prêtre réfractaire », disent les aubergistes. Ils se cachent à Bâle, mais l'hôtel de la *Cigogne* est « un vrai repaire d'émigrés » ; il faut trembler à toute heure ; les émigrés vont nous reconnaître et nous frapper, les autorités vont nous livrer à l'Empereur ou nous faire ramener en France pour être guillotinés par les nôtres...

Des émigrés d'une autre catégorie, les constitutionnels, s'étaient réunis à Chavannes près de l'île Saint-Pierre, sur le lac de Bienne [2]. Mallet du Pan était leur oracle. C'était un voltairien que le maître avait félicité de ce qu'il professait le mépris des impostures et des imposteurs, et de ce qu'il avait l'honneur d'être servi-

---

[1] Dulaure, *Mémoires, Revue rétrospective*, t. XX, p. 124.
[2] Fauche-Borel, *Mémoires*, t. 1, p. 208.

teur du gros landgrave de Hesse-Cassel « qui n'est ni papiste ni calviniste [1] ». Les disciples étaient Mathieu de Montmorency, Louis de Narbonne et madame de Staël. Les personnages du parti qui avaient l'esprit pratique, l'abbé de Montesquiou et le marquis de Jaucourt [2], comprenaient que le point important était de conquérir aux idées libérales le Régent et ses favoris; ils prenaient une faible part aux récriminations.

Chacun n'en était pas moins obligé de se justifier, les ministres de Louis XVI plus que les autres. Ceux qui sont trop fiers restent suspects : « Bertrand (de Molleville) est de retour à Florence... il prétend qu'il n'a pas besoin de se justifier; Rémusat soutient qu'il n'est pas coupable, qu'il est excellent royaliste. J'ai signifié à Rémusat que je ne le verrais pas jusqu'à ce qu'il fût lavé et rétabli dans l'opinion des honnêtes gens [3]. » Il ne fait pas bon avoir été fidèle à Louis XVI : Champion de Cicé, archevêque de Bordeaux, qui avait risqué sa vie pour rester jusqu'au dernier jour le chancelier de Louis XVI, se trouva déshonoré par son dévouement : plus il avait montré d'héroïsme, plus il fut honni. Chassé par les purs de toutes les tables et de tous les hôtels où il se présentait, Cicé écrivit au cardinal de Bernis pour obtenir un asile à Rome [4], et reçut avis que sa présence produirait une impression

---
[1] Voltaire à Mallet du Pan, 24 avril 1772.
[2] C'était le frère du comte de Jaucourt, qui était ministre du Régent.
[3] M., vol. 633, f° 19, abbé de Jons à Antraigues, 9 août 1794.
[4] Père Theiner, 16 nov. 1794, t. II, p. 54.

fâcheuse. — « Quoi ! répondit-il, Rome serait fermée pour moi par complaisance pour quelques collègues guidés par la passion ! » — « Quant aux dispositions particulières de quelques-uns de vos confrères, fit répondre le Pape [1], Sa Sainteté a voulu toujours les ignorer. » Le pauvre chancelier trouva un protecteur dans l'évêque de Luçon [2], qui disait de lui avec une sorte de pitié : « Il est toujours l'objet de la plus acharnée et de la plus injuste persécution ; il serait plus important que jamais pour lui d'avoir une lettre du Pape qui lui servît d'égide. »

Les agents anglais eux-mêmes sont suspects ; on reproche à Bertrand de Molleville de dîner chez Windham ; Drake, agent diplomatique en Italie, est défendu par M. de Tinseau et l'abbé de Jons, qui le déclarent « exempt des taches qu'on a voulu jeter sur sa réputation [3] ».

Le bienfait assure quelquefois le pardon des purs. La comtesse de Pont, qui avait eu le soin de placer ses fonds depuis longtemps à l'étranger, et qui en tirait pendant l'émigration une rente d'une trentaine de mille francs [4], sut fort bien faire pardonner à ce prix son amitié avec la maison d'Orléans ; elle remplit son château d'ecclésiastiques qu'elle fit travailler à des

---

[1] Par Monsignor Caleppi.
[2] Père Theiner, t. II, p. 201. Mercy à l'abbé d'Auribeau, 4 juin 1796.
[3] Ms. vol. 634, f° 93. L'abbé de Jons à Antraigues.
[4] Abbé Laurent, Mémoires, p. 212.

broderies et qu'elle disciplina en les nourrissant. Ses petites-nièces, les demoiselles de Montboissier, et ses deux femmes de chambre remplissaient le rôle de surveillantes, non sans donner l'exemple de l'assiduité en travaillant elles-mêmes. Ce qui n'empêchait pas, dans la même ville de Constance, deux cents autres prêtres de faire appel à la charité; ils obtinrent des ressources sur un emprunt de quinze mille livres que réalisèrent pour eux les évêques de Langres, Nîmes, Saint-Malo et Comminges, « à rendre dix-huit mois après leur rentrée dans leurs biens [1] ».

Les pires vexations éprouvées par les émigrés dans les pays qui n'étaient pas en guerre avec la France venaient des agents diplomatiques français. Un vicaire de Saint-Sulpice, marié à une cuisinière et auteur de livres gaillards, Soulavie, dirigeait à Genève l'espionnage et la persécution contre les émigrés établis en Suisse [2]. Miot, le futur comte de Melito, invitait la Toscane à expulser les émigrés, « dans l'intérêt des émigrés eux-mêmes [3] ».

---

[1] Père Turiner, t. II, p. 123. D'Osmont, évêque de Comminges, à Caleppi, Constance, 1793.
[2] Dulaure, *Revue rétrospective*, t. XX, p. 295.
[3] Miot de Melito, *Mémoires*, t. I, p. 70.

FIN DU TOME PREMIER.

TABLE DES MATIÈRES

DU TOME PREMIER

Pages.

Préface.. . . . .

LIVRE PREMIER
AVANT L'ÉMIGRATION.

CHAPITRE PREMIER. — LA SOCIÉTÉ FRANÇAISE SOUS LOUIS XVI. .	1
I. La bonne compagnie.	1
II. La sensibilité.	9
III. L'insouciance	19
IV. Extinction des anciennes familles.	27
V. Progrès de la civilisation.	31
CHAPITRE II. — ENNEMIS DE LA SOCIÉTÉ LOUIS XVI.	39
I. Impatience contre les abus.	39
II. Les princes.	46
III. Les réfractaires	56
IV. Les vaniteux.	61
V. L'écroulement	74
CHAPITRE III. — CAUSES DE L'ÉMIGRATION	76
I. Servitude des pouvoirs	76
II. Servilité des juges	86
III. La garde nationale.	93
IV. Nulle défense contre le vol et le meurtre. . .	110
V. Souffrance et misère	131
VI. Les prisons	154
VII. La guillotine.	171
VIII. Le sort des enfants.	176
IX. Les régiments.	183
X. L'émigration forcée	199

LIVRE II

PREMIÈRES ILLUSIONS.

	Pages.
CHAPITRE IV. — LES DÉPARTS	211
I. L'émigration joyeuse	211
II. L'émigration d'honneur	217
III. L'émigration ecclésiastique	221
IV. Le Roi et la famille royale	225
V. Les fuites tardives	237
CHAPITRE V. — ESSAIS D'ARMEMENT	246
I. Turin et Bruxelles	246
II. Le prince de Condé	250
III. Les favoris des frères du Roi	255
IV. Les corps d'élite	261
CHAPITRE VI. — CONFLITS AVEC LA POLITIQUE EUROPÉENNE	265
I. Insouciance de l'Europe	265
II. Les petits princes d'Allemagne	268
III. L'Autriche	276
IV. La Russie	290
V. La Prusse	295
VI. L'Angleterre	299
CHAPITRE VII. — CONFLITS AVEC LA POLITIQUE ROYALE	302
I. Divisions dans la maison de Bourbon	302
II. Entrevue de Pilnitz	308
III. Missions à l'étranger	310
IV. Ébranlement de l'Europe	320
CHAPITRE VIII. — COBLENTZ	325
I. Folies et fêtes	325
II. Souffrances et constance	329
III. L'alliance avec l'étranger	338
CHAPITRE IX. — CAMPAGNE DE FRANCE EN 1792	342
I. Méfiance entre les émigrés et les étrangers	342
II. La pluie et la boue	343
III. Dumouriez et Lacuée de Cessac	348
IV. La déroute	353

LIVRE III

LA DISPERSION.

CHAPITRE X. — LA DÉBÂCLE	358
I. Les misères de la défaite	358

II. Avidité des puissances.	366
III. Les princes de Bourbon	374
Chapitre XI. — Les Pays-Bas	382
I. Les richesses du Nord.	382
II. Refoulement des émigrés.	390
Chapitre XII. — Mœurs des émigrés	395
I. Hambourg.	395
II. Incidents et aventures.	408
III. Asiles et ressources.	416
IV. Querelles intestines.	427

FIN DE LA TABLE DES MATIÈRES DU TOME PREMIER.

www.ingramcontent.com/pod-product-compliance
Lightning Source LLC
Chambersburg PA
CBHW071057230426
43666CB00009B/1743